长城·聚落丛书

张玉坤　主编

明长城甘肃镇防御体系与军事聚落

刘建军　张玉坤　谭立峰　著

中国建筑工业出版社

图书在版编目（CIP）数据

明长城甘肃镇防御体系与军事聚落/刘建军，张玉坤，谭立峰著.—北京：中国建筑工业出版社，2017.1
（长城·聚落丛书/张玉坤主编）
ISBN 978-7-112-21587-4

Ⅰ.①明… Ⅱ.①刘… ②张… ③谭… Ⅲ.①长城—防御体系—研究—中国—明代 Ⅳ.①K928.77

中国版本图书馆CIP数据核字（2017）第295504号

明朝中央政权为防御北方游牧民族侵扰，修建了东起鸭绿江、西抵嘉峪关的万里长城和分区防守的"九边重镇"军事防御体系。本书以九边最西段的甘肃镇为例，探究其建制沿革、防御体系的外部环境、构成要素、聚落的时空分布与层次结构，以及各构成要素的可达域分析。本书适于建筑历史、城乡规划、边疆防御和遗产保护等领域的专家学者及有关爱好者阅读参考。

责任编辑：唐　旭　杨　晓
责任校对：王　烨

长城·聚落丛书
张玉坤　主编
明长城甘肃镇防御体系与军事聚落
刘建军　张玉坤　谭立峰　著
*
中国建筑工业出版社出版、发行（北京海淀三里河路9号）
各地新华书店、建筑书店经销
北京锋尚制版有限公司制版
北京中科印刷有限公司印刷
*
开本：787×1092毫米　1/16　印张：11　字数：244千字
2018年4月第一版　2018年4月第一次印刷
定价：**45.00**元
ISBN 978-7-112-21587-4
（31245）

版权所有　翻印必究
如有印装质量问题，可寄本社退换
（邮政编码100037）

编者按

长城作为中华民族的伟大象征，具有其他世界文化遗产所难以比拟的时空跨度。早在两千多年前的春秋战国之际，为抵御北方游牧民族的侵扰和诸侯国之间的兼并扩张，齐、楚、燕、韩、赵、魏、秦等诸侯国就已在自己的边疆地带修筑长城。秦始皇统一中国，将位于北部边境的燕、赵和秦昭王长城加以补修和扩展，形成了史上著名的"万里长城"。汉承秦制，除了沿用已有的秦长城，又向西北边陲大力增修扩张。此后历代多有修建，偏于一隅的金王朝也修筑了万里有余的长城防御工事。明代元起，为防北方蒙古鞑靼，修筑了东起辽宁虎山、西至甘肃嘉峪关的边墙，全长八千八百多千米，是迄今保存最为完整的长城遗址。

国内外有关长城的研究由来已久，早期如明末清初顾炎武（1613.07—1682.02）从历史、地理角度对历代长城的分布走向进行考证。清末民初，王国维（1877.12—1927.06）对金长城进行了专题考察，著有《金界壕考》；美国人W·E·盖洛对明长城遗址进行徒步考察，著有《中国长城》（The Great Wall of China, 1909）；以及英国人斯坦因运用考古学田野调查的方法对河西走廊的汉代长城进行考察等。国内学者张相文的《长城考》（1914）、李有力的《历代兴筑长城之始末》（1936）、张鸿翔的《长城关堡录》（1936）、王国良的《中国长城沿革考》（1939）、寿鹏飞的《历代长城考》（1941）等均属民国时期的开先之作。改革开放之后，长城研究再度兴盛，成果卓著，如张维华《中国长城建制考》（1979）、董鉴泓和阮仪三《雁北长城调查简报》（1980）、罗哲文《长城》（1982）、华夏子《明长城考实》（1988）、刘谦《明辽东镇及防御考》（1989）、史念海《论西北地区诸长城的分布及其历史军事地理》（1994）、董耀会《瓦合集——长城研究文论》（2004）、景爱《中国长城史》（2006）等。同时，国家、地方有关部门和中国长城学会进行了多次长城资源调查，为长城研究提供了可靠的资料支持。概而言之，早期研究多集中在历代长城墙体、关隘的修建历史、布局走向及其地理与文化环境，近年来逐步从历史文献考证向文献与田野调查相结合，历史、地理、考古、保护实践等多学科相融合的方向发展，长城防御体系的整体性概念逐渐形成。丰富的研究成果和学术进步，对长城研究与保护贡献良多，也为进一步深化和拓展长城研究打下坚实基础。

聚落变迁一直是天津大学建筑学院六合建筑工作室的主导研究方向。2003年，工作室师生赴西北地区进行北方堡寨聚落的田野调查，在明长城沿线发现大量堡寨式的防御性聚落，且尚未引起学界的广泛关注。自此，工作室便在以往聚落变迁研究的基础上，开启了"长城军事聚落"这一新分支，同时也改变了以单个聚落为主的建筑学研究方法。在研究过程中，课题组坚持整体性、层次性、系统性的研究思路和原则，将长城防御体系与军事聚落视作一个巨大时空跨度的统一整体来考虑，在这一整体内部还存在不同的规模层次或不同的子系统，共同构成一个整体的复杂系统。面对巨大的复杂系统，课题组采用空间分析（Spatial Analysis）的研究方法，以边疆军事防御体系和军事制度为线索，以遗址现场调查、古今文献整理为依托，对长城军事聚落整体时空布局和层次体系进行研究，以期深化对长城的整体性、层次性和系统性的认识，进一步拓展长城文化遗产构成，充实其完整性、真实性的遗产保护内涵。基于空间分析方法的技术需求，课题组自主研发了"无人机空—地协同"信息技术平台，引进了"历史空间信息分析"技术，以及虚拟现实、地理定位系统等技术手段。围绕长城防御体系和海防军事聚落、建筑遗产空—地协同和历史空间信息技术，工作室课题组成员承担了十几项国家自然科学基金项目和科技支撑计划课题，先后指导40余名博士生、硕士生撰写了学位论文，科学研究与人才培养相结合为长城·聚落系列研究的顺利开展提供了有力支撑和保障。

"六合文稿"长城·聚落丛书的出版，是六合建筑工作室中国长城防御体系和传统聚落研究的一次阶段性总结汇报。先期出版的几本文稿，主要以明长城研究为主，包括明长城九边重镇全线和辽东镇、蓟镇、宣府镇、甘肃镇，以及金长城的防御体系与军事聚落和河北传统堡寨聚落演进机制的研究；后期计划出版有关明长城防御体系规划布局机制、军事防御聚落体系宏观系统关系、清代长城北侧城镇聚落变迁、明代海防军事聚落体系，以及中国传统聚落空间层次结构、社区结构的传统聚落形态和社会结构表征与聚落形态关系的分析等项研究内容。这些文稿作为一套丛书，是在诸多博士学位论文的基础上改写而成，编排顺序大体遵循从宏观到微观、从整体到局部的原则，研究思路、方法亦大致趋同。但随时间的演进，对研究对象的认识不断深化、使用的分析技术不断更新，不同作者对相近的研究对象也有些许不同的看法，因而未能实现也未强求在写作体例和学术观点上整齐划一，而是尽量忠实原作，维持原貌。博士生导师作为作者之一，在学位论文写作之初，负责整体论文题目、研究思路和写作框架的制定，写作期间进行了部分文字修改工作；此次文稿形成过程中，又进行局部修改和文字审核，但对属于原学位论文作者的个人学术观点则予以保留，未加干预。

在此丛书付梓之际，面对长城这一名声古今、享誉内外的宏观巨制，虽已各尽其力，却仍惴惴不安。一些问题仍在探索，研究仍在继续，某些结论需要进一步斟酌，瑕疵、纰漏之处在所难免。是故，谓之"文稿"，希冀得到读者的关注、批评和教正。

在六合建筑工作室成员进行现场调研、资料搜集、文稿写作和计划出版期间，得到了多方的支持和帮助。感谢国家自然科学基金的大力支持，"中国北方堡寨聚落基础性研究"（2003—2005）项目的批准和实施，促使工作室启动了长城军事聚落研究，其后十几个基金项目的批准保障了长城军事聚落基础性、整体性研究的顺利开展；感谢中国长城学会和长城沿线各省市地区文保部门专家在现场调研和资料搜集过程中所给予的无私帮助和明确指引；感谢中国建筑工业出版社对本套丛书编辑出版的高度信任和耐心鼓励；感谢天津大学领导和建筑学院、研究生院、社科处等有关部门领导所给予的人力物力保障和学校"985"工程、"211"工程和"双一流"建设资金的大力支持。向所有对六合建筑工作室的研究工作提供帮助、支持和批评建议的专家学者、同仁朋友表示衷心感谢。

目 录

编者按

绪　论 ··· 1
 一、相关概念界定 ·· 1
 二、研究背景 ·· 3
 三、本书内容与核心问题 ··· 18

第一章　明长城甘肃镇建制 ·· 20
 第一节　甘肃镇建置辨析 ·· 20
  一、军镇建镇标志之争 ·· 20
  二、甘肃镇建镇时间之争 ·· 22
  三、甘肃镇建镇辨析 ·· 23
 第二节　甘肃镇军事地位辨析 ·· 24
  一、地理位置的重要性 ·· 26
  二、民族形势的复杂性 ·· 26
  三、在明边防中的地位 ·· 27
 第三节　甘肃镇镇城（治所）演变 ···································· 28
  一、庄浪—洪武中期确立的镇城 ···································· 29
  二、甘州、凉州并置—洪武末期、永乐初期确立的镇城 ·············· 30
  三、甘州—永乐以后确立的镇城 ···································· 31
 第四节　甘肃镇防守范围演变 ·· 31
  一、洪武末期陕西行都司的辖区范围 ································ 31
  二、洪武以后陕西行都司的辖区范围 ································ 32
  三、甘肃镇防守范围 ·· 33
  四、甘肃镇防守范围与陕西行都司辖区的比较 ······················ 34

第二章　明甘肃镇长城防御体系 ·· 35
 第一节　基于系统论的长城防御体系研究策略 ·························· 35
  一、系统论的定义与特征 ·· 35
  二、系统论的引入及研究策略 ······································ 36
 第二节　甘肃镇防御体系外部环境 ···································· 38
  一、自然环境 ·· 38
  二、社会环境 ·· 40
 第三节　甘肃镇防御体系构成要素 ···································· 42
  一、长城墙体 ·· 42
  二、军事聚落 ·· 43
  三、驿传系统 ·· 44
  四、烽传系统 ·· 46

第四节　甘肃镇军事制度与聚落层级 ………………………………… 47
　　　　一、军事管理体系的层级 ………………………………………… 47
　　　　二、军事聚落的层级 ……………………………………………… 49
　　第五节　甘肃镇防御体系的整体结构 …………………………………… 52
　　　　一、长城墙体的空间分布 ………………………………………… 52
　　　　二、军事聚落的空间结构 ………………………………………… 58
　　　　三、交通（驿传）道路的空间分布 ……………………………… 66
　　　　四、讯息（烽传）线路的空间分布 ……………………………… 68
　　　　五、独处一隅的西宁卫长城及军事聚落 ………………………… 68

第三章　明甘肃镇长城防御体系外部环境 ……………………………………… 77
　　第一节　GIS技术的引入及分析方法 …………………………………… 77
　　　　一、GIS技术及引入意义 ………………………………………… 77
　　　　二、长城防御体系空间数据库的采集与组织 …………………… 78
　　　　三、基于GIS的长城防御体系空间分析方法 …………………… 80
　　第二节　长城墙体与外部环境的关系 …………………………………… 82
　　　　一、自然因素分析 ………………………………………………… 82
　　　　二、社会因素分析 ………………………………………………… 98
　　第三节　军事聚落与外部环境的关系 …………………………………… 99
　　　　一、自然因素分析 ………………………………………………… 99
　　　　二、社会因素分析 ………………………………………………… 107
　　第四节　驿传系统、烽传系统与外部环境的关系 ……………………… 109
　　　　一、自然因素分析 ………………………………………………… 109
　　　　二、社会因素分析 ………………………………………………… 111

第四章　长城防御体系可达域空间分析 ………………………………………… 113
　　第一节　可达域相关研究 ………………………………………………… 113
　　　　一、可达域相关定义 ……………………………………………… 113
　　　　二、可达域的表现形式、特性、作用、空间尺度 ……………… 115
　　　　三、可达域分析的作用和意义 …………………………………… 116
　　第二节　基于兵马可达的军堡、驿站空间布局研究 …………………… 116
　　　　一、军堡的作用和应援机制 ……………………………………… 116
　　　　二、军堡可达域分析 ……………………………………………… 118
　　　　三、军堡与长城之间可达域分析 ………………………………… 124
　　　　四、驿站可达域分析 ……………………………………………… 126
　　第三节　基于视域可达的烽传空间布局分析 …………………………… 127
　　　　一、烽燧传递方式 ………………………………………………… 127
　　　　二、基于视域可达的烽燧布局分析 ……………………………… 127
　　第四节　基于武器可达的敌台（墩台）空间布局分析 ………………… 129
　　　　一、明代火器的发展 ……………………………………………… 129
　　　　二、敌台形制及防守方式 ………………………………………… 130
　　　　三、基于武器可达的敌台布局分析 ……………………………… 131

结　语 ……………………………………………………………………………… 133

附　录 ·· 136
　附录一　明代甘肃镇战争次数统计表 ·· 136
　附录二　甘肃镇聚落GPS数据统计表 ··· 137
　附录三　甘肃镇历任总兵一览表 ··· 142
　附录四　明代甘肃镇历任巡抚一览表 ·· 149
　附录五　明代甘肃镇嘉靖年间官军数统计表 ··································· 152

参考文献 ··· 156

绪 论

一、相关概念界定

(一) 明朝九边界定

明初，为便于管理长城的防务和指挥调遣长城沿线的兵力，把长城沿线划分为九个防守区，称为"九边"，亦称"九镇"。后虽时局变化增设、改设，分别有"九边十一镇[①]"、"九边十三镇[②]"、"九边十六镇[③]"等说法，但"九边"一词早已深入人心，沿至今日。

关于明朝九边的文献记载，不下数十种之多，然以清代官方编撰修订的正史《明史·兵志》和《明史·地理志》流传最广、影响最大，分别从军事制度和地理位置角度对九边加以叙述和界定。

《明史》卷九十一《兵志三》云：

> 元人北归，屡谋兴复。永乐迁都北平，三面近塞。正统以后，敌患日多。故终明之世，边防甚重。东起鸭绿，西抵嘉峪，绵亘万里，分地守御。初设辽东、宣府、大同、延绥四镇，继设宁夏、甘肃、蓟州三镇，而太原总兵治偏头，三边制府驻固原，亦称二镇，是为九边。[④]

《明史》卷四十《地理志一》云：

> 其边陲要地称重镇者凡九：曰辽东、曰蓟州、曰宣府、曰大同、曰榆林、曰宁夏、曰甘肃、曰太原、曰固原。皆分统卫所关堡，环列兵戎。纲维布置，可谓深且固矣。[⑤]

向上追溯至明代中期，由于明蒙战事紧张，九边著述大量涌现。嘉靖初年，第一部九边专著《九边图志》由时任兵部职方司主事郑晓编撰而成。时隔不久，明嘉靖十三年（1534），时任兵部职方清吏司主事许论撰写完成另一部九边专著《九边图论》。该书所倡九边说法基本从地理意义出发，自东而西，排列诸边，以之为体例，而成全书。九边次序为辽东、蓟州、宣府、大同三关内附、榆林、宁夏、甘肃、固原。[⑥]由于受到明世宗和朝廷重视，此书很快颁行各边，影响很大。

---

① 嘉靖年间，为加强京城的防务和保护帝陵（明十三陵）的需要，明朝在北京西北增设了昌镇、在北京西南增设了真保二镇，共计为十一镇，合称为"九边十一镇"。
② （明）张居正等所著《明穆宗实录》卷三十九所载：体乾等又言："国家备边之制，在祖宗朝止辽东、大同、宣府、延绥四镇，继以宁夏、甘肃、蓟州为七，又继以固原、山西为九，今密云、昌平、永平、易州俱列戍矣。"因此有"九边十三镇"的说法。后来此种说法在（明）叶向高等所著《明光宗实录》万历四十八年庚申七月丙子朔中也有记载。
③ 天启元年（1621年）成书的《武备志》首次提出十六镇说法，十六镇为蓟州镇、昌平镇、保定镇、密云镇、永平镇、易州镇、井陉镇、辽东镇、宣府镇、大同镇、山西镇、延绥镇、宁夏镇、固原镇、甘肃镇。
④ （清）张廷玉，等. 明史·卷九十一·兵志三[M]. 北京：中华书局，1974.
⑤ 明史·卷四十·地理志一.
⑥ 修攘通考·卷四·九边图论·目录.

嘉靖二十一年（1542），时任兵部职方清吏司主事魏焕编撰完成了另一部九边专著《皇明九边考》。该书已将三关独立列出，编目所列九边为辽东、蓟州、宣府、大同、三关、榆林、宁夏、甘肃、固原。明隆庆三年（1569），又一部《九边图说》由兵部编纂完成，此书基本继承魏焕所持观点，将三关改为山西。并列九边次序为辽东镇、蓟镇、宣府镇、大同镇、山西镇、延绥镇、宁夏镇、固原镇、甘肃镇。[①] 至此，历经三十多年的发展演变，九边军镇名称已基本固定。

此后，又有诸多舆地图集和著作问世，大都沿袭此说，《明史》亦不例外。因此，现代学者韦占彬在一文中写道：

嘉靖初，代彭泽为兵部尚书的金献民特意让兵部主事郑晓"属撰《九边图志》"。这说明在嘉靖初年"九边"之称不仅已为人所知，而且开始广泛使用。之后，有关"九边"的著述纷纷出现，如许论撰《九边图说》、魏焕著《皇明九边考》等，"九边"逐渐成为明代北部边防的代名词。[②]

正因为"九边"影响深远，意义重大，以至于学者研究众多，与之相关的各类问题和争议也较多，例如九边军镇设置标志、各镇设置的先后时序等，在此不展开论述。但对九边的认识，笔者认为，至少有四点可以达成共识。

（1）"九边"包涵地理的概念。各边镇名称大都沿袭了本地地理位置的名称，如大同镇因大同得名，甘肃镇因甘州（张掖）、肃州（酒泉）得名。

（2）"九边"包涵边防的概念。《辞源》中"边"特指边界、边境。相关的词语就更多了，如边防、边陲、边塞、边疆等。从功能上讲，九边就是指明王朝北方边陲以长城为依托的九个军事防区。

（3）"九边"是明朝一种与国防相关的军事制度的产物。明朝用军事卫所制度管理边疆地区的军民事务，在此基础上，明初又实行大将镇守制度与塞王镇守制度，三者互相影响，不断发展，最终演变为九边总兵镇守制度。

（4）"九边"是一种动态的概念。"九边"无论从军事制度、管辖范围还是总兵官任命及兵力部署，总是在不断变动的。变动的原因有很多，有地理的因素，更有政治和战争的考量。

（二）甘肃镇管辖范围界定

关于明代甘肃镇管辖范围，明魏焕的《皇明九边考》记载最为详尽："甘肃即汉之河西四郡，武帝所开以断匈奴右臂者。盖兰州即汉金城郡，过河而西历红城子、庄浪、镇羌、古浪六百余里至凉州，即汉武威郡；凉州之西历永昌、山丹四百余里至甘州即汉张掖郡；甘州之西历高台、镇夷四百余里至肃州，即汉酒泉郡；肃州西七十里出嘉峪关为沙、瓜、赤斤、苦峪以至哈密等处，即汉敦煌郡，与前四郡俱隶甘肃。至洪武五年宋国公冯胜下河西乃以嘉峪关为限，遂弃敦煌。自庄浪岐而南三百余里为西宁卫，古曰湟中；自凉州岐而北二百余里为镇番卫，

[①]（明）兵部. 九边图说. 玄览堂丛书初辑［M］. 台北：正中书局，1981.
[②] 韦占彬. 明代"九边"设置时间辨析［J］. 石家庄师范专科学校学报，2002，4（3）.

古曰姑臧，此又河西地形之大略也。"① 按魏焕所载，甘肃镇之管辖范围，东起金城郡（今之甘肃兰州），西到嘉峪关（今之甘肃嘉峪关），南至西宁卫（今之青海西宁），北达镇番卫（今之甘肃民勤）。与现在的行政区划相比，明代甘肃镇的管辖范围，主要在今天甘肃省中部以及青海省东北部②（图0-1）。

（三）明长城防御体系的概念界定

2006年国务院颁布的《长城保护条例》第二条将长城定义为"包括长城的墙体、城堡、关隘、烽火台、敌楼等"完整的长城。

图0-1　明甘肃镇管辖范围图
（图片来源：作者依据《明代陕西四镇长城》中"甘肃镇长城示意图"改绘。）

此定义已突破人们传统观念当中长城墙体及其之上的关隘、墩台、敌台的范围，进一步将"城堡"纳入长城体系之中。

以天津大学张玉坤教授为主的长城课题组认为，明长城防御体系应从军事制度和物质实体两个层面去界定，缺一不可。从军事制度层面上看，长城防御体系是指明北疆长城沿线"九边"重镇的设置及各镇的层级组织机构；从物质实体层面上看，明长城防御体系包括长城墙体、军事聚落及其他防御工事。长城墙体指长城城墙及其上的墩台、敌台等；军事聚落及其他防御工事指长城墙体之外的边镇、堡寨、关隘、烽燧及驿站等。军事聚落及其他防御工事作为长城军事防御体系不可或缺的重要组成部分，其军事防御能力远大于长城墙体。整体性、系统性、层级性是长城防御体系的基本特征。

二、研究背景

历史上对于长城的著述主要记载在各种历史典籍、文集著述、舆地图籍及方志里，尤以明清以后至民国时期关于明长城、明九边军事聚落的著述繁多。目前对于长城、军事聚落的研究主要集中在文物考古、历史地理方面的学者通过文献史料考证和实地调查所取得的成果，以及建筑方面的专家通过对现存古代聚落的

---

① 皇明九边考·卷九·甘肃镇·疆域考．
② 此外，由甘肃省原酒泉县博物馆1984年翻印本的《重修肃州新志》第24页，也有关于甘肃镇管辖范围的记载："甘肃镇，即汉河西四郡地。明初，下河西，弃敦煌，划嘉峪关为界。由庄浪迤南三百余里为姑藏地，置镇番卫。又设甘州等五卫于张掖，肃州卫于酒泉，兰州卫于金城，皆屯兵据守，全镇之地凡二千里。"

实地调查、环境分析和测绘所取得的成果。本书研究工作便基于前述领域之上，研究对象属建筑学、军事学、考古学、文化地理学等学科交叉范畴。各领域专家学者们主要从长城资源实地调查、长城防御体系、明甘肃镇相关研究、基于GIS技术的聚落空间分析方法研究等几个方面进行了探讨，这些研究成果也为本课题研究提供了重要基础。

（一）长城资源调查与研究

长城资源的调查与研究一向是文物考古与历史地理领域关注的焦点，近30年成果颇丰。中国文物编辑委员会出版的《中国长城遗迹调查报告集》（1981年）是在对各地长城遗迹进行广泛科学考察的基础上编撰而成，是迄今为止对长城研究影响至深、广被引用的报告集。罗哲文的开拓性书籍《长城》（1982）以大量的摄影作品及详尽的文字介绍了北京的长城、长城的历史、长城的用途和建造以及长城沿线的雄关胜迹。冯永谦、何溥滢编著的《辽宁古长城》（1986）根据历史记载和文物田野考察材料，对辽宁省内现存的燕、秦、汉、明各代所筑长城及沿线工事遗迹进行分类介绍。高凤山、张军武编著的《嘉峪关及明长城》（1989）图文并茂，对嘉峪关及明长城的兴筑背景、历史沿革、关城及主要建筑、所辖军堡、墩台、烽燧状况以及相关军需屯田、防务制度进行了系统介绍。许成著的《宁夏古长城》系统考察了宁夏各个历史时期长城的情况。彭曦的《战国秦长城考察与研究》（1990）对甘肃、宁夏、陕西、内蒙古四省区战国秦长城进行了全面系统考察与研究，并从军事职能、地理环境、经济贸易、社会文化等各方面对战国秦长城的状况进行全方位的论述。艾冲所著的《明代陕西四镇长城》（1990）是第一部对明长城西北区段进行全面系统研究的专著，该书在介绍陕西四镇建置时间及演变、组织机构、兵力配备的基础上，打破以往狭义范畴，将城堡、关口、墩台、交通干线和城墙在内的广义长城，即长城军事防御体系进行整体论述和系统研究，全面还原出长城的真实布防与面貌。岳邦湖著的《疏勒河流域汉长城考察报告》（2001）以文物考古资料为基础，对疏勒河流域汉代长城进行了全程考察。中国长城学会董耀会作为徒步考察长城的先行者，长期致力于长城的考察研究，出版了诸多重要的考察报告和学术专著，如《明长城考实》（1988）、《长城万里行》（1994）、《瓦合集——长城研究文论》（2004）、《话说长城》（2008）、《长城的崛起》（2012）等。

以上考察与研究的重点包括以下几个方面：历史最早的长城和长城的最初形态；不同历史阶段长城的修筑时间、位置、长度、保存现状的实地调查；不同朝代长城利用、演变关系的考证；不同历史阶段、不同地域、不同地形长城的选址特点、建筑形制、修筑方法、材料利用的研究；不同历史时期与长城相关的政治、军事、文化、经济背景及自然环境等。

（二）长城防御体系研究

与明长城防御体系相关的研究，主要涉及明代军事、移民屯田、经济贸易等多方面内容。以下对明长城防御体系研究现状展开论述。

1. 与军事相关的研究

军事又可分为明"九边"及相关军事制度研究和防御性聚落相关研究两方面内容。

1)明"九边"及相关军事制度研究

九边的形成时间和标志一直是史学界争论的焦点。余同元在《明代九边述论》(1989)认为镇守总兵官为边镇设置的标志,并将九边形成过程分为明洪武年间和永乐至嘉靖年间两个阶段。艾冲在《明代陕西四镇长城》(1990)一书中,将镇守总兵、名臣经略或巡抚设置作为边镇设置的标志,并按时间先后依次排列为:宁夏镇、甘肃镇、延绥镇、固原镇。范中义在《明代九边的形成时间》(1995)将称"镇"的标准即武职大臣—镇守总兵和文职大臣—巡抚提督的设置两个方面作为九边形成的标志。韦占彬在《明代九边的形成时间》(2002)以明代官方史书《明实录》为基础,结合其他史料,认为九边初设于明成祖时期,历经各朝,到明孝宗弘治年间(1488~1505)设置完成。胡凡在其博士论文《河套与明代北部边防研究》(1998)、赵现海在其博士论文《明代九边军镇体制研究》(2005)及编著的《明代九边长城军镇史》均将镇守总兵官的设置作为九边形成的标志。

与"九边"相关的明代军事制度成果颇为丰富。罗冬阳在《明代兵备初探》(1994)一文中探讨了兵备道的设置、演变,兵备的特征、职责以及兵备在地方政治军事中的作用等问题,认为兵备在明代边防和内政方面有着不可忽视的作用[①]。王莉在《明代营兵制初探》(1991)探讨了营兵与卫所军、营兵与募兵的关系,并从中梳理出营兵制的产生和发展脉络。肖立军在著作《明代中后期九边兵制研究》(2001)、《明代省镇营兵制与地方秩序》(2010)中对明代边兵的种类与任务、边防将帅的权限及上下关系、九边兵制与明朝整体兵制的关系、省镇的镇守总兵及其镇戍区的渊源与沿革等方面做了有益的探讨,同时还在期刊发表了多篇相关文章[②]。张士尊的《明代总兵制度研究》(1997)从总兵的释义、总兵社会地位的历史变迁等方面进行了详细研究。鲁杰、孟昭永在《明蓟镇总兵官考略》(2008)一文中,结合文献记载和长城考察资料,对明代总兵官的设置和蓟镇历任总兵官的情况进行了分析整理。肖春梅在其硕士论文《明代北疆总督研究》(2011)中认为明代北疆总督是由临时外派官员发展而来,是督抚制度的

---

① 此外相关文章还有:周勇进. 明末兵备道的职衔与选任——以明末档案为基本史料的考察[J]. 历史档案,2010(2);周勇进. 明末兵备道职掌述论——以明末兵部请敕行稿为基本史料的考察[J]. 历史教学,2009(12).

② 肖立军. 九边重镇与明之国运——兼析明末大起义首发于陕的原因[J]. 天津师大学报:社会科学版,1994(2);
肖立军. 明嘉靖九边营兵制考略[J]. 南开学报,1994(2);
肖立军. 明代边兵与外卫兵制初探[J]. 天津师大学报:社会科学版,1998(2);
肖立军. 明代中后期边兵构成考略. 第七届明史国际学术讨论会论文集. 1999;
肖立军. 明成祖的亲王守边政策[J]. 南开学报,2002(1);
肖立军. 明初从行省到三司制改革的真相与实质[J]. 历史教学,2002(2).

组成部分，对九边军事联防、抵御外族入侵、强化中央集权起着重要作用[①]。赵现海《明代九边军镇体制研究》（2005）在"九边"说法源流考证基础上，分别从九边军镇体制渊源（都司卫所制度、大将镇守制度、塞王守边制度）、九边总兵镇守制度研究、九边督抚制度研究三个方面系统研究了九边军事制度及其发展演变[②]。

《中国军事史·第三卷》（1987）对明代卫所制度做了全面介绍。顾诚在《谈明代的卫籍》（1989）中介绍了卫所制度下卫籍制度、卫籍与军户的关系以及卫籍对人口分布的影响。杨顺波在其硕士论文《明代军制与军饷》（2005）中按时间顺序将卫所制、世兵制、募兵制及其军饷做了研究。郭红、于翠艳在《明代都司卫所制度与军管型政区》（2004）中指出，卫所制度作为明朝的基本军事制度，是在总结历代边疆行政管理制度与兵制的基础上产生的，是军事制度与地方行政管理制度在地理相结合的产物，是典型的"军管型政区"[③]。郭红、靳润成著的《中国行政区划通史·明代卷》（2007）一书中指出，布政使司系统构成了明代正式行政区划的主体，与此同时，都司卫所制度、总督巡抚制度作为具有地理属性的管理制度，亦在相当程度上起到了行政区划管理的作用。

20世纪90年代后，九边各镇的防务及相关研究陆续开展，并呈体系化。如高春平在《论大同在明代北部边防中的地位》（1994）分析了大同成为明北边重镇的原因，大同镇与北部边防的关系以及明代设大同镇的作用及影响，指出大同镇在北部边防中占有极其重要的地位。张国勇在《明代大同镇述略》（2005）中则对大同镇的防务和军需供应及管理做了进一步研究。杨顺波在其硕士论文《明代大同镇防务研究——以败虎堡为例》（2008）中认为大同防御体系包括边墙、墩台、城堡三方面内容，并结合考古和具体历史事件论述大同镇防御职能的转化。宁夏镇的相关研究更为丰富和深入，薛正昌在《明代西北边备与宁夏镇军事地理位置及都市格局的形成》（1991）、《明代宁夏镇军事地理位置》（1994）两篇文章中论述了明代九边重镇——宁夏镇的政治、军事地理位置和都市格局的形成之间的关系[④]。路红在其硕士论文《明代宁夏镇研究》（2005）中对宁夏镇做了全面的论述，力求理清明代宁夏镇的历史变迁，研究与周边蒙古各部交往以及它在维护边防上所起的作用。冯晓多在《明代宁夏镇的设置与时空分布》（2006）中从现有方志入手，从战争、地理因素研究宁夏卫所与堡寨的发展和时空分布规律；并

[①] 此外相关文章还有：罗冬阳. 明代的督抚制度[J]. 东北师大学报，1988（4）；
　　林乾. 论明代的总督巡抚制度[J]. 社会科学辑刊，1988（2）；
　　关文发. 试论明代督抚[J]. 武汉大学学报，1989（6）；
　　宋纯路. 明代巡抚及明政府对它的控制[J]. 长春师范学院学报，2001，20（3）.
　　靳润成. 明朝总督巡抚辖区研究[J]. 天津：天津古籍出版社，1996（12）；
　　冯建勇. 明代巡抚制度及其作用演进[J]. 湖南科技学院学报，2005，26（1）.
[②] 赵现海. 明代九边军镇体制研究[D]. 沈阳：东北师范大学，2005.
[③] "军管型政区"最早是由周振鹤在《体国经野之道——新角度下的中国行政区划史》（香港中华书局1990年出版）一书中提出的。
[④] 此外与军事地理相关文章还有：尹钧科. 宁夏镇成为明代九边重镇之一的军事地理因素试析[J]. 大同高等专科学校学报，1994（02）.

在《宁夏河东地区明代边墙与屯堡的变迁》(2006)中进一步将堡寨和长城、军屯联系起来。杨建林在其硕士论文《明代宁夏镇防御体系述略》(2009)中从宁夏镇设置时间、军事制度、兵马粮草、防御工事等方面对明代宁夏镇防御体系做了系统论述等。

2) 防御性聚落相关研究

在防御性聚落研究方面，建筑学、历史学和考古学方面的学者们都做出了巨大贡献。起步较早的是对福建土楼、江西土围、陕西韩城地区堡寨的研究，这些研究都对各地区防御性聚落的分布和类型进行了详细的普查和分析。各高校建筑学专业的师生对各地防御性聚落进行了调查研究，并发表许多重要研究成果；历史学家则重点分析了防御性聚落的发展脉络等；考古学专家对各地防御性聚落的遗存的发掘为此项研究提供了基础。与此同时，一些学者也对军事聚落有相当的研究。如：《中国军事史》编写组《中国军事史·第六卷·兵垒》(1991)、(美)施坚雅主编《中华帝国晚期的城市》(2000)、(日)藤井明《聚落探访》(2003)、程龙《论北宋西北堡寨的军事功能》(2004)、王杰瑜《明代山西北部聚落变迁》(2006)、王绚和侯鑫《传统防御性聚落分类研究》(2006)、张萍《谁主沉浮：农牧交错带城址与环境的解读——基于明代延绥长城诸边堡的考察》(2009)。

从2001年开始，天津大学以张玉坤为首的课题组成员对明九边重镇进行了实地考察与史料研究，从建制沿革、军事制度、聚落形态及空间关系等方面全面探讨了长城军事聚落和防御性体系，完成国家自然科学基金项目《中国北方堡寨聚落研究及其保护利用策划》(2003~2005)、《明长城军事聚落与防御体系基础性研究》(2006~2008)、《明长城建筑遗产三维数据库系统研究》(2008~2011)以及其他多项基金项目，共完成硕博士学位论文10余篇[1]，发表

---

[1] 曹迎春. 明长城宣大山西三镇军事防御聚落体系宏观系统关系研究 [D]. 天津：天津大学，2015；
范熙晅. 明长城军事防御体系规划布局机制研究 [D]. 天津：天津大学，2015；
魏琰琰. 分统举要，纲维秩序——明辽东镇军事聚落分布及防御变迁研究 [D]. 天津：天津大学，2014；
刘建军. 明长城甘肃镇防御体系及其空间分析研究 [D]. 天津：天津大学，2013；
杨申茂. 明长城宣府镇军事聚落体系研究 [D]. 天津：天津大学，2013；
王琳峰. 明长城蓟镇军事防御性聚落研究 [D]. 天津：天津大学，2011；
谢丹. 金长城军事防御体系及其空间规划布局研究 [D]. 天津：天津大学，2011；
刘珊珊. 明长城居庸关防区军事聚落防御性研究 [D]. 天津：天津大学，2011；
李哲. 建筑领域低空信息采集技术基础性研究 [D]. 天津：天津大学，2008；
谭立峰. 河北传统堡寨聚落演进机制研究 [D]. 天津：天津大学，2007；
李严. 明长城"九边"重镇军事防御性聚落研究 [D]. 天津：天津大学，2007；
薛原. 资源、经济角度下明代长城沿线军事聚落变迁研究——以晋陕地区为例 [D]. 天津：天津大学，2007；
苗苗. 明蓟镇长城沿线堡寨聚落研究 [D]. 天津：天津大学，2005；
李哲. 山西省雁北地区明长城军事防御性聚落探析 [D]. 天津：天津大学，2005；
倪晶. 明宣府镇军事堡寨聚落研究 [D]. 天津：天津大学，2005；
李严. 榆林地区明长城军事堡寨聚落研究 [D]. 天津：天津大学，2004年.

相关论文40多篇①，完成保护性规划2个。研究揭示了长城及其军事聚落的时空分布规律与防御体系的历史形成过程，同时采用了无人机图像采集和矢量化技术手段，建立了"明长城军事聚落数据库"。近年来课题组又引入GIS技术对长城防御体系进行空间分析，这些研究都进一步深化了防御性聚落的认知。

2. 与移民屯田相关的研究

移民屯田作为长城防御体系的重要内容，主要从制度沿革、粮饷供给、人口移民等方面进行研究。

1) 屯田制度相关研究

唐景绅的《明初军屯的发展及其制度的演变》（1982）分析了明朝初期大兴军屯的原因、发展情况、相关制度及其演变。衣保中的《关于明代军屯制度破坏过程中的几个问题》（1984）中就明廷采取的破坏军屯制度政策和做法进行了研究。李三谋的《明代边防与边垦》（1994）论述了军屯、民屯、商屯制度相互关系及其衰败原因。傅顽璐的《明代军屯制度》（1996）探讨了明代军屯制度的相关内容及其发展沿革。方英楷的《历代政治家屯垦戍边言论及举措》（1996）全面回顾梳理历代政治家屯垦戍边的政治主张及措施。陈默、杨庆华在《试论中国军屯发展的基本规律》（2001）从军屯的溯源与基本特征、军屯的发展沿革与历史作用、军屯发展的基本规律与经验教训三方面对军屯进行了研究。陈云峰的《明代河西屯田研究》（2007）在重点探讨了明代河西地区军屯的管理机构的设置、组织形式、屯守比例等情况外，文中还就民屯和商屯以及河西屯田的历史意义等相关内容进行了研究。王毓铨出版的《明代的军屯》（2009）一书中叙述了明代的军屯制度和作用，军屯上的生产关系和破坏的原因，指出阶级斗争是摧毁明代军屯的主力，而屯地的占夺等加速了军屯的破坏趋势。王天强、侯虎虎在

---

① 李严，张玉坤，李哲. 军堡中的里坊制——一项建筑社会学的比较研究 [J]. 哈尔滨工业大学学报，2012（4）；

李严，张玉坤，李哲. 长城并非线性——卫所制度下明长城军事聚落的层次体系研究 [J]. 新建筑，2011（3）；

王琳峰，张玉坤. 明长城蓟镇戍边屯堡时空分布研究 [J]. 建筑学报：学术专刊，2011（S1）；

李哲，张玉坤，李严. 明长城军堡选址的影响因素及布局初探——以宁陕晋冀为例 [J]. 人文地理，2011（2）；

刘珊珊，张玉坤. 明辽东镇长城军事防御体系与聚落分布 [J]. 哈尔滨工业大学学报：社会科学版，2011，13（1）；

李严，李哲. 明长城军堡选址田野调查与分析 [J]. 中国科技论文在线，2011；

王琳峰，张玉坤. 明宣府镇城的建置及其演变 [J]. 史学月刊，2010（11）；

刘珊珊，张玉坤. 雄关如铁——明长城居庸关关隘防御体系探析 [J]. 建筑学报：学术专刊，2010（S2）；

张楠，张玉坤. 城市形态研究中的古代地图资料 [J]. 建筑师，2010（3）；

张玉坤，李哲，李严. "封"——中国长城起源另说 [J]. 天津大学学报：社会科学版，2009，11（4）；

解丹，庞玉鹍. 内蒙古地区东周末期的赵北长城防御系统解析 [J]. 天津大学学报：增刊，2009（12）；

李威，李哲，李严. 明榆林镇军事聚落的空间分布对现代城镇布局的影响 [J]. 新建筑，2008（5）；

李严，张玉坤. 明长城军堡与明清村堡的比较研究 [J]. 新建筑，2006（1）.

《明代延绥镇屯田研究》(2013)中全面研究了明代延绥镇屯田制度、规模、类型和作用,并指出由于后期环境、战争、自然灾害的破坏等多种原因,导致延绥镇的屯田不可避免地走向衰败。

2)粮饷供给相关研究

中国台湾清华大学赖建诚2008年出版的著作《边镇粮饷——明代中后期的边防经费与国家财政危机(1531~1602)》运用大量史料,系统研究了明嘉靖十年(1531)到万历三十年(1602)70年间九边十三镇的军马钱粮数额,揭示了边镇粮饷的结构与变动趋势。宿小妹、李三谋的《明代山西边垦与边军饷银研究》(2008)等对山西边垦和军饷关系的相互作用及由此产生的对国家田赋征收制度的影响进行了分析。徐凯在《明初北方边粮的运输》(1991)全面介绍了明初北部边镇粮饷运输的四种方式:实行海运、招募民运、囚徒力运和盐引开中。张正明《明代北方边镇粮食市场的形成》(1992)分析了明代北方边镇粮饷的筹集及演变为粮食市场的过程。张松梅《试论明初的军饷供应》(2004)认为,不应对明初军屯的作用估计过高,民运、开中法以及犯人赎纳也是军饷供应的重要形式;当时的社会经济状况决定了军饷供应以实物和劳役为特征,同时,这一特点的形成也与元朝蒙古游牧民族解决军费的传统有关。韦祖松在《明代边饷结构与南北转运制度》(2005)中引用大量数据资料,就明代各地兵马分布、北部地区军饷结构和南北军需转运制度进行论述,指出南粮北运是明代国家政治经济结构性问题。苏明波的硕士学位论文《明代陕西三边军粮补给体系探析》(2010)对陕西三边的军粮补给体系的变化做了系统论述,将其总结概括为"粮"和"钱"的补给。此外,还有学者分别从中盐制度、仓储管理等方面论述了粮饷供给问题。如陈涛的博士学位论文《明代盐业专卖制度演进研究——历史的制度分析视角》(2007)、韦占彬的《明代边军仓储管理论略》(2007)等。

3)人口移民相关研究

丁鼎、王明华在《中国古代移民述论》(1997)中认为中国古代移民一般可分为自发的无序移民和国家政权组织的有序移民两种类型。前者包括以群体生存为目的原始移民、以个体生存为目的无序移民和古代的海外移民;后者包括政治性移民、军事性移民和经济性移民。无论何种形式的移民,其实质都是一种对失衡社会的调整手段。许立坤的《明代移民政策及其对边疆民族地区的影响》(1998)认为明代移民政策有促进边疆经济发展积极的一面,也有造成民族关系紧张消极的另一面。董倩的《明代永乐年间移民政策述论》(1998)从政策和目的入手,探讨了明永乐年间移民的种类、路线和规模,并对其成效和影响进行了总结。郭红的《明代卫所移民与地域文化的变迁》(2003)从地理、文化的角度论证了明代卫所移民政策是地域文化形成的基础,以及卫所对地域文化的演变产生的深刻影响。左书谔的《明代西北屯田与西北开发》(2010)将明代西北屯田划分为四个阶段,指出移民政策对开发西北和巩固国防起到了积极作用。安旭强的《明朝前期入迁河西地区移民研究》(2010)详细介绍了明初河西地区移民入迁的背景、原因、形式、数量等情况,并剖析移民对河西地区开发的作用以及在民族、文化上产生的影响。柳忠明的《明代河西走廊的民族构成及其发展变化》

(2011)系统总结了明代河西地区汉民族移民和本地少数民族情况,概括总结了甘肃河西多民族融合特点和历史影响。郎晓玉的《屯田、军户与地方社会——明代辽东都司卫所研究》(2013)着眼于辽东卫发展的经济、社会风貌,指出明代的军户与屯田在当时产生了重要的影响,对整个辽东地区的经济、社会发展起着巨大的推动作用。

3. 与经济贸易相关的研究

与经济贸易相关的研究主要分经济贸易总体情况及相关背景、茶马互市、朝贡贸易等三个方面。

1)经济贸易总体情况及相关背景研究

萧国亮的《明代后期蒙汉互市及其社会影响》(1987)从商业经济史角度,运用大量史料,对明朝后期蒙汉两族互市贸易及产生的社会影响进行了研究。(美)亨利·赛瑞斯的《明代的汉蒙贸易》(1994)认为明蒙之间的贸易主要包括朝贡贸易和市场贸易两种主要形式。余同元的《明后期长城沿线的民族贸易市场》(1995)对民族贸易兴起的原因、市场的分布、新兴市场的性质变化以及历史影响进行了透彻分析。赵天福的《边疆内地化背景下的蒙汉民族贸易变迁——以宁夏地区的蒙汉贸易为例》(2008)对1368~1949年以来,宁夏地区蒙汉贸易市场逐步融入当地市场体系的过程及原因进行了研究。祁美琴、李立璞的《明后期清前期长城沿线民族贸易市场的生长及其变化》(2008)以明末期到清前期长城沿线民族贸易点为研究对象,通过对有关的贸易点及其贸易情况的分析研究,探讨长城沿线贸易点、商品种类、贸易量、市场性质等方面的变化,考察不同历史背景下长城及其贸易地位对长城南北区域社会的影响。王苗苗的硕士学位论文《明蒙互市贸易述论》(2011)则对明蒙互市贸易的建立及发展演变、市场管理的主要内容及发展变化和互市贸易的主要商品进行了较为详尽的研究。

2)茶马贸易相关研究

赵毅的《明代汉藏茶马互市》(1989)对汉藏官营茶马互市中的以茶易马制度和朝贡互市进行了研究。吕维新的《明代茶马贸易研究》(1995)对明朝茶马贸易的管理机构、贸易性质、巡查制度进行了研究,剖析了茶马贸易兴而不盛的原因和茶马贸易所起的积极作用。王晓燕的《明代官营茶马贸易体制的衰落及原因》(2001)从不等价交换、走私活动猖獗、朝贡贸易的冲击以及运输困难等方面,论述茶马贸易体制自身存在的种种弊端以及必然衰败的原因。张学亮的《明代茶马贸易与边政探析》(2005)对明政府茶马贸易内容和管理措施进行研究,指出茶马贸易是控制边疆局势、怀柔羁縻少数民族的重要策略。王平平的硕士学位论文《明代茶马互市研究》(2010)分别研究了明代以官茶为代表的官营茶马互市、以走私茶为代表的走私茶马互市和以商茶为代表的民营茶马互市,认为三者之间存在既斗争又妥协的利益关系,因此明代茶马互市不仅是军事、政治问题,更是协调民、商、政府之间利益关系的经济问题。

3)朝贡贸易相关研究

杨富学的《明代陆路丝绸之路及其贸易》(1997)以历史人物和事件为例,

指出明政府与西域各国存在广泛密切的陆路朝贡贸易关系。田澍在《明代甘肃镇与西域朝贡贸易》(1999)一文中指出,明代与西域诸国的朝贡贸易作为国家的一项基本策略,在国防和对外关系中扮演着重要角色,甘肃镇以其独特的地理位置,确保了西域朝贡贸易的顺利进行。胡凡的《论明世宗对蒙"绝贡"政策与嘉靖年间的农牧文化冲突》(2005)认为明嘉靖年间世宗对蒙"绝贡"政策是造成汉蒙民族对立和北方边境战争冲突的根本原因。赵世明的《"俺答封贡"的决策问题》(2011)就"俺答封贡"这一历史事件决策过程中,明朝各种人物扮演的不同角色和所起的作用进行了评价。俞炜华的《朝贡贸易、和亲和称臣纳贡中的经济学》(2007)在分析农耕和游牧民族不同特点的基础上,从经济学视角出发,对朝贡贸易、和亲和称臣纳贡进行了比较分析。

(三)明甘肃镇相关研究

悠久的历史和特殊的地理位置使得甘肃镇在明北部边防中具有极其重要的战略地位,引起诸多学者从历史地理、军事政治、文物考古等不同角度对其进行研究,下面对明甘肃镇相关的研究现状展开论述。

1. 与历史地理相关的研究

1)长城、关隘、堡寨相关论述

高凤山、张军武编著的《嘉峪关及明长城》[①](1989)不仅对明长城西端起点——嘉峪关的历史沿革和建筑形制布局进行了详细介绍,还对嘉峪关防区之中的长城、城堡、城台、墩台、屯田与军需进行了系统介绍,明确提出了嘉峪关长城防御体系的概念,具有一定的开拓性。艾冲在《明代陕西四镇长城》[②](1990)一书中对明陕西四镇(甘肃镇、延绥镇、宁夏镇、固原镇)开设的时间及演变、长城修筑与分布、长城沿线诸军堡、长城兵力分布概况和交通干道进行了较为系统的介绍,勾勒出明甘肃镇及西北诸镇军事防御体系的轮廓,拓宽了长城研究的视野。薛长年著的《陇文化丛书:西塞雄风——陇右长城文化》[③](2008),马建华、张力华著的《遥望星宿——甘肃考古文化丛书——长城》(1995)以长城为主线,对甘肃境内的著名关隘、堡寨、古城遗址、屯田移民等相关历史进行了分类概述[④]。高凤山的《长城关隘城堡选介》(1992、1993)从建筑历史的角度对甘肃镇的双井堡、断山峡口、石峡关、嘉峪关等诸多军堡的位置、规模、形制进行了简要介绍。张耀民的《试论长城对甘肃的影响》(1998)从历史文化的角度,回顾了甘肃境内历代长城修筑的情况,指出长城在对甘肃建制区划格局的形成、保障甘肃境内先进生产力的推进以及屏护甘肃境内"丝绸之路"之发展方面起

---

① 高凤山,张军武. 嘉峪关及明长城[M]. 北京:文物出版社,1989.
② 艾冲. 明代陕西四镇长城[M]. 西安:陕西师范大学出版社,1990.
③ 薛长年. 西塞雄风——陇右长城文化[M]. 兰州:甘肃教育出版社,2008.
④ 马建华,张力华. 遥望星宿——甘肃考古文化丛书——长城[M]. 兰州:敦煌文艺出版社,2004.

到了积极作用①。田广金、史培军的《中国北方长城地带环境考古学的初步研究》（1997）、赵崇福的《长城沿线环境破坏与长城位置移动》（2006）和胡平平、汤羽扬的《长城自然地理环境的历史特征及保护规划初探》（2007）则从历史地理的角度，探讨了长城沿线环境变迁的根源、影响等。

2）甘肃镇相关论述

宋建莹的硕士学位论文《明代陕西行都司历史地理研究》（2010）重点讨论了陕西行都司与甘肃镇设置时间、辖区范围、军政职能的关系，指出甘肃镇的设置时间与陕西行都司相近，管辖区域较陕西行都司略大，军政职能也不尽相同②。赵现海的《明初甘肃建镇与总兵官权力、管辖地域之考察——以敕文为中心》（2010）以朝廷敕文为主要材料，探讨了甘肃镇建制与总兵官权力之间的关系，指出明初甘肃镇管辖地域随时局变化很大，从最初的甘肃西部到除宁夏外的整个陕西地区，又经过明永乐年间一系列的变化调整，至明宣德元年（1426），甘肃镇地域基本固定为"东自松疆阿坝岭起、临洮双墩子界，西至嘉峪关，边长一千八百余里③。"马顺平的《明代陕西行都司及其卫所建置考实》（2008）根据史书和地方志资料，对明代陕西行都司及其卫所的建置背景及地域特征进行了辨析，指出陕西行都司治所从河州迁至庄浪再迁至甘州，反映了明政府对甘肃镇的依仗与重视④。侯丕勋、刘再聪主编的《西北边疆历史地理概论》（2008）一书中则分十个章节，对西北地区（含甘肃）地名的产生、含义、地理范围、自然环境、城镇变迁、水陆交通、长城、边镇、关塞等方面进行了全面论述，有助于系统了解甘肃乃至西北地区历史地理全貌⑤。

2. 与军事政治相关的研究

1）军事防务相关研究

田澍的《明代甘肃镇边境保障体系述论》（1998）从组织管理体系（卫所制度、总兵制度、巡抚制度等）、内部防御体系（墩堡、边墙、驿站）和外部拱卫体系（关西七卫、茶马互市、通贡贸易）三个方面探讨了明甘肃镇军事防务问题，并认为这些保障措施为明朝西北边境的相对安全做出了重大贡献⑥。李超的硕士学位论文《明代甘肃镇防务研究》（2007）对甘肃镇设置的相关内容、所历边患及军事防御体系和外部拱卫体系作了论述，较全面地介绍了甘肃镇军事防务相关情况，指出甘肃镇虽然没从根本上摆脱被动挨打的局面，但在总体上完成了"北拒蒙古，南捍诸番"的防御任务⑦。更多的学者则将甘肃镇置于西北乃至

---

① 甘肃省地方史志编纂委员会,甘肃省军区军事志领导小组. 试论长城文化对甘肃的影响[J]. 西北史地, 1998（1）.
② 宋建莹. 明代陕西行都司历史地理研究[D]. 西安：陕西师范大学，2010.
③ 赵现海. 明初甘肃建镇与总兵官权力、管辖地域之考察——以敕文为中心[J]. 明史研究论丛，2010，8.
④ 马顺平. 明代陕西行都司及其卫所建置考实[J]. 中国历史地理丛论，2008，23（2）.
⑤ 侯丕勋,刘再聪. 西北边疆历史地理概论[M]. 兰州：甘肃人民出版社，2008，23（2）.
⑥ 田 澍. 明代甘肃镇边境保障体系述论[J]. 中国边疆史地研究，1998（3）.
⑦ 李 超. 明代甘肃镇防务研究[D]. 兰州：兰州大学，2007.

整个北部边防视野之中进行评述研究。田澍、毛雨辰的《20世纪80年代以来明代西北边镇研究述评》(2005)对近期西北防务相关研究进行总结，梳理分析明代北部防御体系构建的时代背景及西北四镇设置时间，并列举大量实例分析西北边镇防御体系的组成及后勤供应[①]。孙卫春的硕士学位论文《明代西北战争与国防布局的互动关系研究》(2008)以战争为主线，统计和梳理明代西北防区内发生的战争，通过大量列举比较，对明代西北战争与国防布局的互动关系做了系统的研究[②]。

2) 政治民族关系相关研究

吴琴峰的硕士学位论文《明洪武永乐时期对河西地区的经营》从明洪武、永乐两位帝王的民族观念入手，分析其面对河西地区复杂的边境形势所采取的民族政策和备边策略[③]。周淑芸的硕士学位论文《论明朝对西北边境的经略》以关西七卫作为研究对象，论述明代在河西地区的治边思想和少数民族政策，同时逐一列举明廷经略西北的种种弊端[④]。刘继华的《明朝开发西北的政策述评》认为明朝为了稳定西北边疆的政局，采取了包括政治、经济、军事、民族宗教等一系列开发政策，各政策之间相辅相成，不可分割[⑤]。程利英的硕士学位论文的《明代西北边疆政策与关西七卫研究》从政治和民族关系角度出发，对明代西北政策和关西七卫作为系统进行考察研究，认为明代特殊的边疆形势造就了西北特殊的民族政策[⑥]。杜常顺、郭凤霞的《明代"西番诸卫"与河湟洮岷边地社会》以甘肃镇西南部河湟洮岷边地为例，探讨了明廷与少数民族成分复杂的西番诸卫"土流参治"的军卫统辖体制，以及在此模式影响下的社会的变迁[⑦]。韩烨的《明代对西宁卫地区政治经营述略》同样以甘肃镇少数民族聚居地西宁卫为例，认为"土流参治"对瓦解元朝统治、加强边疆地区的管辖、改善少数民族关系和巩固西部边防都起到了积极的作用[⑧]。

3. 与文物考古相关的研究

陈守忠的《甘肃境内的明长城》通过历史文献、碑题和实际考察，对明甘肃镇长城修筑的背景、年代、线路分布做了记述[⑨]。唐晓军的《甘肃境内的长城与烽燧分布》记述了明甘肃镇长城两条基本走向，并对境内明代烽燧的数量和分布做了统计[⑩]。王元林的《河西长城考》以田野考察的方式对甘肃汉明长城走向及

---

① 田澍，毛雨辰. 20世纪80年代以来明代西北边镇研究述评[J]. 西域研究, 2005(2).
② 孙卫春. 明代西北战争与国防布局的互动关系研究[D]. 西安: 陕西师范大学, 2008.
③ 吴琴峰. 明洪武永乐时期对河西地区的经营[D]. 兰州: 兰州大学, 2011.
④ 周淑芸. 论明朝对西北边境的经略[D]. 银川: 宁夏大学, 2005.
⑤ 刘继华. 明朝开发西北的政策述评[J]. 固原师专学报, 2003, 24(5).
⑥ 程利英. 明代西北边疆政策与关西七卫研究[D]. 兰州: 西北师范大学, 2004.
⑦ 杜常顺，郭凤霞. 明代"西番诸卫"与河湟洮岷边地社会[J]. 青海民族大学学报: 社会科学版, 2010, 36(4).
⑧ 韩烨. 明代对西宁卫地区政治经营述略[J]. 传承, 2009(14).
⑨ 陈守忠. 甘肃境内的明长城[J]. 丝绸历史文化与经济开发研究, 1996(4).
⑩ 唐晓军. 甘肃境内的长城与烽燧分布[J]. 丝绸之路, 1996(5).

沿线军堡、烽燧的情况做了记录①。王宝元的《武威高沟堡古城考察记》对高沟堡的平面形制、防守布局、保存现状、管辖范围等做了详细考察，并根据古代文献对高沟堡进行了历史探源②。陈世明的《明代甘肃境内二十四关考略》对明甘肃镇南部的拱卫重镇河州、抵御西南游牧民族的"明代二十四关"进行了实地考察，进一步完善了甘肃镇军事防御体系③。边强的《甘肃关隘史》以文物考古为第一手资料，结合地方志和史书相关记载，对甘肃各地的关隘的地理位置、历史沿革、平面布局以及保存现状进行了详细记述，资料真实齐备④。

2006年国家文物局启动"长城保护工程"，力求摸清长城"家底"。2009年4月18日，国家文物局举办新闻发布会，向社会公布明长城资源最新调查成果。全面完成了明长城资源田野调查、外业调绘、控制测量、资料整理、长城长度测量和基础地理信息数据生产和数据建库等系列工作，首次摸清了明长城资源的基本家底，形成了较为完整的长城资源调查资料数据成果，建立了长城专题基础地理信息数据库，为编制长城保护规划、开展长城保护工程、加强保护管理和进行科学研究奠定了坚实的基础⑤。

（四）基于GIS技术的（聚落）空间分析研究

一般认为，空间分析（Spatial Analysis）方法是英国在20世纪70年代开始倡导的。英国考古学先驱Ian Hodder⑥和Clive Orton⑦提出，在考古学研究中必须进行空间分析。1986年著名考古学家张光直先生在其著作《考古学专题六讲，谈聚落形态考古》中便提出了空间分析的概念，将其正式引入我国考古界。实际上，考古学领域中空间分析的运用最早可追溯到19世纪美国民族学家易斯·亨利·摩尔根（Lewis Henry Morgan，1818—1881）对古代印第安聚落空间布局及由此相关联的社会结构模式的研究。欧美考古学界和历史学界利用GIS和计算机技术支持的空间分析，对人居聚落和历史事件环境中的物质和精神现象进行多方面的阐释，发展了诸多专门的分析技术与方法。

1. 国内GIS空间分析的相关教材

由于近年来，随着计算机为辅助手段的GIS技术引入和GIS相关软件在各个领域的广泛应用，国内出版了一系列关于GIS空间分析理论及方法的系统性研究专著。如张成才著的《GIS空间分析理论与方法》（2004）全面介绍了GIS空

---

① 王元林. 河西长城考 [N]. 甘肃日报，2002年.
② 王宝元. 武威高沟堡古城考察记 [J]. 西北史地，1995（1）.
③ 陈世明. 明代甘肃境内二十四关考略 [J]. 西北民族学院学报：哲学社会科学版，1990（1）.
④ 边强. 甘肃关隘史 [M]. 北京：科学出版社，2011.
⑤ 详细情况见国家文物局网站.
⑥ Ian Hodder，曾在伦敦大学考古学院和剑桥大学接受教育，英国皇家科学院院士，美国斯坦福大学文化和社会人类学系敦勒维讲座教授。代表作包括《阅读过去》（1986，1991，2003）、《考古学过程导论》（1999）和《当代考古学理论》（2001），主要研究方向为近东考古学和考古理论.
⑦ Clive Orton，伦敦大学学院教授。代表作包括《考古学采样》（1999）和《当代考古学理论》（2000），主要研究方向为计算机考古与统计.

间分析的数据模型、分析方法,并具体解释了如何在空间分析中应用GIS的方法[①]。汤国安、杨昕著的《ArcGIS地理信息系统空间分析实验教程》(2006)是作者在总结多年教学与研究经验的基础上编写完成的,主要介绍了ArcGIS的使用基础、ArcGIS空间分析工具以及地学分析实例,成为GIS初学者的基础性教材。余明的《地理信息系统实习教程》(2009)系统介绍了GIS的基本理论和主要应用。重点部分为GIS数据采集和数据处理、GIS空间分析方法、GIS应用模型和GIS可视化及其产品输出等几个部分。宋晓东著的《地理信息系统实习教程》(2011)除了介绍了GIS的基本原理和技术方法,还重点探讨了GIS的空间数据库、空间分析方法,还涉及系统综合运用和软件的二次应用开发,亦受到GIS初学者的广泛关注。

2. GIS空间分析在考古学中的应用与研究

20世纪80年代GIS首先开始应用于北美和欧洲地区考古学领域,主要是以"预测考古区位模型"和"景观考古"为目标。所谓景观考古是"研究人类及其物质的、社会的和认知环境之间的空间关系"[②]。国内GIS考古开始于20世纪90年代,如中国社科院考古研究所与美国合作进行的"恒河流域区域GIS考古研究(1998)"、南京师范大学以长江三角洲为例开展的GIS支持的考古信息管理系统研究(1999)等[③]。张生根等发表的《基于GIS的巢湖流域考古信息系统研究与建设》(2007)重点讨论了考古信息数据库的建构,并详细介绍了数据的采集与处理、空间查询与检索、空间模拟与分析、知识获取与空间决策支持等主要功能及其研究与实现的途径,为考古发掘研究以及文化遗产保护提供了一种数字化的手段与方法。毕硕本等发表的《基于空间分析方法的姜寨史前聚落考古研究》(2008),运用空间分析理论及方法,从遗址所处地理环境、选址位置等方面入手,对单个遗址的聚落形态问题进行研究,展示了空间分析技术应用于聚落考古中的实例。天津大学课题组成员何捷发表的《文化线路遗产原真性保护的GIS 空间分析支持》(2008),运用GIS技术模拟蒙古骑兵作战能力、入侵路线和居庸关兵力部署以及防守能力,从而推导还原出居庸关空间防御功能的分析,并据此提出居庸关文物保护范围的科学划界。课题组另一位成员王琳峰在其博士论文《明长城蓟镇军事防御性聚落研究》(2011)中,结合历史文献和现代考古资料,首先运用计算机构建了蓟镇聚落数据库,并利用GIS技术对军事聚落环境的高程、坡度、坡向、水域以及聚落的戍守密度、分布距离、等级与规模等空间分布规律进行了分析统计,将长城防御体系的数据量化研究向前推进了一步。

[①] 张成才. GIS空间分析理论与方法 [M]. 武汉:武汉大学出版社,2004.
[②] (英)保罗·鲍克斯. 地理信息系统与文化资源管理:历史遗产管理人员手册 [M]. 胡明星,董卫译. 南京:东南大学出版社,2001.
[③] 肖彬,谢志仁,闾国年,朱晓华. GIS支持的考古信息管理系统——以长江三角洲地区为例 [J]. 南京师范大学学报:自然科学版,1999(3);中国社会科学院考古研究所,美国密苏里州立大学科技考古实验室中美恒河流域考古队. 恒河流域区域考古研究初步报告 [J]. 考古,1998(10).

3. GIS空间分析中有关可视域、可达性方面的研究

近年来，国内外很多考古学者将GIS中的可视域等空间分析方法应用于聚落考古中。如Mark Oldenderfer和Herbert D.G.Maschner合著的"Anthropology, Space and Geographic Information Systems"（1996）运用可视域分析，对苏格兰西南部基尔马丁（Kilmartin）地区分布的史前时代不同时期各种祭祀性遗址的存在意义进行了讨论[①]。又如Frank Krist（1994）运用GIS中成本表面分析还原驯鹿的迁徙路径，随后用古印第安人聚落对这些路径的可视性关系来解释聚落选址以及对渔猎生活的影响等社会系统性问题。叶蔚等发表的《关于DEM地形可视性分析统一模型的探讨》（2007），认为地形可视性分析主要包括通视性分析、可视域计算、可视性表面和可视频率四方面内容，并在现有可视性分析理论基础上，指出建立统一的地形可视性分析模型的必要性和重要意义。北京大学的张海在《景观考古学——理论、方法与实践》（2010）中对基于GIS技术的景观考古学中的视域分析方法进行了介绍，认为简单视域分析（simple viewshed analysis）和累积性视域分析（CUmulative viewshed analysis）各具优势，适用于不同的研究对象。东南大学的汪涛在其硕士论文《明代大同镇长城与自然地理环境关系研究》（2010）中，利用GIS技术对长城及相关附属设施进行了视域分析和射程分析，总结了长城建造过程中控制其选址和布局的一般性原则。

GIS空间分析中有关可达性方面的研究更多集中在城乡规划领域，如交通规划、文物保护区规划、绿地规划、风景区旅游规划等可达性的研究，其中很多研究方法和理论为聚落考古学中的GIS空间分析提供了许多有益启发。李月辉等发表的《基于DEM的辽宁省猴石森林公园的视域分析》（2008）利用GIS中的视域分析功能，通过对游道75个观测点的实际视域范围和特征的研究，验证景点的可达性和游道规划的科学性。夏慧君等发表的《基于GIS的榆林市历史文化遗址空间分布特征研究》（2010）采用GIS的空间分析方法，对榆林市历史文化遗址的空间分布特征进行了分析研究，指出了解这些古遗址空间分布的不同规律可以探讨研究古人类社会发展与自然环境演变的关系。尹长林等的《基于3DGIS的城市规划可视性分析模型研究》（2011）运用3D GIS技术定量分析城市景观的可视性，提出基于地形和建筑物的两种可视性数学模型，为城市设计和景观规划提供了科学依据。

（五）研究现状评述

1. 研究趋势

上述研究，旨趣不一，成果丰硕，达到了一定的广度和深度。其中对于长城墙体的考察与研究一直是历史与考古领域关注的重点，考察与研究的重点包括以下几方面：历史最早的长城和长城最初形态；不同历史阶段长城的修筑时间、位

[①] Mark Oldenderfer, Herbert D. G. Maschner. Anthropology, Space, and Geographic Information Systems[C]. Oxford: Oxford University Press, 1996.

置、走向、长度、保存现状的实地考察；不同朝代长城利用、演变关系的考证；不同历史时期、不同地域长城的选址特点、建筑形制、修筑方法、材料利用的研究；不同历史时期与长城相关的政治、军事、文化、经济背景及自然环境等。

对长城防御体系的研究是从20世纪80、90年代边镇城池的介绍兴起的。当时以北京、山西、陕西保存较好的个案性研究为主，多从某地域进行研究，区域性的研究较少，整体性的层次体系研究也尚未开展。研究角度大多集中在地理位置、建置沿革、军事制度、城池型制等方面，研究深度有待进一步挖掘。2000年以后，随着自然环境的恶化和城镇化步伐的加快，大量的长城聚落遭到破坏，引起了学者的广泛关注。他们将研究的重点转移到长城墙体之外的"附属设施"上来，同时更加强调学科的交叉和综合，长城及军事聚落整体空间布局和历史演进的研究也取得了一系列成果。

尽管明甘肃镇研究起步较晚，但得到了广大学者尤其是地方学者的极大关注，因而研究类型多样，成果较多。归纳起来，明甘肃镇研究大致可分为两个阶段。一是20世纪90年代这10年，明甘肃镇相关研究主要集中在长城、烽燧、边镇、堡寨、关隘的现场考察和分类研究上。在研究范围和研究策略上，多以个案性的研究为主，区域性的研究较少，整体性的层次体系研究尚未开展。进入21世纪以来，明甘肃镇相关研究范围不断扩展，研究内容渐次深入，区域体系的研究和跨学科、多侧面的研究开始兴起。例如以甘肃镇防务体系为线索的研究、对甘肃镇外部拱卫体系和西北边疆政策的研究等。

2. 已有研究的不足

尽管明长城的研究领域广泛、成果丰硕，但以往的研究和保护重点在其雄伟高大的墙体和重要关隘上，长城防御体系的构成和整体性价值仍没有得到人们的足够重视。如何客观、全面地还原长城的真实面貌，进而完善长城整体性保护的原则与方法就显得尤为重要。

目前，明长城防御体系的研究仍存在如下问题和不足：

（1）长城防御体系作为一个有机整体，却覆盖在雄伟的长城边墙的光辉之下，仍未引起学术界的足够重视，妨碍了对长城全面深入的认知和解读，不利于对长城进行整体性、原真性的保护与利用。

（2）尽管长城军事防御体系时空分布和聚落层次的研究已取得诸多成果，但从社会文化、聚落考古的角度对长城整体防御体系的空间层次与空间结构进行系统剖析深入程度不够。

（3）以GIS为支撑平台的空间信息管理和空间分析技术已具有广阔的应用前景，但在国内长城遗产研究上尚属初级应用阶段，因此有待在长城全线空间关系量化研究上进一步应用与开发，从而弥补长城防御体系定量研究的不足。

（4）长城防御体系构成要素众多，外部环境复杂。各构成要素之间、各构成要素与外部环境之间存在相互交织、因果互动的关系。而目前这类研究成果数量不多，且研究深度与广度有待进一步挖掘、拓展。

除了上述问题以外，目前与"甘肃镇"相关的研究还存在以下四个方面的问题：

一是"甘肃镇"的研究缺乏整体性。之前诸多研究大多只关注某一地区、某一类型的长城相关遗存，带有明显的地域性和片面性，不能反映出作为"九边"重镇之一的甘肃镇军事防区整体性这一重要特征。

二是"甘肃镇"的研究缺乏系统性。以长城为依托的甘肃镇军事防御体系从军事管理层面是由"甘肃镇"的设置及其管辖的各级管理机构构成的；从物质层面是由长城墙体、军事聚落、烽传系统、驿传（交通）系统等子系统构成的。如何从系统的角度出发，全面深刻地看待"甘肃镇"尚存在诸多空白。

三是"甘肃镇"的研究缺乏综合性。以往"甘肃镇"的研究领域主要集中在文物调查和历史地理等学科方面，如何从建筑学、社会学以及聚落考古学角度跨学科综合研究尚属起步阶段。

四是"甘肃镇"空间分析方面的研究上存在缺环。截至目前，仅有艾冲的《明代陕西四镇长城》一书中有关于甘肃镇长城走向、沿线军堡布局的介绍，"甘肃镇"长城防御体系整体空间结构有何特征，各构成要素之间空间关系如何，是什么原因决定了这些空间特征和空间关系，应引入什么方法和技术手段去研究是下一步亟待解决的问题。

三、本书内容与核心问题

本研究以整体系统的观点，首先通过历史研究对甘肃镇建制过程、军事地位、镇城演变、防守范围演变等相关问题进行梳理；其次，运用系统论的观点，对明长城甘肃镇军事防御体系外部环境、构成要素、军事制度与聚落层级、整体结构展开论述；再次，通过GIS技术对甘肃镇长城防御体系各构成要素与外部环境的关系逐一展开论述，重点研究长城墙体与环境的关系、各层次军事聚落与外部环境的关系、驿传系统以及烽传系统与外部环境的关系；最后，引入可达域概念，并利用不同表现形式的可达域，分别对长城防御体系构成要素之中军堡、驿站、烽燧、敌台的空间布局进行分析，从而为长城研究提供了新的视角和行之有效的研究方法。本书涵盖以下几点核心问题：

（一）明甘肃镇建镇相关问题

如何界定建置标志是明"九边"军镇研究始终关注的一个问题。究其原因，在于"九边"军镇从初设到最终形成历经百余年，自身就是一个动态发展演变的过程，各镇很难用统一的标准来界定。本文引用各种观点，对军镇建置时间和标志进行了论述。基于动态发展的观点，提出"建置阶段论"，并以甘肃镇为例，将其建置分为洪武中期的初设——以都司卫所的建立为标志；洪武末期、永乐初期的定设——以总兵官的镇守为标志；景泰年间的终设——以文职大臣巡抚的正式设置为标志共三个阶段。同时还系统论述了与甘肃镇建镇密切相关的军权变化、镇城迁移、防守范围、官职体系、聚落层级、屯田策略等问题。

（二）明甘肃镇军事聚落层级关系及整体空间结构

军事聚落作为长城防御体系重要组成部分，指按一定军事级别分布屯守结合的军堡。本书通过文献、图籍和实地调查，重现甘肃镇镇城、路城、卫城、所城、堡寨各层级军事聚落的空间分布情况，绘制明长城甘肃镇聚落空间分布图，进而揭示甘肃镇军事聚落整体结构特征。在此基础上，运用GIS和Google地图等工具，对包括军事聚落的时空分布、层级关系、密度分布以及选址特征进行逐一研究，加深了明甘肃镇长城防御体系整体性认识。

（三）可达域概念的建立及其应用的科学性

明长城防御体系是包括长城墙体、城堡、驿站、烽燧、关隘等各种防御工事共同构筑的，是古人精心选址规划设计而成。本书基于聚落考古学中的空间分析方法，首次在长城防御体系研究中提出可达域概念，并通过不同表现形式可达域分析，揭示了长城防御体系各组成要素空间分布所遵循距离可达的原则，即空间分布要符合有效作用距离或有效作用范围的要求，这正是长城防御体系各构成要素空间分布研究中最基本、最核心的问题。

第一章　明长城甘肃镇建制

明代甘肃镇建置是一个十分复杂的历史问题。首先，明代甘肃镇建置与明初北部边防的建设密切相关，是国家整体战略思想和国防布局的直接产物，这种整体战略思想也直接影响若干军镇的建设，直至"九边"军事制度的完全建立。其次，明代甘肃镇建置又与都司卫所制度、大将镇守制度、明初塞王守边等制度密切相关，是各种军事制度共同发展的产物。此外，明代甘肃镇建置还有两部分内容与地理概念相关，一是镇城的演变，二是甘肃镇防守范围的演变。由于本书关注的重点及篇幅所限，在此仅对甘肃镇的建置过程、军事地位、镇城（治所）的演变和防守范围的演变四方面内容进行研究。

第一节　甘肃镇建置辨析

一、军镇建镇标志之争

如何界定建镇标志是明"九边"军镇研究始终关注的一个问题，至今尚无定论。究其原因在于"九边"军镇从初设到最终形成历经百年，自身就是一个动态发展演变的过程，各镇很难用统一的标准来界定。

最初，明人对军镇建镇标志的判断标准主要分以下三种观点[①]：

第一种观点是以大将经略、重兵屯戍为标志；第二种观点是以都司、行都司、卫所的设置为标志；第三种观点是以镇守总兵官的设置为标志。

当今学术界则继承明人观点，根据史料记载和各自关注的研究领域，从军事制度的角度对军镇建镇标志展开争鸣，对于问题的理解和研究具有启发意义。

第一种观点是以镇守总兵官的设置和边墙、墩台的修筑为标志。

1989年，余同元在《明代九边述论》一文中提出以镇守总兵官与边墙、城堡与墩台的修筑作为九边建置的标志[②]。

"故明代之称'镇'者，以镇守总兵官常设为标志。明代中前期，北部边防线上共设镇守总兵官十一个，蓟州、昌平、辽东、保定、宣府、大同、山西、延绥、宁夏、甘肃、陕西各一人。其后时有增设、改设，变化不定。设镇过程中，渐渐形成了以九个主要军事重镇为中心的九大军事防区，便称为'九边'。其所以称'边'，除各防区常驻军队、卫所设置外，主要以各防区根据'分地守御'的原则，各自负责一段边墙、城堡和墩台的修筑、各自划定管辖范围、形成防御体系为标志。因此，九边是'边'与'镇'的结合，根据九个主要镇守总兵官的设置和各镇边墙墩堡的修筑，我们确定辽东、蓟镇、宣府、大同、山西（又称太原镇、三关镇）、延绥（后称榆林镇）、宁夏、甘肃、固原九镇为九边，是基本符

[①] 赵现海. 明代九边军镇体制研究［D］. 长春：东北师范大学，2006.
[②] 余同元. 明代九边述论［J］. 安徽师范大学学报：人文社会科学版，1989（2）.

合当时历史事实的。"

"所谓'初设'、'继设',除甘肃镇设于洪武年间外,皆指永乐初年至嘉靖年间八个主要镇守总兵官的设置,它们标志着明代九边的最终形成。"

第二种观点是以大将、名臣经略或卫所的建置为标志。

艾冲在1990年出版的《明代陕西四镇长城》一书中以大将、名臣经略或卫所的建置为标志,并由此判断出延绥镇建置于正统二年(1437),宁夏镇建置于洪武四年(1371),甘肃镇建置于洪武六年(1373),固原镇建置于弘治十五年(1502)[①]。

第三种观点是以镇守总兵官为军镇初设的标志,巡抚为军镇定设的标志。

肖立军1994年在《九边重镇与明之国运——兼析明末大起义首发于陕的原因》[②]一文中从九边军制动态发展过程的角度,提出总兵官的设置仅为军镇初设的标志,而巡抚一职的设置则为此军镇定设的标志。文中说:

"一般说来,某镇总兵一职的设置,表明该镇初设,如大同设镇的标志便是永乐七年设镇守总兵;而巡抚一职的定设则表明此镇最后形成,因为巡抚是各镇的文官之首,不设巡抚说明此镇还不够典型……"

范中义在1995年《明代九边形成的时间》一文中也持此类观点[③]:

"除山西、固原二镇外,其他几镇作为一个完全的'镇',一是要有武职大臣,即总兵的镇守,一是要有文职大臣,即巡抚的提督。但在初设镇时,二职不一定完全具备,特别是文职大臣一般设置较晚,因此每镇都有一个初设和最后完成的问题。"

第四种观点是以指挥中心和军事防区的形成为军镇设置的标志。

赵毅、胡凡1998年在《论明代洪武时期的北部边防建设》[④]中认为指挥中心和军事防区的形成可视为军镇设置的标志。文中说:"明朝在北边屯兵驻守,必须得有相应的指挥以及军事防区,因而形成军镇的设置。"在对明初军镇进行判断时,认为都司、行都司的设置为军镇建立的标志,而宁夏较为特殊,以宁夏诸卫的建立为标准,故而提出洪武时期已建陕西行都司、万全都司、大宁都司、辽东都司,故而首建六军镇为宁夏、甘肃、大同、宣府、永平山海、辽东,并无延绥镇。

第五种观点是以镇守总兵官的派设为军镇设置的标志。

韦占彬2002年在《"九边"设置时间辨析》[⑤]一文中提出以镇守总兵官的派设为军镇设置的标志,并认为辽东镇设于永乐十二年(1414),大同镇设于永乐十二年(1414),宁夏镇设于建文四年(1402),甘肃镇设于永乐元年(1403),宣府镇设于永乐二十二年(1424),蓟州镇设于宣德十年(1435),山西镇设于成化时期,陕西镇设于弘治年间。

---

① 艾冲. 明代陕西四镇长城[M]. 西安:陕西师范大学出版社,1990.
② 肖立军. 九边重镇与明之国运——兼析明末大起义首发于陕的原因[J]. 天津师大学报:社会科学版,1994(2).
③ 范中义. 明代九边形成的时间[J]. 山西大同大学学报:社会科学版,1995(4).
④ 赵毅,胡凡. 论明代洪武时期的北部边防建设[J]. 东北师大学报:哲学社会科学版,1998(4).
⑤ 韦占彬. 明代"九边"设置时间辨析[J]. 石家庄学院学报,2002,4(3).

二、甘肃镇建镇时间之争

建镇时间和标志两者是密切相关的。当今学者关于明九边之中的"甘肃镇"建置时间主要有以下几种观点：

（一）建镇于洪武年间

1990年艾冲在《明代陕西四镇长城》一书中将甘肃镇建镇时间确定为洪武六年（1373），并以防区内卫所的建置为标志①。

2004年，于默颖在其博士论文《明蒙关系研究——以明蒙双边政策及明朝对蒙古的防御为中心》②中提出以陕西行都司的复建作为甘肃镇建镇标志。

2007年，胡凡在《明代洪武永乐时期北边军镇建置考》③一文中提出军镇设置的标志："第一要结合都司卫所的军事防御体系进行考察；第二要结合领敕行事的军事长官的任命及其责任来考察，至于其是否称为总兵或总兵官则在其次；第三要结合明代当时人对军镇的称呼和习惯看法来验证。"并将明洪武十二年（1379）明朝"复置陕西行都指挥使司于庄浪，后徙于甘州"作为甘肃镇建镇的标志性事件，显然是依据第一条标准。

1989年，余同元在《明代九边述论》一文中将镇守总兵官之常设作为建镇标志，认为洪武二十七年（1394）佩平羌将军印赴甘肃镇守的总兵官李景隆为正式建镇标志④。

与此类似，1995年，范中义在《明代九边形成的时间》一文中将洪武二十五年（1392）宋晟任总兵官作为甘肃镇初设的标志⑤，只是将甘肃镇建镇时间往前提了两年。

2005年，赵现海在其博士论文《明代九边军镇体制研究》⑥中提出："宋晟充总兵官，节制当地卫所，镇守甘肃长达三年，而且尚在肃王之国之前，实为独立总兵镇守制度，军镇性质基本呈现，可视于洪武二十五年（1394），甘肃已基本建镇。"同样将节制地方三司、具有独立镇守能力的总兵官的设置作为总兵镇守制度建立的标志，进而作为甘肃镇建镇标志。

（二）建镇于永乐年间

2002年，韦占彬在《明代"九边"设置时间辨析》⑦一文中则推翻建镇于洪武年间的观点，认为洪武时期的边防基本上以都司卫所为主，总兵官虽有赴任，但并没有明确的辖区。同时认为甘肃镇作为第一批较早设置的边镇，其建镇时间

---

① 艾冲. 明代陕西四镇长城［M］. 西安：陕西师范大学出版社，1990.
② 于默颖. 明蒙关系研究——以明蒙双边政策及明朝对蒙古的防御为中心［D］. 呼和浩特：内蒙古大学，2004.
③ 胡凡. 明代洪武永乐时期北边军镇建置考，第十一届明史国际学术讨论会，2007.
④ 余同元. 明代九边述论［J］. 安徽师范大学学报：人文社会科学版，1989（2）.
⑤ 范中义. 明代九边形成的时间［J］. 山西大同大学学报：社会科学版，1995（4）.
⑥ 赵现海. 明代九边军镇体制研究［D］. 长春：东北师范大学，2006.
⑦ 韦占彬. 明代"九边"设置时间辨析［J］. 石家庄学院学报，2002，4（3）.

应为永乐元年（1403），并根据《明成祖实录》所载"命后军左都督宋晟佩平羌将军印，充总兵官，镇甘肃"，将镇守总兵官的设置作为甘肃镇建镇的标志。

三、甘肃镇建镇辨析

以上引用历史学者的各种观点，对军镇建镇标志以及甘肃镇建镇时间进行了论述。作者认为，无论何种观点，都有其相对合理的观点和解释。本书综合上述观点，提出"建镇阶段论"，即把军镇建制分为初设、定设和终设三个阶段，各镇根据大的历史背景和自己的实际情况对建镇时间和标志进行综合判断。毫无疑问，甘肃镇建镇亦按阶段划分。

（一）初设阶段—洪武中期

之所以将甘肃镇初期建镇阶段定位于洪武中期，是因为洪武中期都司卫所制度已经在全国确立下来，而甘肃镇此时的军事防御体系正是由都司卫所构建和发挥作用的，也就是说都司和卫初步形成了军镇。

这里有两点需要强调，一是洪武五年（1372），明军兵分三路再次北伐，其中征西将军冯胜奉命从兰州出击，克凉州、占甘州、抵肃州、达沙州而还。但由于其他两路以惨败收场，加之西路军兵马有限，明军无心也无力在河西实施有效占领，遂弃地而归。虽然明廷在当年十一月置"甘肃卫都指挥使司，庄浪卫指挥使司[①]"，又在次年设西宁卫，但仅以故元降众为主，与后来的有效经营相差甚远，因此洪武五年（1372）甘肃都卫的设置，不能被看作甘肃镇初设的标志。

二是洪武十二年（1379）明廷"复置陕西行都指挥使司于庄浪，后徙于甘州[②]"可作为甘肃镇初步建镇的标志性事件。洪武七年（1374）后，明朝以庄浪卫和西宁卫为前哨，开始加强河西的防务，并于洪武九年（1376）十月从兰州等卫调拨兵马，设立凉州卫。凉州卫位于河西走廊的中部，可见明朝正逐步收复失地，试图重新掌控甘肃。至洪武十二年（1379），明廷通过用兵和机构调整，终于将庄浪卫设为陕西行都司使驻地，揭开了甘肃正式建镇的序幕。

（二）定设阶段—洪武末期、永乐初期

在甘肃镇初设的基础上，明廷继续向西北推进。明洪武十三年（1380），都督濮英出兵扫荡河西地区的残元势力，并于洪武十五年（1382）设立永昌卫。洪武十七年（1384），宋晟"讨西番叛首，至亦集乃路，擒元海道千户也先帖木儿、国公吴把都剌赤等，俘获万八千人，送酋长京师，简其精锐千人补卒伍，余悉放遣[③]。"明朝继续加强对河西地区的有效控制，于洪武二十三年（1390）设山丹卫[④]。

---

① 明太祖实录·卷七六，洪武五年十一月壬子条.
② 明太祖实录·卷一二二，洪武十二年正月甲午条.
③ 明史·卷一五五·宋晟传.
④ （明嘉靖版）陕西通志·卷五·陕西行都司沿革.

洪武二十五年（1392）二月，朱元璋命"上以西凉、山丹等处远在西陲，凡诸军务宜命重专制之，乃命宋晟为总兵……其西凉、山丹诸卫军马凡有征调，悉听节制[1]"。四月，"辛未，蓝玉分置甘州左、右、中三卫刘真于甘肃卫[2]"，继而再分置甘州前、甘州后、甘州中三卫。洪武二十六年（1393），"陕西行都指挥使司自庄浪徙置于此（甘州）[3]"。洪武二十七年（1394），"春正月……辛未，李景隆为平虏将军，镇甘肃[4]"。永乐元年（1403），明成祖朱棣再次"命后军左都督宋晟佩平羌将军印，充总兵官，镇甘肃[5]"。因此可见，洪武末期、永乐初期宋晟、李景隆两位总兵官的任命可看做甘肃镇建镇定设的标志。

（三）终设阶段—景泰年间

1994年，肖立军在《九边重镇与明之国运—兼析明末大起义首发于陕的原因》一文中提出总兵官的设置仅为军镇初设的标志，而巡抚一职的设置则为此军镇定设的标志。1995年范中义在《明代九边形成的时间》一文中提到在军镇建制应分初设和最后完成两个标志。而后者即是本书所说的军镇建制的终设阶段。

《明会典·都察院》所载："正统元年（1436），甘、凉多事，命侍郎参赞军务出镇，于是甘肃以文臣参赞，遂为定制。景泰元年（1450），定为巡抚都御史。"

因此，文职大臣巡抚的正式设置可视为军镇终设阶段的标志。

综上所述，本书之所以将甘肃镇建制划分为以上三个阶段，是因为"九边军镇"的形成是一个历经百年、动态发展的过程，军镇建制当然也要视为一个过程，两者在发展阶段上应是同步的。虽然有防区范围是否确定以及总兵官是否常设之类问题的争论，但客观地说，"建镇阶段论"避免了以往以点代面、以节点代过程的弊端，较真实还原了历史原貌，是一种较为科学的划分。

第二节　甘肃镇军事地位辨析

甘肃镇处疆域最西端，是明王朝北方边陲以长城为依托的九边重镇军事防御体系不可或缺的组成部分，在明西北边防中占有举足轻重的地位。作者根据艾冲1990年出版的《明代陕西四镇长城》一书中各镇长城沿线军堡资料统计得知（表1-1），沿绥镇有军堡39座，宁夏镇有军堡30座，固原镇有军堡45座，甘肃镇有军堡72座，甘肃镇军堡数量占总数的39%，居西北四镇之首。又根据《长城志》撰写组统计数字（图1-1）亦可看出，甘肃镇关堡数量仅次于京畿之地和"九边腹心"的蓟镇，位居第二位，数倍于昌镇及西北其他三镇，足可见甘肃镇军事地位的重要性。

---

[1] 明太祖实录·卷二一六，上海书店.
[2] （清）谈迁：国榷·洪武二十五年四月条.
[3] 明史·卷四二·地理志三.
[4] 明史·卷二·太祖纪二.
[5] 明太祖实录·卷十六（台湾研究院史语所校勘本）.

第一章 明长城甘肃镇建制

明陕西四镇军堡统计一览表　　　　　　　　　　表1-1

军镇名称	军堡名称	合计	所占比例
延绥镇（榆林镇）	黄甫川堡、清水营堡、木瓜园堡、孤山堡、镇羌堡、永兴堡、神木堡、大柏油堡、柏林堡、高家堡、建安堡、双山堡、常乐堡、榆林卫域（榆林镇所在地）、归德堡、鱼河堡、镇川堡、保宁堡、响水堡、波罗堡、怀远堡、威武堡、清平堡、龙州堡、镇靖堡、靖边营堡、宁塞营堡、旧安边营堡、砖井堡、定边营城、盐场堡、把都河堡、永济堡、柳树涧堡、新安边堡、新兴堡、石涝池堡、三山堡、饶阳水堡	39	21%
宁夏镇	花马池营城、高平堡、柳杨堡、安定堡、铁柱泉堡、永兴堡、兴武营城、毛卜剌堡、清水营城、红山堡、横城堡、灵州所城、平房营城、黑山营城、威镇堡、临山堡、镇朔堡、洪广堡、镇北堡、平羌堡、邵纲堡、玉泉营、大坝堡、广武营城、枣园堡、石空寺堡、胜金关、镇房堡、柔远堡、中卫城	30	16%
固原镇	甜水堡、响石沟堡、下马房关、平房所城、镇戎所城、红古城堡、石峡口堡、关桥堡、羊房堡、海剌都堡、西安州所城、乾盐池堡、打剌赤堡、靖房卫城、平滩堡、一条城堡、什字川堡、买子堡、桑园儿堡、兰州卫城、笋罗沟堡、西古城堡、积积滩堡、高山堡、盐场堡、金城关、安宁堡、党家堡、千观台堡、弘化寺堡、积石关城、河州卫城、归德所城、洮州卫城、岷州卫城、芦沟堡、大庙堡、沙久堆堡、永安堡、哈思吉堡、分水岭堡、迭烈逊堡、芦塘营城、三眼井堡、红水河堡	45	24%
甘肃镇	沙井儿堡、苦水湾堡、野狐城堡、红城子堡、青寺儿堡、南大通山口堡、黑城子堡、大柳树堡、庄浪卫城、马厂沟堡、武胜堡、岔口堡、镇羌堡、黑古城堡、阿坝岭堡、裴家营堡、大靖营城、土门堡、安远站堡、黑松林堡、古浪新关城、古浪所城、高庙堡、泗水堡、凉州卫城、高沟堡、镇番卫城、黑山堡、蔡旗堡、永定堡、宁远堡、牧羊川河西堡、真景堡、永昌卫城、毛卜剌堡、水磨川堡、水泉儿堡、定羌墩堡、石峡口堡、阜昌堡、新河堡、山丹卫城、大桥寨堡、东乐堡、太平堡、山南关、瓦窑堡、甘州卫城、靖安堡、板桥堡、柳树堡、平川堡、四坝堡、高台所城、八坝堡、九坝堡、黑泉堡、胭脂堡、沙碗堡、镇夷所城、深沟堡、盐池堡、双井堡、金塔寺堡、临水堡、下古城堡、两山口堡、肃州卫城、新城堡、野麻湾堡、嘉峪关城、卯来泉堡	72	39%
合计	186		100%

（资料来源：根据艾冲著《明代陕西四镇长城》整理。）

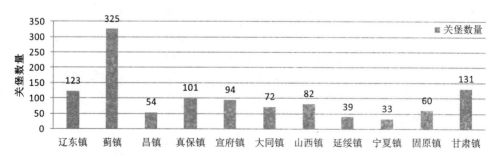

图1-1 "九边"各镇军堡数量统计图
（图片来源：王琳峰根据《长城志》撰写组最新数据统计，2011年数据。）

一、地理位置的重要性

甘肃古称河西陇右，简称"河陇"。它东接陕西，东北与宁夏相连，南临四川，西与青海、新疆毗邻，北靠蒙古，是中原联系西北乃至中西亚的咽喉和纽带，更因其境内著名的丝绸古道而闻名天下。甘肃西北—东南方向地形狭长，南依祁连山脉和陇南山地，北临河西走廊北山和蒙古大漠戈壁，西有河西走廊，东有陇中河谷，地理位置重要，地形条件特殊，自古就是征战用武、兵家必争之地。

古人早就认识到甘肃镇地理位置的特殊性和重要性。明程道生在《九边图考》中称其："夹以一线之路，孤悬两千里，西控西域，南隔羌戎，北遮胡虏①。"《明史·西域传》载：朱元璋"甫定关中，即法汉武创河西四郡隔绝羌、胡之间，建重镇于甘肃，以北拒蒙古，南捍诸番，俾不得相合②"。清钟赓起在《甘州府志》中称其："近而藩垣四镇，远而纲领九边，通玉帛于天方，列毡庐于疆场，黄河、黑水、昆仑、崆峒际天极地，巍然一大镇也③。"清顾祖禹在《读史方舆纪要》中认为陇右为关陇之喉舌，"襟带秦凉，拥卫畿辅，关中安定，系于此也"，"河西不固，关中亦未可都也"；"欲保关中，先顾陇右"，"欲保秦陇，必固河西，欲固河西，必斥西域"。顾祖禹还提出："镇河山襟带，扼束羌戎。汉武开河西，遏绝羌与匈奴相通之路，使不能解仇合约，为中国患④。"由此可知，甘肃镇不仅是屏蔽关中、护佑京畿的屏障，更是隔绝南北少数民族势力的藩篱，在明疆域中具有举足轻重的战略地位。

二、民族形势的复杂性

甘肃地处边陲重地，胡汉杂居，少数民族众多。据考证，"西羌"、"西戎"是最早游牧生活在此的民族。秦、汉时期，月支、乌孙、匈奴曾先后占据河西走廊；而陇西、陇东、陇南仍有羌、戎各部分布。随着秦汉王朝建政设郡，戍边屯垦，大量内地汉人移居河陇，并将众多降服的少数民族居民安置于此，进一步增进了民族的交流融合。由于甘肃长期以来介于游牧民族与中原农耕民族之间，是两大民族和两种文化冲突的接触点，因此民族矛盾较为集中。在汉唐至明清统一强盛的时代，河陇既是边防重地，又是王朝联系西北少数民族的桥梁；在国家分裂动荡之时，则成为少数民族政权与中原王朝分庭抗礼的割据之地。东晋十六国、中唐、五代十国及西夏时期大抵如是。在这些时期里，匈奴、氐、羌、鲜卑、吐蕃、回鹘、党项等少数民族曾先后入主河西、陇右⑤。

---

① （明）程道生. 九边图考·甘肃.
② 明史·卷三三〇·西域传.
③ （清）钟赓. 甘州府志·卷十三·艺文志.
④ （清）顾祖禹. 读史方舆纪要.
⑤ 胡大浚.《陇文化丛书》序 [J]. 甘肃高师学报，1999（4）；薛长年. 陇文化丛书. 西塞雄风——陇右长城文化 [M]. 兰州：甘肃教育出版社，2008.

至明朝时，甘肃镇及周边民族形势愈加复杂。其中蒙古和吐鲁番势力为甘肃地区两大边患。单论蒙古势力而言，有明朝初年甘肃、宁夏一带的扩廓帖木儿，其势力"骑兵十万，步卒倍之"；新疆哈密一带有故元宗王察哈台后裔兀纳失里；永乐七年（1409）封为可汗的本雅失里；永乐十年（1412）在凉州发动叛乱的已投降明朝旧元部落的老的罕等；宣德年间屡为甘、凉边患的王子阿台及其所部朵儿之伯；正统年间侵扰肃州的瓦剌首领也先等；天顺年间，有多次入侵甘肃，在凉州、永昌、山丹、庄浪一带大肆抢掠的蒙古小王子及其部属。明朝中期，朝廷消极防御，蒙古各族势力异常活跃，西北地区战争频发，甘肃镇边境形势骤紧。成化、弘治、正德年间，达延汗率所部兵马多次袭入庄浪境内，此后多年，达延汗势力愈发猖獗，连年对甘肃用兵，抢掠人畜，杀死官军，双方战斗异常激烈。达延汗所属的河套蒙古势力亦成为明廷大患。明朝末期，多支蒙古游牧势力盘踞在甘肃镇南部青海湖以及大、小松山一带，大有南北夹击之势。朝廷通过几次战争，重创来犯之敌，解除了边患。

吐鲁番本为新疆势力，成化九年（1473）趁哈密内乱势弱之际抢掠降明蒙古旧部、属羁縻性质的哈密卫。此后，明朝与吐鲁番经过反复争夺拉锯，最终放弃哈密卫。此后的正德、嘉靖年间，吐鲁番以哈密为跳板，屡次进犯边境西部的肃州等地。

除蒙古和吐鲁番势力外，甘肃镇南部河湟一带宜农宜牧，分布数以百计的藏族及其他各族部落，民族关系异常复杂。

三、在明边防中的地位

地理上的重要性和民族形势的复杂性使得甘肃镇在明北部边防中占有极其特殊的地位，古人对此早有论断。弘治六年（1493），明孝宗将甘肃镇视为西北藩篱，对经略甘肃守臣说："盖以本朝边境惟甘肃为最远，亦惟甘肃为最重。祖宗于此屯兵建闲，非但制驭境外之生夷，亦以抚绥境内之熟羌也[①]"。《肃镇志》中言：甘肃镇"关乎全陕之动静，系夫云晋之安危。云晋之安危关乎天下之治乱"[②]。五朝元老马文升在奏疏中曰：一旦"甘、凉失守，则关中亦难保其不危"[③]。明人曾生动地将九边比喻为人的身体，将京师比作人的"腹心"，将宣府、大同比作"项背"，将延绥、宁夏比作人的"肢体"；将甘肃镇比作九边中的"踵足"，"踵足"意为立足根基，可见甘肃镇的分量。

尽管甘肃地处九边西陲，远离王朝统治中心，且终明一代，未发生过诸如出征漠北、土木之变、北京保卫战、后金战争之类关乎国家命运的重大事件，但绝不等于其战略地位不如其他边镇，相反，甘肃镇属九边中最早建立的边镇之一，战略地位居西北四镇之首。根据《明实录》记载的有关战争统计数字可以得知，西北四镇防区内共发生战争857次，其中甘肃镇为382次，约占总数的45%（表1-2）。

---

① 明孝宗实录·卷七四.
② （清）肃州志·卷一·地理志：顺治十八年抄本.
③ （明）马文升. 明经世文编·卷一六三·为预防虏患以保重地方疏.

明西北四镇战争统计一览表　　　　　　　　　　表1-2

军镇名称	延绥镇	宁夏镇	固原镇	甘肃镇
战争次数	248	175	52	382
所占比例	29%	20%	6%	45%
合计	100%			

（资料来源：作者根据《明实录》等资料整理。）

甘肃镇的战争次数为何居西北四镇之首？主要还是因为其身处西端番地，地形狭长，三面皆敌，防守难度尤大。对此明人亦有深刻认识。曾主持修筑边墙，深谙西北防务的明臣杨一清在弘治年间曾说："甘肃一镇，自兰州渡河，所辖诸卫绵亘二千里，番房夹于南北一线之路。其中肃州嘉峪关外，夷羌杂处，寇盗无时，自昔号为难治①。"明末清初学者查继佐在《罪惟录》中进一步描述道："若以地之轻重论，诸边皆重，而蓟州、宣、大、山西尤重。何则？拱卫陵寝，底定神京，宣、大若肩背，蓟、晋若肘腋也。以守之难易论，诸边皆难，而辽东、甘肃尤难。何则？辽东僻远海滨，三面皆敌；甘肃孤悬天末，四面受警也②。"

第三节　甘肃镇镇城（治所）演变

镇城是各个军镇防区最高军事长官统领全局、指挥作战的驻扎地，在防区内一般属于级别最高、规模最大、屯驻兵马也最多的城池。为方便屯驻兵马、驰援前线，其选址十分慎重，一般坐落于长城以内地势平坦、交通便利之战略要地。同时，由于边镇实行军事优先、军民统管的体制，镇城往往还是整个军事防区的政治和经济中心。

此前，本文已提出将甘肃镇的建制过程分为三个阶段的观点，即洪武中期的初设阶段，洪武末期、永乐初期的定设阶段和景泰年间的终设阶段。其中初设阶段

图1-2　甘肃镇城演变图
（图片来源：作者依据《明代陕西四镇长城》中改绘。）

镇城设在庄浪；定设阶段镇城有两个，凉州和甘州；此后甘州的地位凸显，成为终设阶段的镇城（图1-2）。以下就甘肃镇城的演变展开论述，有助于了解明甘

---

① （明）杨一清. 明经世文编·卷十九·论甘肃事宜.
② （清）查继佐. 罪惟录·卷十二·九边表·总论.

肃镇防御中心和军事布局的调整。

一、庄浪—洪武中期确立的镇城

严格说来，庄浪称为陕西行都司的治所最为恰当。因本书采纳了都司和卫所的设置亦可作为建镇标志的观点，故而将陕西行都司的治所等同于镇城。

明洪武元年秋（1368）明军攻占大都，元顺帝远遁漠北，北迁的元政权退居漠北，仍沿用大元国号，与明朝对峙。朱元璋随即展开北部边防的战略规划和建设。总体来说，洪武时期的战略规划和建设有两个主要特点①：一是规划的递进性；二是规划的整体性。而这两个特点在陕西行都司的建置过程中体现得尤为充分。面对保留强大实力的故元力量和复杂的民族形势，明朝在甘肃地区采取的是稳固河湟地区及青海藏族部落，以此为跳板，进而逐步控制河西走廊，切断蒙藏联系的战略部署，即朱元璋所谓的"肯定关中，即法汉武创河西四郡隔绝羌、胡之间，建重镇于甘肃，以北拒蒙古，南捍诸番，俾不得相合"②。

明洪武三年（1370），大将邓愈奉命西征，招谕河湟地区元朝世封的吐蕃贵族吐蕃宣慰使何锁南普、镇西武靖王卜纳剌等人，进克川、青、藏交界地区的交通枢纽和经济重镇河州（临夏市）。随后领军北上，占领了青海东部的循化、归德地区。明洪武四年（1371），在军事和诏谕双重压力下，居于西宁的元朝甘肃行省官员右丞朵儿只失结、西宁州同知李南哥等相继降附。众多西番部族陆续归降，河湟洮岷地区得以并入明朝版图。

明洪武五年（1372），为配合明军中军主力北伐蒙古，大将冯胜率军西征，取甘州、兰州，又击败北元兵于瓜州、沙州。由于明军中路军、东路军作战失利，加之河西地广人稀，西路军兵马有限，明军只得就地安置旧元降将，罢兵而回。尽管如此，明廷仍于当年十一月置甘肃卫都指挥使司和庄浪卫指挥使司，象征性地留有少量兵马驻扎，因此不能被看作甘肃镇城初设的标志。

明洪武七年（1374），朱元璋下诏曰："置西安行都指挥使司于河州。升河州卫指挥司韦正为都指挥使，总辖河州、朵甘、乌思藏三卫"。③尽管明朝在河州置西安行都指挥使司，但只管辖河州、乌思藏（阿里地区）、朵甘（青海、西康一带）三卫，不包括西宁、甘州、凉州诸卫，因此也不能被看作甘肃镇城初设的标志。次年，随着全国卫所机构名称的调整，西安行都指挥使司改称为陕西行都指挥使司。

此后，朱元璋通过明洪武十年（1377）后连续三年对吐蕃用兵，平定洮岷一带藏族部落的叛乱。明军开始有计划抽调洮岷地区的部分兵力向西北转移。并于明洪武十二年（1379）撤销陕西行都司三年后，复置行都司于庄浪（今永登）。

从地理位置上看，庄浪"其于河东西为兰州门户，凉、湟堂奥，甘、肃之咽

---

① 韦占彬. 明代洪武时期北部边防的战略规划[J]. 赣南师范学院学报，2007，28（4）.
② 明史·卷三三〇·西域传.
③ 明太祖实录·卷九十一（台北研究院史语所校勘本）.

喉，靖、夏之捷径。车马络绎，毂击肩摩，乃诸郡之统会，九达之庄逵也"①。从距离上看，庄浪距兰州、西宁、凉州适中，亦可近距离对河州进行有效控制。陕西行都司治所从河州迁至庄浪，显示明廷着意经营河西和青海地区的决心，拉开了第二次进占甘肃的序幕。

明洪武十二年（1379），陕西行都司治所设于庄浪，极大地加强了明军的军事存在，明朝得以有效控制凉州以东广袤地区，并以都司卫所为建置单位，真正开始了对河西地区的有效控制，初步形成了军镇。因此，庄浪治所的确立可看作甘肃镇镇城初设的标志。

二、甘州、凉州并置——洪武末期、永乐初期确立的镇城

明洪武十二年（1379）后，明朝以庄浪为军事指挥中心，一边继续镇压残元蒙古势力，一边以凉州为后方基地，继续向西有计划逐步推进。

明洪武十三年（1380）朱元璋"以故元国公脱火赤、枢密知院爱足率众万余屯于和林，恐为边患，命西平侯沐英率陕西兵往讨之"②。沐英率军跨贺兰山，过大漠戈壁，攻取甘肃边外亦集乃路（今额济纳旗），并"北至和林擒元平章脱火赤、知院爱足部众万余人"③，有力地打击了西北地区威胁已久的残元力量。

与此同时，大将濮英和宋晟在河西凉州（今武威）一带训练军士，亦在对甘肃西部各蒙古部族用兵中取得不小的胜利。此后朱元璋还令二人将所获马匹两千拨付凉州卫，补充战事损耗。此时凉州已俨然成为明廷谋求西进的后方基地和前线指挥中心。此后，都督佥事宋晟长期镇守凉州。"十九年，召还，陞骠骑将军，右军都督佥事，赐钞文绮，以其官赠其三代，仍镇凉州。二十三年夏，遣中使就赐白金及钞。至秋，复三遣赐钞、文、绮，授制谕，充总兵官，征哈密里。破之，哈密者，去肃州千余里，虏所城也……二十五年，复充总兵官……"④

为此，范中义在《明代九边形成的时间》一文中将洪武二十五年（1392）宋晟任总兵官作为甘肃镇初设的标志⑤；赵现海《明代九边军镇体制研究》中也认为："宋晟充总兵官，节制当地卫所，镇守甘肃长达三年，而且尚在肃王之国之前，实为独立总兵镇守制度，军镇性质基本呈现，可视为洪武二十五年（1394），甘肃已基本建镇。"⑥可见总兵官宋晟坐镇指挥的凉州已成为甘肃镇镇城。

另一个镇城为甘州（今张掖）。《明史·地理志》曾载："洪武二十六年，陕西行都指挥使司自庄浪徙置于此（甘州）。"另有《明太祖实录》记载洪武二十六年二月"丙戌，置陕西行都指挥使司所属经历、断事二司。"⑦清顾祖禹

---

① （清）梁份. 秦边纪略［M］. 西宁：青海人民出版社，1987.
② 明太祖实录·卷一三〇（台湾研究院史语所校勘本）.
③ 皇明开国功臣·卷二十·宋晟传.
④ 明太祖实录·卷一三一（台湾研究院史语所校勘本）.
⑤ 范中义. 明代九边形成的时间［J］. 大同高等专科学校学报：社会科学版，1995（4）.
⑥ 赵现海. 明代九边军镇体制研究［D］. 长春：东北师范大学，2006.
⑦ 明太祖实录·卷二五五（台湾研究院史语所校勘本）.

所著《读史方舆纪要》也将洪武二十六年（1395）作为复置陕西行都司于甘州的时间。此后甘州作为陕西行都司新的治所沿袭至明朝灭亡，再未发生变化。再后，李景隆等人挂印出任总兵官，亦坐镇甘州。

三、甘州——永乐以后确立的镇城

永乐以后，甘州作为陕西行都司和总兵官的治所固定下来。不仅如此，正统年后，明朝开始以文臣参赞甘肃镇事务，又于景泰元年（1450），向甘肃派驻巡抚都御史，进驻甘州。

从地理位置上看，甘州"其地东有武威，西有酒泉，南有祁连之阻，北有合黎之环。南北相距，仅可百里，如筑甬道，中通一线，通饷道而接声援耳。何以畸重若此哉？盖其河黑水，其田上上，其民五方错杂，其俗朴而刚，此所以畸重也。凉州在东四百八十里，肃州在西五百四十里[①]"。可见甘州不仅有南北两山相夹的地形和沟通东西交通上的优势，还有河水灌溉的便利，民风也十分淳朴。从区位上看，甘州恰好位于凉州和肃州之间，属于河西走廊的中部，兼顾东西，更便于前线的军事指挥，是甘肃镇防区绝佳的战略要地。陕西行都司治所和总兵官治所最终定在甘州，绝非偶然。

第四节　甘肃镇防守范围演变

从前几节的论述可以得知，洪武中期陕西行都司及卫所已初步建构了甘肃地区的边防体系，从这个意义上说，都司和卫初步形成了军镇。而洪武末期总兵制度的确立则正式标志着甘肃镇建置的开始。甘肃镇建置以后至明末，甘肃镇的防守范围变化不大，其防守范围与陕西行都司辖区只是在北部略有不同。这与其他防守范围变化较大的边镇形成显著对比。

一、洪武末期陕西行都司的辖区范围

明洪武五年（1372），明军第一次攻占河西。当年十一月置"甘肃卫都指挥使司，庄浪卫指挥使司[②]"。随着全国机构的命名调整，明洪武十二年（1379）明廷"复置陕西行都指挥使司于庄浪[③]"。明洪武二十六年（1393），"陕西行都指挥使司自庄浪徙置于此（甘州）[④]"。此时明廷已在河西建构起以陕西行都司及所辖卫所为主体的防御体系，在甘肃确立起军事主导权。洪武末期陕西行都司的辖区范围正是从明洪武二十六年（1393）开始算起的。

东界：陕西行都司的东部边界是以黄河为界的。明《甘镇志》曾载："疆域

---

① （清）梁份：秦边纪略[M]．西宁：青海人民出版社，1987．
② 明太祖实录·卷七十六，洪武五年十一月壬子条．
③ 明太祖实录·卷一二二，洪武十二年正月甲午条．
④ 明史·卷四十二·地理志三．

东界黄河。①"陕西行都司最东部的卫所为庄浪卫，其防区隔黄河与兰州卫相望。由于陕西行都司的东边有黄河天险，且与内地相邻，其位置一直是固定的。

西界：陕西行都司的最西端为嘉峪关，是明洪武五年（1372）冯胜西征而还时亲自选址勘定的，附近有讨赖河。讨赖河又名弱水，故陕西行都司最西边为弱水。嘉峪关属肃州卫辖区，距肃州卫城七十里，是其重要的关防。肃州卫是洪武二十七年（1394）由甘州左卫改置而来，以后就一直沿袭下来。

南界：陕西行都司最南部隔黄河与河州搭界，属西宁卫管辖。包括今青海东北部地区。西宁卫设置于洪武六年（1373）正月②，卫境也较为固定。

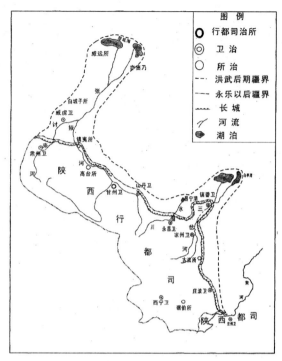

图1-3 明陕西行都司辖区范围变化图
（图片来源：作者依据《陕西行都司北部边界变迁略图》改绘。）

北界：陕西行都司北界为居延海、亦集乃一带的海子。由于此处水草丰美，适宜放牧，蒙古残元势力常以此处为据点，沿张掖河溯流袭扰河西。因此洪武后期，明朝在张掖河下游亦集乃附近分别置威虏卫、威远千户所、镇夷守御千户所、镇番卫等卫所防御。

陕西行都司辖区范围变化见图1-3。

二、洪武以后陕西行都司的辖区范围

明洪武末期，陕西行都司的辖区范围达到最大，最北边界到达了居延海、亦集乃一带。此后至明末，陕西行都司的东部、西部、南部疆域范围一直很固定，仅辖区北边界由于敌情而发生变化。

明永乐四年闰七月"丁卯，甘肃总兵官西宁侯宋晟奏亦集乃旧城隘小，请发卒增广之③"。可以得知明永乐年间，亦集乃一带仍在明军的控制范围之内。但此后肃州卫至亦集乃之间，再未见任何关于其他卫所的史料。

明英宗景泰六年（1455），"敕甘肃总兵官都督金事雷通、参赞军务左副都御史宋杰，并镇守凉州副总兵署都指挥同知萧敬等人，得尔等奏，虏寇自去年九月

---

① 甘镇志·卷一·地理志.
②（清）张廷玉. 明史·卷十八·地理三［M］. 北京：中华书局，1976.
③ 明太宗实录·卷五十七，永乐四年闰七月丁卯条.

以来互相仇杀，多有漫散，逃至亦集乃地方潜住等。已选调人马约于今年二月分投出境追杀，此系尔等职分，当为况计，此时兵已出境①。"由此可以得知，居延海、亦集乃一带在明英宗时已被残元蒙古部落重新占领，已不在陕西行都司的管辖范围之内了。其原因已不可查明，可能是该地区向北过于突出，军事防守和物资补给过远的缘故。

凉州卫北边辖区也发生变化。洪武三十年（1397）正月《明太祖实录》曾载："辛酉，改陕西临河卫为镇番卫②。"《明史·地理志》也载凉州卫"又东北有白亭海，有潴野泽③。"可以推测白亭海一带曾被明军控制，是陕西行都司辖区的东北边界，而镇番卫正是扼守白亭海及其上游的三岔河而置的。

明弘治、正德年间，由于边境形势恶化，甘肃镇开始大规模修筑长城，并以此为边界，陕西行都司的辖区范围大幅向南退缩，此后就一直固定下来。

三、甘肃镇防守范围

明甘肃镇防守范围也经历了一个变化过程。明洪武二十五年（1392）甘肃建镇后，其防守范围与此时陕西行都司的辖区范围一致。即东起庄浪卫，西至肃州卫，南抵西宁卫，北达亦集乃地区。

随着明代中期甘肃镇北边长城大规模的兴建，至嘉靖年间形成东起固原镇兰州卫安宁堡北界—李麻峪沟，西迄肃州卫兔儿坝堡西南方红泉墩的长城防线。尽管陕西行都司的辖区范围已向南收缩，限制在长城以内，但出于军事预警、缓冲的目的，明军仍在长城以北亦集乃、白亭海一带保持机动作战，仍将其视为甘肃镇的辖区。成书于明嘉靖二十一年（1542）魏焕的《皇明九边考》④记载了甘肃镇的管辖范围：东起金城郡（今之甘肃兰州），西到嘉峪关（今之甘肃嘉峪关），南至西宁卫（今之青海西宁），北达镇番卫（今之甘肃民勤）。可知洪武末期至嘉靖中期，甘肃镇的防守范围并没有随陕西行都司边界向南收缩。

明万历二十六年（1598），盘踞于大、小松山（今景泰、天祝、庄浪三县之交的寿鹿山、昌林山一带）的鞑靼阿赤兔等部出为边患。三边总督李汶集七路之师进剿之，役平后于万历二十七年（1599）即筑"松山新边"。"河东自永安索桥至小松山双墩分界，共一百八十里；河西自泗水、土门至小松山双墩分界，共二百二十里。"⑤这段长城的修筑把甘肃镇的古浪所（今古浪县城）、庄浪卫（今永登）、泗水堡、土门堡（今古浪泗水、土门）和固原镇黄河东岸的裴家川（今靖远县裴家堡）紧密联系在一起，隔蒙古鞑靼与吐蕃于南北，使其勿相交结为患，保证了出六盘、渡黄河，到凉州大道的畅通。同时也可得知，由于新边的修筑，使甘肃镇的防区范围向东拓至小松山的双墩一带，此后未变。

---

① 明英宗实录·卷二五〇，景泰六年二月戊戌条.
② 明太祖实录·卷二四九，洪武三十年正月辛酉条.
③ 明史·卷四十二·地理志三.
④ 皇明九边考·卷九·甘肃镇·疆域考.
⑤ （清）梁份. 秦边纪略［M］. 西宁：青海人民出版社，1987.

四、甘肃镇防守范围与陕西行都司辖区的比较

由上可知，由于甘肃镇是在明洪武末期陕西行都司的基础上建立起来的，因此甘肃镇防守范围与陕西行都司的辖区在洪武后期基本一致。即东起庄浪卫，西至肃州卫，南抵西宁卫，北达亦集乃地区。

明英宗景泰年间，陕西行都司北部居延海、亦集乃地区已被蒙古残元势力控制。随着弘治、正德至嘉靖年间北边长城的修筑，陕西行都司的辖区范围大幅向南收缩，退至长城一线。而出于控制敌军入侵路线和机动预警的作战考虑，明甘肃镇的防守范围并没有向南退缩，仍与原来保持一致。万历二十七年（1599）随着"松山新边"的修筑，甘肃镇防区范围东扩至小松山双墩一带，遂与相邻的固原镇防区相连。

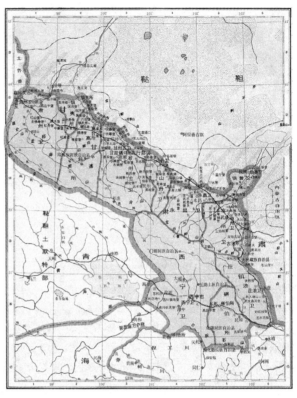

图1-4 明陕西行都司辖区图
（图片来源：谭其骧主编《中国历史地图集·明时期》中陕西二）

总之，明甘肃镇的防守范围与陕西行都司辖区比较而言，两者在明洪武后期范围大抵相同。但景泰（1450~1457）以后，陕西行都司的辖区范围开始收缩，随着弘治、正德至嘉靖年间北边长城的修筑，其辖区范围向南退至长城一线，已明显小于甘肃镇的防守范围。

《中国历史地图集·明时期》一图中宽紫线标示的就是万历十年的陕西行都司的辖区范围，宽紫线以北点划线为甘肃镇的防守范围。作为明朝与蒙古势力之间双方势力交错地带，则用两色交错表示。陕西行都司辖区见图1-4。

第二章　明甘肃镇长城防御体系

　　明长城防御体系从军事管理层面上看是指"九边"重镇的设置和各镇的层级管理机构，从物质层面上来看是指长城墙体、军事聚落及其他防御工事。长城墙体指长城墙体及墙体上的墩台、敌台；军事聚落指按一定军事级别分布的屯守结合的军堡。其他防御工事指长城墙体之外的烽燧及驿站等。军堡、烽燧、驿站等防御工事作为长城军事防御体系不可或缺的重要组成部分，在兵力调配、信息传递、后勤供给等方面发挥的作用远胜于长城墙体。[①] 长城墙体、军事聚落、烽传系统、驿传（交通）系统作为长城防御体系物质层面的构成要素和子系统，按照自身特定的方式布局，发挥各自独特的作用；同时彼此间又相互关联，共同防御，形成一个唇齿相依、密不可分的有机整体。

第一节　基于系统论的长城防御体系研究策略

　　近年来，随着长城保护规划和长城防御体系相关研究的开展，人们越来越认识到其保护作为一个异常复杂的工程体系，已远远超出单纯考古认定、建筑保护的范畴，而是一个涉及整体性、原真性认识、保护范围划界、规划实施可操作性等方面的综合判定。其中任何一个方面都是长城保护中重要、不可回避的问题。因此，有必要引入系统论的观点和分析方法，从不同视角和层面重新审视长城防御体系相关理论研究，从而制定科学、完善的长城整体保护的策略和方法。

一、系统论的定义与特征

　　"系统"一词，最初来源于古希腊语，是由部分构成整体的意思。但作为现代系统论的基本思想最初是由奥地利生物学家L·V·贝朗塔菲于20世纪20年代初提出的，仅用于生命现象的研究。1968年，贝朗塔菲发表了系统论的代表著作《一般系统理论基础、发展和应用》（《General System Theory：Foundations，Development，Applications》），现在系统论思想已成为一种重要的科学研究方法，在社会的各个方面日益发挥重大而深远的作用。

　　贝塔朗菲把一般系统概念定义为："*系统是处于一定相互关系中的、与环境发生关系的各组成成分的总体。*"在这个定义中包括了系统、要素、结构、功能四个概念，表明了要素与要素、要素与系统、系统与环境三方面的关系。系统论认为，整体性、层次性、结构功能性、环境相关性是所有系统的共同的基本特征。[②] 这些既是系统论所具有的基本思想观点，也是系统方法的基本原则，表

---

① 王琳峰，张玉坤. 明长城蓟镇戍边屯堡时空分布研究[J]. 建筑学报，2011（S1）.
② 系统论，哈雷. http://blog.sina.com.

现了系统论不仅是反映客观规律的科学理论，而且也是一种科学方法论。其中，整体性是系统论的核心思想。贝塔朗菲强调，任何系统都是一个有机的整体，它不是各个部分的机械组合或简单相加，"整体大于部分之和"。同时认为，系统中各要素不是孤立地存在着，每个要素在系统中都处于一定的位置上，起着特定的作用；各要素之间相互关联，构成了一个不可分割的整体。[①]

二、系统论的引入及研究策略

（一）整体性

明长城防御体系自身是一个组织严密的整体。首先，长城墙体、军事聚落、烽传、驿传（交通）作为长城防御体系物质层面的子系统和构成要素，彼此相互关联，构成了一个不可分割的整体。[②]不仅如此，长城墙体、军事聚落、烽传、驿传（交通）作为长城防御体系的构成要素和相对独立的子系统，处于各自特定的位置上，起着各自特定的作用。再次，任何子系统的功能和结构，只有建立在长城防御体系整体之上才能显现出来，整体功能不是各部分功能的简单相加。最后，长城防御体系各要素的功能和空间分布，对其他构成要素的功能和空间分布有依赖性，并对长城防御体系整体的功能和空间分布有一定影响。

（二）结构性

明长城防御体系的结构有内部结构和外部结构之分。内部结构主要是指明长城军镇管理机构的设置和层级关系，包括机构的设置和层级、职官的设置和层级、聚落的设置和层级、兵力的设置和层级等。外部结构主要是指长城墙体的空间分布、军事聚落的空间分布、烽传系统的空间分布以及驿传（交通）系统的空间分布。研究明长城防御体系的空间结构需要把握系统结构与功能之间的辩证关系。一方面，结构是功能的基础。长城墙体、军事聚落、烽传、驿传（交通）有各自的空间分布和结构形式，决定了它们有各自的功能和运行机制。结构不同，功能也就不同，结构决定功能。另一方面，功能又是促进结构不断优化演变的动力与要求。比如万历年间平定松山之后，为加强兰州、靖远、庄浪、凉州诸地的防守，明朝修筑松山新边，始设大靖路及其众军堡，使得甘肃镇东部长城防御体系与军事聚落空间结构更加优化合理。

（三）层次性

明九边军镇制度下的各级防御单位，具有鲜明的等级性和层次性。边防重地为加强管理和防御能力，在"镇"之下分"路"设防，各路之下设置卫

---

① （奥）L·V·贝塔朗菲. 一般系统论:基础、发展、应用[M]. 北京：社会科学文献出版社，1987.
② 王琳峰，张玉坤. 明长城蓟镇戍边屯堡时空分布研究[J]. 建筑学报，2011（S1）.

所，最低一级防御单位是堡，由此军事聚落按级别划分为镇城、路城、卫城、所城和堡城。各镇有完备的驿传交通、烽传讯息传递系统及相应的兵力配置。层次首先反映的是一种从属关系或整体和部分的关系，高层次包含着低层次，若干低层次共同组成了高层次。其次，层次反映的是一种秩序关系，高层次统领、制约着低层次，不同级别的层次共同构成了等级的差异性。再次，层次反映的是一种尺度关系，正因为有前面的从属关系，人们才可以按照时空尺度划分层次系统。最后，层次反映的是一种结构关系，若干低层次通过一定的秩序和组织方式构成了高层次，高层次的空间结构同样反映着低层次的组织方式。

（四）环境相关性

明长城防御体系是特定环境的产物，其发展演变和空间结构无不打上外部环境的印记。这里讨论的外部环境又可分为自然环境和社会环境。本书将运用系统论中系统是特定环境的产物以及系统与环境两者相互依赖、共生共存的原理，对甘肃镇防御体系外部环境展开研究，重点分析长城墙体与环境的关系、各层次军事聚落与外部环境的关系、驿传系统与外部环境的关系以及烽传系统与外部环境的关系。通过上述研究，试图揭示甘肃镇防御体系在长期的形成和演化过程中所呈现出的空间结构及外在特征，探寻长城军事防御体系各要素空间布局所遵循的客观规律。

总之，将系统论的基本思想和原则引入到长城防御体系研究与保护工作之中，可大大拓宽传统"文献考证+文物考古式"的研究方法和思路，进一步深化对长城防御体系各组成要素、运作机制、外部环境三者的相互关系和演变规律的认识，提高长城保护的整体水平（表2-1）。

系统论的基本原则在长城防御体系研究与保护中的应用　　表2-1

基本原则 \ 应用内容	概念含义
整体性	明长城防御体系从军事管理层面上看是指"九边"重镇的设置和各镇的层级管理机构； 从物质层面上看，明长城防御体系包含长城墙体（墙体）和军事聚落及其他防御工事； 长城墙体、军事聚落、烽传系统、驿传（交通）系统作为长城防御体系物质层面的构成要素和子系统，相互关联，共同防御，形成一个唇齿相依、密不可分的有机整体； 进行长城保护规划时必须建立在整体性和原真性认识的基础上，统筹考虑各构成要素之间的协调关系
层次性	都司卫所制和总兵镇守制共同形成了长城军事聚落的管理层级控制体系； 长城军事聚落是由镇城、路城、卫城、所城、堡寨等各层次军堡共同构成； 层次反映从属关系，层次反映结构，层次反映秩序，层次反映尺度，只有抓住军事聚落管理层级和军堡级别之间的对应关系，并逐一厘清，才能更好地分析长城防御体系的空间特征

续表

基本原则 \ 应用内容	概念含义
结构功能性	长城墙体、军事聚落、烽传系统、驿传（交通）系统是构成长城防御体系空间结构和功能的物质组成要素； 长城防御体系内在的军事制度结构、外在的物质组成结构存在一一对应关系，并直接影响到长城防御体系的空间结构和使用功能； 长城防御体系完整性保护应建立在子系统各自结构功能和长城整体结构功能全面认知的基础之上
环境相关性	地形、地貌、气候、水系和土地资源等自然环境对长城防御体系的选址和变迁产生很大影响； 国家对外政策、军事力量对比、战争发生频率、军需屯田、互市贸易等社会环境同样也对长城防御体系的选址和变迁产生很大影响； 从根本上说，长城防御体系是社会大环境的产物，其保护不应忽视战争、政治、经济、文化等历史背景

（资料来源：作者自绘。）

第二节 甘肃镇防御体系外部环境

概括起来，明甘肃镇长城防御体系外部环境可以概括为自然环境和社会环境两大方面，自然因素包括地形地势、气候水文和土地资源；社会环境包括军事因素、军需屯田和互市贸易等。

一、自然环境

（一）地形地势

甘肃镇地处黄河上游的青藏高原、内蒙古高原和黄土高原的交汇处，西秦岭山脉边缘，整体地势上自西南向东北倾斜，是一个山地型的高原区。甘肃镇地形狭长，地貌组成极其复杂。总体来说，甘肃镇以祁连山脉为界，其地形地势自南向北可以分为三个区域：

山南高原谷地：位于甘肃镇南部，黄河以西以北，祁连山以南，属青藏高原的东北部。地形以高原、山地和丘陵为主。该区山峦重叠，河谷深切，属典型的高山和中山峡谷区。

祁连山地：呈东南、西北走向横亘于甘肃、青海两省交界处，长达1000多千米，其北面便是著名的河西走廊。祁连山脉群峰林立，高耸入云，冰川逶迤，经年不化，是河西走廊诸河流水系的源泉和天然的"高山水库"。祁连山北麓因雪水滋润，河流纵横，草茂林丰，雪山、谷地、草场、森林相伴而生，是优良的牧场。

河西走廊：东起乌鞘岭，西至嘉峪关之间的狭长地带，长约1000千米，宽由几千米到百余千米不等，海拔在1000~1500米之间。河西走廊南有祁连山脉，北有合黎、龙首二山，其间分布着三个灌溉农业区，即石羊河水系流经的武威、永昌绿洲盆地区，黑河水系流经的张掖绿洲盆地区，疏勒河水系流经的玉门、安西、敦煌绿洲盆地区。整个走廊地势较为平坦，戈壁分布广泛，但河流经过之地自古就有绿洲，宜农宜牧，是甘肃镇主要的粮食基地。[①]

（二）气候水文

气候是指某一地区多年的天气特征，由太阳辐射、大气环境、地面性质等因素相互作用所决定。[②] 甘肃镇属大陆性气候，日照充足，日温差大，水热条件由东南向西北递减，气候差异性很大，有北亚热带、暖温带、温带及湿润区、半湿润区、半干旱区、干旱区等多种气候类型。明甘肃镇长城修筑位置，正处于农耕地区与游牧地区的自然气候分界线上，两者存在很大差异，从而形成不同的文明类型。

寒暑代迁，居诸迭运，四季变迁是人力不可抵抗的自然规律。相比于定居生活的农耕民族，对于古代北方的游牧民族，由于生活在高寒干旱的气候条件下，季节交替影响着食物和饲料的产量，因而对其游牧生活有很大的影响。春夏两季草木繁盛，游牧民族的生活可以得到基本的保障，一旦进入秋冬季节，无法自给自足，就会导致大规模的向南入侵。因此明蒙边界地带的战争具有很明显的季节性。

水文因素包括河湖的最高、最低和平均水位，河流的最大、最小和平均流量，最大洪水位，历年的洪水频率，淹没范围及面积等。水是聚落存在的前提，也是人们生产和生活不可或缺的因素，因此水文因素对长城聚落及其分布、规模等具有重要的影响。

黄河从甘肃中部越境而过，将甘肃东西一分为二，蜿蜒曲折达1000多千米。古代黄河及其支流的水流量均比现在要大得多，再经黄土高原一路冲刷切割地表，形成许多谷深水急的地段，成为天堑，沿岸能架桥行舟通行渡河的地段屈指可数。所以，中原王朝在向西部扩张的同时，为防止少数民族对关中的侵袭，沿黄河一线的渡口要津构筑了大量的堡寨和关隘，成为军事防守的重点。而古代在此间的战略防守要地是以金城（即今甘肃兰州以西的黄河渡口）为重点，分别沿黄河南北两岸向东西方向摆布的。清代顾祖禹著的《读史方舆纪要》曾这样评价金城："控河为险，隔阂羌戎，自汉以来，河西雄郡，金城为最，岂非以介戎夏之间，居噤喉之地，河西、陇右，安危之机，常以金城为消息哉。"自秦汉以来就有金城关、恭噶关、青石关、玉垒关、京玉关、石城津等多处津渡隘口，可见其地理位置和黄河天险的重要性。[③]

（三）土地资源

河西走廊气候干旱，许多地方年降水量不足200毫米，但祁连山冰雪融水汇成几十条河流奔流出山，使祁连山北坡成为天然牧场。河水继续前流，一部分潜

[①] 仲兆隆, 郭方忠. 甘肃概况（三）——自然概貌[J]. 档案, 1983（3）.
[②] 辞海编辑委员会. 辞海[M]. 缩印本. 上海:辞书出版社, 1989.
[③] 边强. 甘肃关隘史[M]. 北京：科学出版社, 2011.

入地下，形成储量巨大的地下水库。地下水在不同的地方重新露头，形成无数泉涌，与流经戈壁的河水一起灌溉着大片的绿洲，给走廊带来农业的繁荣。石羊河、黑河、庄浪河、疏勒河等河流两岸多为富饶的绿洲，这宜耕宜牧的绿洲与走廊两侧恶劣的地理条件形成鲜明对照。由于农业发达，河陇之地素被称为"**强兵足食之本**"，古人早已指出，仅甘州一地屯田，可供河西衣食之半，可见绿洲的物产的丰饶和战略的重要性。

二、社会环境

（一）军事因素

1. 明初对残元势力的打击

明朝初年，太祖朱元璋和成祖朱棣对北元的几次主动出击，北元主要势力远遁漠北，一时不能对明朝构成大的威胁。这一时期给甘肃镇带来麻烦的主要是哈密的残元势力、因内部斗争而被排挤到河西的蒙古贵族和凉州的叛乱土军。前二者在尚未对甘肃镇构成实质性的威胁前就已被明军主动击溃和瓦解，后者赤斤蒙古也鉴于明王朝的军威，主动献上叛军首领。

甘肃镇在明初的半个世纪里，所遭受的边患最少，经济得到了恢复，人口也有所增加，这得益于明朝国势整体上升、北元实力下降的大环境，同时这个时期，镇守甘肃的都是一些历经百战、有勇有谋的名将，如宋晟、何福、李彬等，甘肃镇边境宁谧，与之不无关系。

2. 宣德至成化年间日益严峻的边患

宣德年间和正统初，相对于鞑靼和瓦剌，明王朝在军事上仍占强势，所以即使有阿台、朵儿只伯的寇掠，甘肃镇将士仍能取得野战上的胜利。只是在永乐后，明朝在军事上日趋保守，对瓦剌的崛起也没有足够的警惕，而统治者在心理上却仍抱着明王朝军事全盛时期的自信，最终导致正统十四年（1449）的大败，这对此后的明代边防影响很大。同年，也先分道入寇，遣别将攻抵肃州。甘肃镇守总兵官任礼遣将御敌，再战再败，损失兵士、牲畜数以万计，甘肃镇遭遇置镇以来的最大重创。蒙古的首领们很清楚此时的明廷已经远不是朱元璋、朱棣时的明廷，从此以后，蒙古军队便经常主动地南下骚扰明边。

景泰五年（1454），也先被阿刺知院刺杀。鞑靼部首领孛来扶立年仅七岁的脱脱不花之子麻儿可儿为可汗，号小王子。孛来称雄蒙古草原，对明廷发动多次战争。天顺元年（1457），孛来大举入寇陕西，甘肃镇守总兵官卫颖抵挡不住。此后，孛来又于天顺二年（1458）、天顺五年（1461）大规模入侵甘肃，明廷虽有小捷，但得不偿失。

3. 弘治至万历年间边备的整饬

弘治至万历年间，蒙古草原先后崛起达延汗和俺答汗两位重要首领，对明朝边境造成极大威胁，甘肃镇也不例外。

明廷在修筑边墙和屯堡的同时，也在不断调整军事防守机制，通过各镇的联防和统一指挥，强化军队的作战效能。成化十年（1474），王越任延绥、宁夏、甘肃三边总制，驻府固原。三边总制的设立和军事上的统一指挥，提高了作战效率，极大加强了西北地区的防守能力。

自正德时起，亦不敕、阿尔秃斯等部西迁青海，经常扰掠今河西走廊地区。明廷经营哈密又告失利，吐鲁番地区的割据者亦袭扰嘉峪关附近，因而甘肃镇长城的建设受到重视。经过嘉靖中多次修筑，形成东起固原镇兰州卫安宁堡北界—李麻峪沟，西迄肃州卫兔儿坝堡西南方红泉墩的长城防线。①

（二）军需屯田

明朝初建后，最大的威胁是来自元蒙残余势力的入侵。因此西北边疆的防务成为朱元璋最重视的问题。他在《皇明祖训》中说："胡戎与中国边境密迩，累世战争，必选将练兵，时谨备之。"在重点区段修筑长城和军堡，设重兵防守，通过设置都司卫所初步建构起一道牢固的军事防线。甘肃地处西陲，尤其是河西走廊处于蒙番夹击之中，即所谓"甘肃孤悬矢末，四面受警也"②，因此得到明廷的加倍重视。明初即在甘肃建置卫所，屯驻重兵。面对当时战乱不断、民生艰难的窘况，为大量养兵又不加重人民负担，大力屯田成为明廷的一项基本国策，被看成"长治久安之道"。

明初屯田最盛，效果也显著。庄浪、河州、洮州、凉州、临洮等卫，元末因战乱一度沦为荒凉贫瘠之地，到洪武二十二年（1389）时，已因屯田而成为米多价贱的富裕地区了③。明代大力推行屯田，以"纾民力，足兵食"，使"兵农兼务，国用以舒"，不仅使元末凋敝的甘肃经济得以复苏昌盛，还为巩固边防提供了有力的保障。

但明中期以后，因官豪势要的巧夺豪取，霸占屯田，役使戍卒，克扣粮饷，加之战乱频发，戍守与耕种两不相顾，到弘治时屯军逃亡者竟占了甘肃总军额的40%以上。嘉靖末年，河西军卒只剩下不足旧额的25%，仅有17000人。于是军屯逐渐废弛，嘉、隆以后基本上近于瓦解。日益腐败的明王朝，国运也随之不振。虽有长城，却边防不守，关隘戍卒衣衫褴褛，甚至反为入寇者充当向导④。

（三）互市贸易

明朝建立后，甘肃成为边疆地区，经过兵燹战乱的荼毒，到处是地旷人稀、榛莽弥望的破败景象。明廷在筑边墙、建堡寨，以防北元蒙古残余势力的同时，也十分注意发展边境贸易。这样一方面可以获取边防守御的军马，另一方面则可以切断蒙藏民族联系，达到分而治之的目的。朱元璋认为："国之大事在兵，兵

---

① 边政考·卷三、卷四.
② （清）查继佐，罪惟录·九边志.
③ 明太祖洪武实录·卷一九五.
④ 边强. 甘肃关隘史［M］. 北京：科学出版社，2011.

之急务在马。"① 洪武初期明政府即开始逐步加强"茶法"和"马政"，制定了一套严密的茶马互市制度，并在边远地区特设"茶马司"以专门管理茶马贸易。为便于管理控制，茶马司多设在互市双方交界控扼要冲的关堡附近。明政府通过征收茶税来确保茶叶的上市，并设立茶课司管理茶叶的生产和税收，依法严厉打击茶叶交易中的假冒伪劣等影响互市声誉的行为，"谪戍"不法分子，并将其发配到边远地区充军。政府还经常派"茶马御使"到各茶马司巡视，严禁贩卖私茶，以达到国家对茶马贸易的垄断。明太祖曾下令："以私茶出境者死，虽勋戚无贷。"② 驸马都尉欧阳伦因私贩茶叶而被赐死，可见法令之严厉。

为严格控制茶马交易，洪武年间政府还曾实行"金牌之制"，据《甘肃通志稿》记载："明设茶马金牌一十六面，以其上号藏内府，下号给曲先等四卫及申藏等十三族。其文左曰皇帝圣旨，右曰不信者斩。每三年一遣官赍奉合符。凡征马三千五百匹……岁给甘（肃）镇马千九百匹，以供征操。"此外，还给河州卫发金牌21面，征马7750匹；给洮州地方发金牌6面，征马3050匹。

第三节 甘肃镇防御体系构成要素

一、长城墙体

（一）边墙

明代边墙采取了传统的"因地形、用险制塞"的科学设防，以及因地制宜、就地取材的科学方法，合理利用了各地段的地理条件，采用了不同建筑材料，修筑起结构方式不同的长城墙体。长城主线，系以不同类别的墙体（土墙、石墙、山险墙、山险、河险）与壕堑组合，相互连接成一体，共同构成长城连线，以达到军事防御的目的。

夯土墙，即在低山丘陵、平川、荒漠、沟谷等地势起伏较小且取土方便的地段，在自然基础上以当地黄土为主，夹杂少量砾石或小石块直接夯筑而成，此类墙体占了边墙总数的大部分。

石墙，即在地质结构以岩石为主的山脊及峡谷处，原地选用大小不等的毛石干垒、内部壅土而成，结构较为松散。

山险墙又名崭（斩）山崖或崭（斩）山墙，是指在山势险峻不宜攀登之处，人工将山体挖削成陡峭的崖壁而成。山险墙有向防守内侧削山和外侧削山两种形式。

山险是指依山制险，利用了常人难以穿行其间的自然山岩为天然屏障，直接以自然天险御敌。

河险则是在河谷地带，利用水流湍急的河水作为天然防御屏障，以达到军事防御的目的。

---

① （明）褚铁，褚司农文集·议处仆苑官员疏.
② 明会要·兵五·茶马，卷五·兵部·茶马.

壕堑，亦称"边壕"，是在山腰或平地上挖掘的深沟。大多修建在黄土结构较为陡峭的中山地处，依山势开掘而成。沿山梁或山腰于防御方向内侧从高处向下削挖，形成一定角度的陡壁及一定宽度的平台后，再向下挖掘深沟，土堆一侧（低处）为垄，构成壕堑。相比夯土墙而言，壕堑要省工省时省料，简单易行，且有相当的防卫作用。

（二）敌台

敌台，即建在冲要之处的碉堡，最早为实心，后改良发展为空心，故西北诸地多称之为空心墩。为将长城各隘口、关城及堡寨的防卫联为一体，在长城之上和各城堡之间，修筑有许多空心敌台（墩台）和敌楼。这种建置为明代抗倭名将戚继光镇守蓟北修筑长城时所创，其所著《练兵实纪》之《敌台解》云："先年边城低薄倾圮，间有砖石小台，与墙各峙，势不相救。军士暴立暑雨霜雪之下，无所藉庇，军火器具，如临时起发，则运送不前，如收储墙上，则无可藏处，敌势众大，乘高四射，守卒难立，一堵攻溃，相望奔走，大势突入，莫之能御。"为改变先前这种守御不利、被动挨打的状况，他说："今见空心敌台，尽将通人马冲处堵塞，其制高三四丈不等，周围阔十二丈，有十七八丈不等者，凡冲处数十步或一百步一台，缓处或四五十步或二百余步不等者为一台，两台相应，左右相救，骑墙而立。"这样，空心敌台就成为一个独立作战的小型堡垒，而众多敌台的建筑就使得边塞防卫进一步成为一个彼此呼应的整体。

同时，戚继光还对敌台的构造形制、士卒分工、军火器械配备等作了具体部署，即"下筑基与过墙平，外出一丈四五尺有余，内出五尺有余，中层空豁。四面箭窗，上层建楼橹，环以垛口，内卫战卒，下发火炮，外击敌人，敌矢不能及，敌骑不敢近"。这种敌台高约3丈，台上一般筑有二至三层的楼阁，内为空心，可安排士兵休息、贮存武器。敌台楼阁之上开拱门、箭窗，顶面建楼橹，环以垛口，供观察瞭望之用。并备有柴米油盐，水瓮水柜注水满足，可预给一月，坚守无虞。敌台视长城险要之处而设，周阔12丈，可驻兵四五十人，以资守险。《张太兵文集》云，敌台"可以远哨望，运矢石，势有建瓴之便，士无露宿之虞，以逸待劳，为不可胜，乃策之最得者"。故敌楼当为各险关要隘的前沿哨所，既可巡逻望风，又可阻击进犯的小股敌人，属于各关城隘口首当其冲的外部堡垒。

二、军事聚落

主要指供兵马驻扎、居住和防戍功能为一体的各级墩堡、营寨、关隘等。

为减少残元蒙古骑兵的入掠造成的损失，保障边地军民的生命财产和正常的生产生活，做到"家自为守"、"人自为战"，明永乐十二年（1414）规定：在五、七屯或四、五屯内选择近便之地修筑一大堡，堡墙须高七八尺或一二丈不等，并在堡墙开八门以供出入，近屯辎重粮草都集中于大堡之内。每一大堡设堡长一人，屯堡一人；小堡只设屯长一人。大堡还设守备、操守、防守等职官,小堡则设防御掌堡官或总旗。他们平时"守护城池,有警则收敛人畜"①,凡"农务已毕,或有警归敛,则皆归墩之内"②。墩堡分为兵墩和田墩两类。兵墩主要建在拒敌要冲之地,由官军防守;田墩一般在乡间田地附近,就近根据地形而筑,是敌骑突入侵掠时乡民的紧急避难所。《五凉全志》卷二《地理志》载:"二三十数家,或四五十数家,令共筑一墩,每墩设总甲一人。"这样大小墩堡遥相呼应,一有警报,就当即做出反应,"大城四路各发柴烽信炮传示各乡,各乡即敛人畜屯聚本墩,以谋防卫"。当年河西地区大小墩堡星罗棋布,与寨、营、隘口和关防等防御工事构成了一个严密的防御体系。这种防卫系统和建置对于保境安民来说起到了十分显著的防御作用,成为一种较为持久可行的备战工事。

本书对甘肃镇军事聚落的功能作用、空间分布和结构特征等问题进行了分析,详见第三章、第四章相关部分内容。

三、驿传系统

(一)驿站、递运所、急递铺

明代州县驿站设驿丞,总管驿站一切事务,是"民间丁粮相应殷实之家,选其财貌可用者"③,经由下而上一级级推举批准方可任职。驿站夫役也称驿卒,包括马夫、水夫、轿夫、车夫、驴夫、馆夫、厨夫、门子、库子、斗级等。其来源较为复杂,有常年受雇服役的职业驿卒,有自备口粮轮番到驿站服役的贫苦农民,有到驿站服役的边防戍卒,还有被发配在边远驿站服刑的囚徒。他们收入微薄,工作苦累,"百姓之差,驿递为重;而驿递之差,轿扛为重"④。明代中后期驰驿冗滥,驿站夫马不足,只得取给于里甲,差徭名目繁多,成为农民的沉重负担。

驿站的馆舍建筑规格大体相仿,规模依所在位置的轻重有大小之分。一般都有前后厅堂、门廊、正房、厢房、鼓楼、厨房、各种库房等,另外还有马神庙、牛神庙、羁留过境人犯的驿狱等,建置颇似衙署,可谓一应俱全。在关隘之地的驿站,还筑有城池,以作守御。递运所也大致如此,只是服务侧重点不同而已。

明代为使驿、递、铺相对独立,各司其事,以减少互相干扰,还专设递运所,以运输军需物资和贡物。为便于与使客联系,递运所一般距驿站不远,或者与驿站相邻。陕甘大驿路是明代沟通西北的重要途径,根据军事防御以及接待西域和番藏贡使的需要,沿途均设有递运所,配备马匹、驴骡和车辆、车夫,河西还有驼队以通沙漠各卫所。

与驿站和递运所相比,明代的急递铺设置数量最多也最普遍,其不仅要设于大驿路主干道上,并且还设于每个州县及其通道上,故数量是驿站和递运所的十

---

① 明太宗实录·卷九十三.
② 五凉全志·卷十三·艺文志.
③ 明会典·卷一二·承差·知印.
④ (明)陈子龙,等. 明经世文编·驿传议.

余倍,甚至数十倍。急递铺一般相距10~15里,最多也不超过25里。因其为步行接力相传,昼夜不停,故每站间距不宜太长。明正德《南康府志》说:"置邮传命,其来远矣。必十里一铺,以均其势;必昼夜不息,以急其务。上下公移,无远弗届,其事若细,而所系匪轻也。""均其势"和"急其务"正是其优势,就传邮全程看,其速度并不快于骑马驰驿,但是却较驿站和递运铺花费少,设施简单。

急递铺只有铺司和铺兵两种人员。铺兵实非兵,是"佥选附近人民有丁力而少壮者充任走递"①。铺兵实际上是一种徭役,必须是"少壮正身"、较可靠的本地农民,这样还可免除其他杂役。在要路的急递铺每铺10人,僻路3~5人。铺兵每年可得工食银七两二钱左右,比驿夫少。在长城沿边诸地,铺兵多由军卒充任。其基本设施和走递方式,大体和元代相似。

(二)交通路线

明代在消灭残元势力、完成统一大业的军事进程中,对驿传组织的恢复设置特别重视。洪武元年正月,朱元璋初四登基称帝,二十六日就诏令设置"各处水马站及递运所、急递铺。"②明成祖迁都北京后,又以北京为中心,开辟了通往全国13个布政使司(省或行省)的七大驿路干线,而横贯甘肃全境的丝绸之路就是明代全力卫护和经营的西北大驿路之一。

明代中央主管驿递的机关为兵部四司之一的车驾清吏司,掌"驿传、厩牧之事"③。今甘肃境内当年无论是长城沿线的"九边"军事要道,还是进藏入川之路,都与军事活动密切相关,驿站实为军站,故由行都指挥使司及当地军事卫所直接管理,驿夫多由兵卒充任。

明代驿传之设,如《明会典》所言:"自京师达于四方,在京曰会同馆,在外曰水马驿并递运所。"明朝在南京和北京均设会同馆以接待各王府公差人员及外国贡使陪员等。京外各地,在交通干线和通衢大道设水马驿。由西安府至甘州的甘肃镇大驿路置马驿,以递送使客,飞报军情。

明代驿站间距离,根据驿路所经府州县治驻地而定,规定60~80里设一驿。马驿按路段的重要性或驿递任务的轻重,配置驿马、人夫和经费等。"凡马驿设置马驴不等,如冲要去处或设马八十匹、六十匹、三十匹。其余虽非冲要,亦系经行道路,或设马二十匹,十匹、五匹。"④明朝牧场多在残元蒙古及番邦,故马匹紧缺,比元代马站规模大为逊色。但通往甘肃镇的东西驿路和北去固原镇的军路,南下入川的蜀道,以及去青海西番诸卫的驿路,皆为军事要道。出于防御、军屯、互市、纳贡和阻隔蒙藏联合的政治需要,甘肃驿递繁忙,规模都比较大。正如谢缙所记:"控西夷数万里,跨昆仑,通天竺,西南举川……通道置驿,

---

① 明会典,洪武元年制颁.
② 洪武实录·卷二五.
③ 明史·卷七二·志四十八·职官志.
④ 洪武实录·卷二五.

烟火相望。"[1]

明代甘肃北有残元蒙古、鞑靼、瓦剌，南有藏、土诸番，西有哈密、吐鲁番诸部，作为中央王朝深入"蛮夷"之境的统治，如何处理周边关系十分重要。朱元璋北征南抚政治策略的实施，全赖驿路的通畅才能达到。所以，为抵御鞑靼袭扰，在今甘肃靠宁夏一侧的庆阳、平凉一线，墩台关口与驿所相连，环县至宁夏镇的联系，多赖军站，由当地百户充当站官，负责传报"虏情"[2]。

四、烽传系统

（一）烟墩

烟墩是长城沿线或防卫要地周边为传送军情信息之用的建筑，亦称烽墩、烽燧或烽堠，俗称烽火台或狼烟台。烟墩是我国最为历史悠久的军事通讯和防卫设置，也是秦汉以来边防守卫与长城修筑密切结合的军事防御系统，烟墩因其守护作用而衍生为一种军事基层组织，汉代河西边防军的基层军官即有燧长、候（堠）长、候史等，负责戍卒通烽火、警边关、巡天田、察日迹等防务职责。从历年在居延、敦煌、肩水金关等地出土的数万枚简牍所记载反映的字迹中，可知那时的戍守制度是十分严密的，各墩台实际上也是守卫边疆的据点。

唐宋以来，边防墩台烽火之制相沿不衰，而到了明代，由于防御西北残元势力的袭扰，在修筑长城时对沿线烟墩的筑建尤为重视。《明史·兵志》说："帝（即明成祖朱棣）于边备甚谨，其敕书云：'各处烟墩，务增筑高厚，上储五月粮，及柴薪药弩。墩旁开井，井外围堵如墩平，外望如一重门，御暴之意，常凛凛也。'"

烟墩形制是一座孤立的夯土或砖石砌筑高台，多数为正方形，或称为"方锥体"或"覆斗式"。少数因受地形限制，筑为长方形或椭圆形。最初高度在14~18米不等，台上修有供守瞭军士卒休息的小房，并贮存燃放烟火的柴草、牛马粪便，报警的号炮、硫黄、硝石。台下筑有用围墙圈成守军住房、羊马圈、仓房等。平时，士卒通过软梯上下烟墩，登顶后将软梯拉上顶部，以防敌人偷袭。

甘肃境内的烟墩大都为夯土版筑，河西走廊某些长城上的敌楼或墙垛亦有夯土包砖而成者，而在石质山地也有石块垒砌者，可谓就地取材，形式多样。这些墩台历经千百年的风雨侵蚀和战火摧残，至今虽大都倾颓，但仍有壁垒雄踞于河边山巅者，如明长城景泰段就有多座石砌烟墩建在山梁之上，成为高于地表的显著标志，点缀在空旷无垠的大漠戈壁或山间谷坎之上，依然壮观。

（二）烽传路线

根据烽燧传递信息的方式，可分为"色"与"声"两类。"色者，旗、火之类是也，声者，梆、炮之类是也。"[3]本质上说，烽传系统就是古人利用人的视

---

[1]（明）谢缙. 谢学士文集·送习贤良赴河州序. 明经世文编·卷十一.
[2] 边强. 甘肃关隘史[M]. 北京：科学出版社，2011.
[3]（明）陈仁锡. 皇明世法录·卷五十九·蓟镇边防[M]. 北京：中华书局，1986.

觉和听觉特性，在一定空间范围内，以各种发色发声工具按照特定的规则，在烽燧之间传递敌情讯息。

据居延出土的汉简《塞上蓬火品约》记载，边塞亭燧上的警戒信号大致有六种，即：蓬（草编织的篓笼形物）、表（草编或布帛做的旗帜）、鼓、烟、苣火（用苇秆扎成的火炬）、积薪（高架木柴草垛），白天举蓬、表、烟，夜间举火，积薪和鼓昼夜兼用。

到了明代，由于火器用于兵防，烽燧报警信号的定制又在前代基础上增加了放炮。高台县长城烟墩出土的明代《兵守火炮号令》云："发现敌十名以下，白天燃柴一堆，放炮一声，黑夜举火一把，放炮一声；发现敌十至百名，白天燃柴二堆，放炮二声，黑夜举火二把，放炮二声；发现敌百骑以上，白天燃柴三堆，放炮三声，黑夜举火三把，放炮三声；发现敌千骑以上，举火、放炮相连不断。"由此可见明代甘肃镇烽火制度的基本规定。

甘肃镇烟墩的设置，一是沿长城一线修筑，一直连接到内地。二是在长城以外的要路沿线修筑，作为长城的前哨阵地。三是在各重要山口、要隘修筑，与营、所、卫、都司、郡府等军政机关连接起来。四是在腹里广大乡村堡寨间修筑，与指挥机关连接起来。烽墩一般修筑在地势较高的地方，便于观察和联络。其布点距离，有"五里一小墩，十里一大墩"之说，但实地考察，在地形复杂的地段，也有二、三里筑一墩的，以能看到前墩与后墩的烟火信号为宜。

第四节　甘肃镇军事制度与聚落层级

明长城军事聚落的层级体系与当时军事管理制度密切相关。总体来说，甘肃镇军镇管理制度可分为都司卫所制度和总兵镇守制度。两种制度在明朝初年就并置存在，因此下面就这两种军事制度和甘肃镇聚落层级的关系展开简要论述。

一、军事管理体系的层级

（一）都司卫所制下的层级

作为地方组织，卫所制有自己的管理层级，且这个层级在洪武初期稳定后，一直到明末270余年未发生过改变。若不考虑百户所及其下的机构，都司卫所分三级，基本层级为都司—卫——千户所，与政区层级相似，但并不完全一致。

都司卫所制中的都司一级包括了都司、行都司、留守司，是与布政使司相对的省级机构，皆隶于最高中央机构——五军都督府。卫、军民指挥使司、王府护卫、直隶于都司的守御千户所等为与府、直隶州相对的二级机构。而卫下所辖的普通千户所及卫下直辖的守御百户所等为与县相对的三级机构。[①]

洪武二十六年（1395）重置陕西行都司于甘州卫后，其治所再未发生变化。此时陕西行都司下辖11卫，后几经增添、调整、变动，至景泰七年（1456）设高

---

① 郭红，靳润成. 中国行政区划通史——明代卷［M］. 上海：复旦大学出版社，2007.

台守御千户所后，陕西行都司下辖12卫，分别是甘州左卫、甘州右卫、甘州前卫、甘州后卫、甘州中卫、山丹卫、庄浪卫、镇番卫、凉州卫、永昌卫、肃州卫、西宁卫。3个守御千户所，分别是镇夷守御千户所、古浪守御千户所、高台守御千户所。每

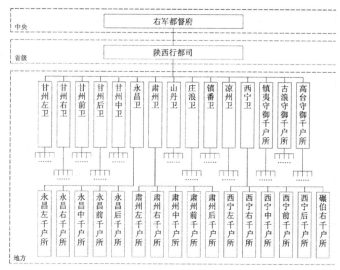

图2-1　都司卫所制度下的甘肃镇层级关系
（图片来源：作者绘制。）

个卫又下辖若干千户所。此后，这些卫所一直延续到明末。图2-1将甘肃镇下的都司卫所的层级关系清晰地表示了出来。

（二）总兵镇守制下的层级

《明会典》中对总兵镇守制度下统兵将领的职责和等级有明确记载："凡天下要害处所，专设官统兵镇戍。其总镇一方者曰镇守，独守一路者曰分守，独守一城一堡者曰守备，有与主将同一城者曰协守。又有备倭、提督、提调、巡视等名。其官称挂印专制者曰总兵，曰参将，曰游击将军，旧制俱于公侯伯都督都指挥等内推举充任。"《明史》也曾载："总兵官、副总兵官、参将、游击将军、守备、把总、无品级、无定员。"

九边总兵镇守制度之下的统兵将领官职从高至低可大致分为"总兵级——参将级——守备级——把总级"共四级。总兵作为地方最高军事长官，坐镇镇城，总体负责防区内的军事防务。镇下一般按方位设东、西、南、北、中等若干"路"，如辽东镇、宁夏镇。也有用重要堡城的名称设路的，如甘肃镇就有庄浪路、大靖路、凉州路、肃州路和镇城直辖五路。参将级的将领就驻守在路城当中，负责本路内的军事行动。守备级的将领有守备、提调、千总等，负责守卫某一城堡及相关军事事务。把总级的将领则负责守卫一般城堡及其相关军事事务。

《明史·志第五十二·职官五》载："镇守甘肃总兵官一人，旧设，驻镇城。协守副总兵一人，甘肃左副总兵，旧设，嘉靖四十四年，移驻高台防御，隆庆四年，回驻镇城。分守副总兵一人，凉州右副总兵，旧设。分守参将四人，曰庄浪左参将，曰肃州右参将，曰西宁参将，曰镇番参将，游击将军四人，坐营中军官一人，守备十一人，领班备御都司四人。"[1]

---

[1] 明史·志第四十九·官职五.

由此可知，甘肃镇设镇守总兵一人，挂平羌将军印，其职责是：与甘肃巡抚一起镇守河西，操练兵马，防御"北虏"；修筑城池，巡防边地，守卫长城；安治番夷，抚恤士卒，驻节甘州。嘉靖四十四年（1565）为防边作战，曾移驻高台；隆庆四年（1570）迁回甘州。

甘肃镇总兵官以下重要军官有：

设协守副总兵1员，又称甘肃左副总兵，驻节甘州；

分守副总兵1员，又称凉州右副总兵，驻节凉州；

分守参将4员，分驻庄浪（今永登）、肃州（今酒泉）、西宁、镇番（今民勤）；

游击将军4员，分驻庄浪、松山（今属天祝）、碾伯（今青海乐都）、抚标（驻甘州巡抚衙门）；

坐营中军官1员，驻甘州总兵衙门；

守备11员，分驻洪水堡（今民乐）、山丹卫（今山丹县）、平川堡（今临泽县平川乡）、镇夷堡（今高台县罗城乡天城村）、嘉峪关、宁远堡（今金昌市宁远堡村）、古浪（今古浪县）、镇羌堡（在今永登县）、红城子（今属永登）、巴暖三川（在今海东市民和回族土族自治县）、阿坝（在今青海）；

领班备御都司4员，甘州头班、次班各1员，凉州头班、次班各1员。

甘肃镇全线分五路，自东南至西北分别为：庄浪路、大靖路、凉州路、甘州路、肃州路，统兵多为总兵级和参将级的将领。甘肃镇总兵镇守制度下的层级关系结构图见图2-2。

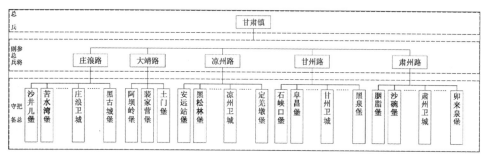

图2-2　总兵镇守制度下的甘肃镇层级关系
(图片来源：作者绘制。)

二、军事聚落的层级

（一）驻防长官与聚落层级

长城沿线的军事聚落的层级是由驻扎长官的级别决定的。根据各种志书文献，如《明史》的职官志、《皇明九边考》的镇戍通考、责任考、《九边图说》等，可以得知甘肃镇的驻官的基本情况。其中以总兵官、巡抚级别最高。此外，总兵官和巡抚之下还设有副总兵、参将、游击将军、守备等各级军官。

甘肃镇设镇守总兵官一员，其职责为领导征集、训练兵员和屯田积粮等事务。总兵官掌握了边镇军事、军务等所有大权，明中期朝廷为节制镇守总兵官的权力,又在甘肃镇设立巡抚、提督,其任务是督导边防作战、操练兵马,抚恤士卒、治理百姓,整饬器械、修筑城堡,开渠屯田、储积粮草,检察考核军政官员,审视诉讼、整治刑罚。根据以上职责,巡抚实为一地之军政长官。巡抚一般都有都御史头衔。

洪武末年、永乐初年,甘州作为陕西行都司和总兵官的治所就固定下来,此后未变。终明一代,甘肃镇在任总兵官总计80位(表2-2),总兵官下设协守副总兵官两员。

甘肃镇历任总兵官统计表　　　　表2-2

年号	历任总兵官
洪武	宋晟、李景隆
永乐	宋晟、何福、宋琥、李彬、费瓛
宣德	刘广、史昭、陈懋
正统	蒋贵、任礼、王敬
景泰	雷通
天顺	柳溥、毛忠、萧敬、卫颖、蒋琬
成化	郭登、李荣、焦寿、鲍政、王玺、范瑾、焦俊、周玉
弘治	刘宁、彭清、陶祯、刘胜
正德	卫勇、王勋、金辅、徐谦、史镛、柳涌
嘉靖	李隆、武振、姜奭、刘文、杨信、仇鸾、王继祖、孙朝、徐仁、吕经、傅津、张弼
隆庆	刘承业、杨真、郑印、佟登
万历	李震、陈锐、麻锦、白允中、雷龙、孙国臣、刘承嗣、李煦、张臣、杨浚、王赋业、达云、赵梦麟、李应诏、王邦佐、官秉忠、柴国柱、王允中、李怀信、祁秉忠、薛永寿
天启	董继舒、徐永寿、杨嘉谟
崇祯	柴时华、马爌、王世宠

(资料来源:作者根据《明史》、《明实录》、《甘州府志》、《重刊甘镇志》整理。)

甘肃镇巡抚设置于宣德十年(1435),朝廷任命兵部右侍郎徐晞参赞军务,镇守甘肃,开启了文官出任巡抚的先河。此后到明末,甘肃镇共设89任巡抚(表2-3)。

甘肃镇历任巡抚统计表　　　　表2-3

年号	历任巡抚
宣德	徐晞、柴车
正统	王骥、罗汝敬、曹翼、马昂、罗亨信
景泰	宋杰
天顺	芮钊、吴琛
成化	徐廷璋、娄良、朱英、宋有文、王朝远、王浚、侯瓒、鲁能、唐瑜、罗明
弘治	王继、冯续、许进、吴珉、周季麟、刘璋、毕亨、曹元
正德	才宽、胡瑞、张翼、赵鑑、李昆、邓璋、文贵、许铭
嘉靖	陈九畴、寇天叙、李珏、唐泽、赵载、张汉、牛天麟、丁汝夔、陈卿、底蕴、詹荣、赵锦、傅凤翔、杨博、王仪、王浩、魏谦吉、陈棐、胡汝霖、戴才、石茂华
隆庆	王轮、杨锦、廖逢节

续表

年号	历任巡抚
万历	侯东莱、鲍承荫、张梦鲤、栗用禄、王漩、董尧封、曹子登、李廷仪、余之祯、贾待问、叶梦熊、田乐、刘敏宽、徐三畏、周盘、荆州俊、祁光宗、杜承式、徐养量
天启	王家祯、张三杰
崇祯	梅之焕、刘应遇、白贻清、张应辰、汤道衡、刘镐、吕大器、林日瑞

(资料来源：作者根据吴廷燮《明巡抚年表》整理。)

(二) 甘肃镇军事聚落的层级

长城军事聚落的层级从高到低大致可分为镇城、路城、卫城、所城、堡城五个级别。甘肃镇作为九边中最早设置的军镇，是在明初陕西行都司基础上建立起来的，军事聚落的层级受卫所制度影响很大。至景泰年间，甘肃镇共辖十二个卫、三个守御千户所。作为镇城的甘州城，下辖左、右、中、前、后五个在卫城，驻地均为今天的张掖。作为守御千户所的镇夷所、古浪所、高台所不同于一般的千户所，是受陕西行都司直接管辖的，有一定的独立性，级别上与卫等同。因此可将两者的驻城合并为卫（所）城。如此一来，甘肃镇明长城军事聚落的层级从高到低大致可分为镇城、路城、卫（所）城、堡城四个级别（表2-4）。

甘肃镇军事聚落级别统计表　　　　　　　表2-4

聚落级别	聚落名称
镇城	甘州城
路城	庄浪卫城、大靖营城、凉州卫城、甘州卫城、肃州卫城
卫（所）城	甘州左卫、甘州右卫、甘州中卫、甘州前卫、甘州后卫、肃州卫城、山丹卫城、永昌卫城、凉州卫城、镇番卫城、庄浪卫城、西宁卫城、镇夷所城、古浪所城、高台所城
堡城	庄浪路：沙井儿堡、苦水湾堡、野狐城堡、红城子堡、青寺儿堡、南大通山口堡、黑城子堡、大柳树堡、马厂沟堡、武胜堡、岔口堡、镇羌堡、松山堡、黑古城堡
	大靖路：阿坝岭堡、裴家营堡、土门堡、石峡关
	凉州路：安远站堡、黑松林堡、古浪新关城、古浪所城、高庙堡、圆墩堡、永丰堡、泗水堡、张义堡、双塔堡、大河堡、靖边堡、高沟堡、镇番卫城、黑山堡、蔡旗堡、三岔堡、永定堡、宁远堡、牧羊川河东堡、牧羊川河西堡、真景堡、永昌卫城、毛卜剌堡、水磨川堡、新城堡、水泉儿堡、定羌墩堡
	镇域直辖：大马营堡、石峡口堡、丰城堡、阜昌堡、新河堡、山丹卫城、大桥寨堡、东乐堡、太平堡、山南关、瓦窑堡、靖安堡、板桥堡、柳树堡、平川堡、红崖堡、四坝堡、六坝堡、七坝堡、八坝堡、九坝堡、高台所城、红寺山关、黑泉堡
	肃州路：胭脂堡、沙碗堡、镇夷所城、深沟堡、盐池堡、双井堡、金塔寺堡、临水堡、河清堡、清水堡、黄草坝堡、金佛寺堡、下古城堡、两山口堡、新城堡、嘉峪关城、石关儿堡、十营庄堡、野麻湾堡、卯来泉堡、文殊山口
	西宁卫：碾伯城、镇海城、北川城、南川堡、古鄯城、石灰沟、觇迭沟、沙棠川、哈拉直沟、平戎堡、胜番沟、老鸦沟、冰沟堡、下川口堡、祁家堡

(资料来源：根据艾冲《明代陕西四镇长城》和《西宁府新志》整理。)

第五节　甘肃镇防御体系的整体结构

甘肃镇历代遗留下来的边镇、关隘、堡寨位于甘肃、青海两省，分布很广，其基本布局受自然因素（山川形势和地理位置）和人为因素（历代政权和军事活动）的影响。其中，自然因素（山川形势和地理位置）作为边镇、关隘、堡寨选址的物质基础和先决条件，变化相对较小；人为因素较易受人类活动和社会制度的影响，变化相对较大。因此，边镇、关隘、堡寨的基本布局受自然因素的影响和制约更大一些。

本节分长城墙体的空间分布、军事聚落的空间结构、交通（驿传）的空间分布、讯息（烽传）的空间分布以及西宁卫长城及军事聚落五个部分。

一、长城墙体的空间分布

（一）长城修筑过程[①]

甘肃镇长城的营建大致分成三个阶段，而其分布主要在今甘肃省的黄河以西地区，约14个市县。此外，甘肃镇另有西宁卫所辖长城，因偏于一隅，未计入主线，本书将在后面与西宁卫一起独立论述。

1. 弘治至正德年间的初建（1488~1521）

甘肃长城的创建大约始于弘治十五年至十八年（1502~1505）。《明实录》弘治十六年五月，镇守甘肃总兵官刘胜在奏疏中写道："……甘肃一带孤悬河外，前镇、巡官议，自庄浪接宁夏冈子墩起，至肃州讨来河止，修筑边墙总两千六百七十八里。连增移墩台，首末须三年告完，该用人夫九万。[②]"这清楚地表明，在弘治十五、十六年，甘肃镇已规划出长城建设蓝图。庄浪，指庄浪卫，治所即今甘肃省永登县城。宁夏冈子墩，是拟建长城的东部起端，位于甘肃镇庄浪卫东北境接宁夏镇中卫防区西南界上。至于其具体位置已难确定。据明代张雨《边政考》所载"庄浪图"分析，冈子墩东偏北有五方寺，其东北有芦塘湖，其西南不远隔一条小河有庄浪卫高庙儿墩、马头山。五方寺，即今五佛寺，"佛"系方字音转。芦塘湖，万历二十七年（1599）在此建芦塘营堡，即今甘肃省景泰县城东9公里的芦阳镇。据此推断宁夏冈子墩位于今景泰县北、长城与包兰铁路交叉处附近某个山冈上。此书还载，"庄浪卫红城子堡境外寇路：宁夏冈子墩、五方寺、芦塘湖。"显然，这三个地方至嘉靖三十年（1551）仍属宁夏中卫防区。肃州，指肃州卫，治所即今甘肃省酒泉市。讨来河，即流经今嘉峪关市、酒泉市、金塔县的北大河，其上游仍称托米河（讨来河）。

刘胜重申甘肃长城方案，由兵部批转三边总制府，令总制秦纮同甘肃巡、镇等官详细磋商。秦纮如何处置，史无明文。但《总制秦公政碑记路》云："乃

[①] 艾冲．明代陕西四镇长城[M]．西安：陕西师范大学出版社，1990．
[②] 明孝实录·卷一九九（台湾研究院史语所校勘本）．

命三边与腹里修城堡、关隘，以处计万四千二百九；铲山崖，以里计三千七百余。"三边，即延绥、宁夏、甘肃三镇；铲山崖，是营建长城的方式之一，就是将临近防御对象的山坡加以铲削，使其陡立如墙，形成阻挡人马的障碍。史称之"铲山为城"。这种施工方法比较夯筑城墙更简单、易举行、收效快。延绥镇、宁夏镇当时已有长城防线，故秦纮督建的铲山墙，只能是分布在固原、甘肃两镇防区。但据历史记载，秦纮所建固原长城长度不及1000里，那么，其余2700里长城当然在甘肃镇境内，而且刘胜等甘肃官员设计的长城长度为2678里，跟此数据很接近，这也证明原长城方案基本付诸实施并且完成。当然，在地势平衍之处也夯筑土墙。《甘肃新通志》载："临水堡，在肃州东北四十里……河合口在堡西北，去州三十五里，即讨来川、红水二河合流处。明弘治中创筑边墙，东西延三十里，岁久颓坏。嘉靖二十三年重修，又接筑二里许。"临水堡，今名仍旧，位于今酒泉市东北。其西北即北大河与红水河汇流处。可知，此地长城始建于弘治中。又据《甘州府志》载："武宗正德二年六月，罢修边垣，输其费于京师。"这表明弘治中兴举的长城工役一直持续到正德二年（1507）[①]。

要而言之，甘肃长城建于弘治十六年至正德二年（1503~1507），东起宁夏中卫冈子墩界（今景泰县城北、长城与包兰线交叉处某山上），西达讨来河岸（今嘉峪关市西南之北大河），施工方式以铲山挑堑为主。

可是不久，因亦不剌部西迁，庄浪卫与宁夏中卫接壤地带渐被占据，甘肃守军退缩至庄浪河东面布防。《明实录》载："弘治十八年六月，都御使杨一清言：甘肃视甘、凉尤为重要，与虏止隔一河……"[②]这种局面显然是庄浪守军南移所致。

2. 嘉靖中的经营（1522~1566）

自正德时起，亦不剌、阿尔秃斯等部西迁青海，经常扰掠今河西走廊地区。明廷经营哈密又告失利，吐鲁番地区的割据者亦袭扰嘉峪关附近，因而甘肃镇长城的建设受到重视。经过嘉靖中多次举役，形成东起固原镇兰州卫安宁堡北界—李麻峪沟，西迄肃州卫兔儿坝堡西南方红泉墩的长城防线[③]。

嘉靖十年（1531）四月，陕西巡按方远宜奏请加强甘肃防务。他认为必须"修垒堑以便固守。兰州至甘、凉，俱以山为险，无坑堑，不可防御。往者，总兵刘文修花马池而虏不敢窥，宜按其故事，增修垒堑、分布官军，居高临下以御之。"[④]换言之，即仿照王琼、刘文经营花马池、固原等地"深沟高垒"的模式，营建长城。随后，这一建议被采纳并付诸实施。嘉靖十六年（1537），巡抚赵载又纠工修竣三岔驿堡至茨湖墩的坍塌边壕30余里，修筑镇番卫临河墩至永昌卫城的边墙、沟堑100余里。"使有险可恃，居人便于耕收。"[⑤]至此，东南起自兰州卫

[①] 甘肃新通志·卷四二，清乾隆，甘州府志·卷二．
[②] 明武宗实录·卷二．
[③] 边政考·卷三、卷四．
[④] 明世宗实录·卷一二四．
[⑤] 明世宗实录·卷一九四．

北界，向西北行经庄浪，古浪、凉州、镇番、永昌、山丹等卫所防区抵甘州地段，"垒堑"连绵相缀。

嘉靖十八年（1539），兵部尚书翟銮奉命巡视陕西三边。翟銮于九月上奏朝廷，请求整修嘉峪关城与添筑其南北长城。《明实录》载："行边使、兵部尚书翟銮言，嘉峪关最邻边境，为河西第一隘，而兵力寡弱、墙壕淤损。乞益兵五百防守，并修浚其淤损者。仍于壕内添筑边墙一道，每五里设墩台一座，以为保障。上从其议。"肃州兵备副使李涵受命督理此项工程。经过嘉靖十九年、二十年两年施工，嘉峪关长城终于告竣。据《边政考》载："又嘉峪关墙一道，南至讨来河十五里，北至石关儿十五里，共三十里。"如果说嘉靖二十年以前的嘉峪关附近长城是以壕堑形态出现的，则此年以后就是正规的墙垣工程了[①]。讨来河即今北大河。石关儿，位于今嘉峪关市黑山湖水库东北。此段长城约30里，跟近年实测长度1.4759万米基本符合。这就是嘉靖二十年所筑长城的走向。

嘉靖二十六年至二十七年（1547~1548），巡抚杨博策划并主持甘肃长城的增建工作。大体分作三段进行。首先，重建镇城至高台所（今高台县）段长城。当时"高台千户所及五坝等堡悬隔黑河南北，正当虏冲，而边垣久颓，宜及时修筑。从之"。所修长城东起五坝堡（今高台县东18里处）东境沙冈墩，西达九坝堡（今高台县西北40里处）境九坝墩[②]，伸延于合黎山南、黑河以北，长约60~70里[③]。其次，创建自玉泉口起，至大口子的长城、关隘。玉泉口，是龙首山一隘口，位于今山丹县城东偏南110里，其南方有丰城铺堡（今丰城堡）。大口子，指大口子墩，亦是龙首山一隘口，在今山丹县城西北30里处，其南偏西、山丹河南岸有东乐驿堡（今东乐镇）。本段长城分布在山丹卫境，长约整140里余[④]。再次，韧筑东起东乐大口子，西达破山口段龙首山诸口障墙。东乐大口子，位于今张掖东北100里处的东连山丹卫大口子墩，其南面有东乐驿堡（今东乐镇）。破山口，位于今张掖西北90里处的西连平川山口，其南有板桥堡（今临泽县板桥镇）。沿这段龙首山南坡自东而西，排列有13个隘口，即东乐大口子、灰沟口（清代称斜壕口）、烟墩沟口、大盘道口，小盘道口、观音山口、人祖山口（今张掖北40里处）、茨儿沟口、明沙口、小口子、青山口、羊台口和破山口，次外还有逃军山口、将台口、板桥口、平川山口。在这长190里的地段内，原未建长城，以山为险。嘉靖二十七年（1548）杨博巡边至此，"巡历诸险，于诸口各设壕堑、榨垒，以扼寇害"，并"上下山坂，靡不究极幽显，稍有缺漏翻不举之处，寻即缮治如法"，"而甘州之东北始安"[⑤]。尤其是人祖山口的经营最为周密。人祖山口，也称人宗山口，位于镇城（今张掖）北偏东40里处。这里"两山忽断，大道中通，状若紫荆、居庸，北高而南卑"。"骄虏每袭甘州，率多由此，盖

---

① 明世宗实录·卷二二九，卷二三六，卷二六〇，边政考·卷四.
② 明长城_波涛：http://blog.sina.com.
③ 明世宗实录·卷三二五，甘肃新通志·卷四二，秦边纪略·卷.
④ 边政考·卷四·甘州山丹图.
⑤ 秦边纪略·卷三，甘肃新通志·卷九一·艺文志·甘州山南关记，清顺治十四年刻本，甘肃镇志·卷三.

房冲也","甘州北出塞外,率由于此"。由此可见,人祖山口是南北交通咽喉。杨博踏看其地后认为"必须大建关城,屯兵戍守,庶几万夫莫敌之义"。遂役夫千人,在人祖山南侧建筑关城。从嘉靖二十七年(1548)四月十二日肇工,至同年六月十九日告成,历时两月有余。命名曰,山南关。"关城高一丈七尺,四面凡二十(按'十'字当系笔误)丈有奇;城墩三面凡三十丈有奇。城有悬楼,如矢如晕,颇为壮观。"此外,"增旧叠水九尺,逎通二丈三尺,新叠水高一丈三尺,尾长八丈。斩城儿沟崖两丈……关之北山绝顶,又作一墩,防虏乘高击射。"山南关从此控扼着人祖山口的交通。①

至此,甘肃镇长城东起金城,西达玉关,长达2000余里,屹然纵贯河西走廊北缘。金城,指明代兰州卫,具体指其西北境安宁堡李麻峪沟。玉关,嘉峪关的别称。②

3. 隆庆至万历时期的重建与改线(1567~1620)

20多年后,甘肃长城又经巡抚廖逢节督修过一次。隆庆五年(1571),俺答、吉能诸部首领重新归附明朝中央政府,军事形势转向缓和。干戈化为玉帛,和睦的新时期开始了。是年六月来甘肃就职的廖逢节,趁机整修本镇防御工程。依地方志的记载,重建工程分为数段。其一,西自板桥堡,东达明沙堡止,修完边墙壕榨约15里余。板桥堡,即今临泽县板桥镇;明沙堡,在今张掖西北60里处。其二,东自板桥堡起,西达镇夷峡止,又自镇夷壕头塘长城头起,抵黑河岸止,共修完边墙、崖榨、壕榨约36里余。镇夷峡,大抵在明代镇夷守御千户所东部的合黎山西侧,今属高台县境。壕头塘,也应在今高台县北境。黑河,即今高台县西北境的黑河。其三,在西起嘉峪关,东接镇夷所的地段,修筑边墙、崖榨75里有奇。镇夷所城,位于今高台县西北120里的罗城村。其四,自山丹教场起,至古城岔界碑止,修复边壕、崖榨、叠水、石梯、叠木等项工程,长达111里多。山丹卫教场,当在今山丹县城附近。古城岔,指古城岔中台墩,在今山丹县城东南100里的白石头山口东侧,即山丹卫东界。东南距永昌卫(今永昌县城)也为100里。上述各段工程相继于隆庆六年(1572)完成③。

同年六月,明万历皇帝继位伊始,就旨承兵部:"申饬陕西三边及时修理边墙、城堡、墩台,务期坚固垂久,不旷时糜费心。"④接着又于十月,派遣兵部左侍郎王遴阅视延、宁、固、甘四镇防务。有朝廷的明确指示,廖逢节就扩大施工范围和规模,尤其对靠近大小松山的庄浪、古浪与凉州堵地长城用力极多。至万历二年(1574)各项工程先后毕役。《明实录》云:"万历元年二月甲子,以修筑甘肃边堡、城墩工竣,赏先任参政张佳胤等各银十两。""万历二年十一月癸酉,兵部覆总督石茂华议,西虏照旧宁夏中卫互市。兵部言:'甘镇边垣就绪,

---

① 甘肃新通志·卷九一,秦边纪略·卷三·甘州卫·人宗山口.
② 明世宗实录·卷四七一,甘肃新通志·卷四〇.
③ 边政考·卷四、甘肃新通志净·卷四二·兵防志.
④ 明宗实录·卷二、卷六,清乾隆,甘州府志·卷二.

但此方狭长，台多军少，番虏出没不常，军士以长住……'"①同年，石茂华又奏准将甘州土城以青砖包砌，使其焕然改观。

廖逢节的任期是隆庆五年六月至万历二年七月（1571~1574），而甘肃长城的重建恰在这三年中。此外，嘉峪关北面石关儿、野麻湾等处墙堑、关门，早在隆庆二年（1568）就整治一新②。

万历二十年（1592）后，盘踞大小松山的阿赤兔等部落，频繁扰掠周围地区，破坏社会安定。万历二十六年（1598）九月，三边总督李汶采纳甘肃巡抚田乐的建议，"约会两河之众，大集七路之师，分道出兵，四面进剿"，"夷乃奔遁，悉平松山"。③

平定松山之后，如何巩固该地区防务，就成为亟待解决的问题。翌年（1599）二月，李汶偕同甘肃巡抚徐三畏、陕西巡抚贾侍问亲赴松山踏勘，商定构筑一段新长城。据李汶奏疏："今会官踏看松山东西一带，延长四百余里，堪修长边一道。河东自永安索桥至小松山双墩分界，共一百八十里，河西自泗水、土门至小松山双墩分界，共二百二十里。"所谓河东，指固原镇。河西则指甘肃镇。永安索桥，指固原镇靖虏路永安堡西南、黄河上的索桥渡，在今靖远县西北境。双墩是固原、甘肃两镇所筑新长城的结合部，坐落在小松山上，大体在今景泰县城西北方。泗水，指古浪所泗水堡，位于今武威市东南140里的黄羊镇附近。随后，两镇征调军夫，大兴长城工役，历时两年而竣。甘肃镇承建泗水堡至双墩子即西段长城，同时沿长城建设土门堡、扒沙营城（后改名大靖营）、裴家营、阿坝岭堡④。在扒沙营城设分守参将一员，统辖其他三堡驻军，守卫西段220里长城⑤。而固原镇则构筑小松山双墩至索桥渡口的东段长城。

建设松山"新边"的目的，在于"修垣列障，将丰泉沃地一一概括之于内，而边以外悉是卤碛沙滩，虏即数十骑不能来，来不能牧，牧不能久"。⑥也就是把大小松山围护起来，以免兰州、靖远、庄浪、凉州诸地重罹兵燹。

由于松山"新边"长城的竣工，甘肃长城分布出现新格局。自固原镇兰州卫安宁堡李麻峪沟抵古浪所泗水堡的"旧边"长城退居次要位置，防御重心北移到松山"新边"一线，即西北起自泗水堡境，东南迄阿坝岭堡东界双墩段长城，东跟固原镇三眼井堡防线衔接。泗水堡，就是"新边"与"旧边"的汇合处。

据清代《甘州府志》载，明万历三十七年（1609）六月辛酉，甘肃发生大地震。仅甘州府属境，红崖、清水诸堡军民被压死840人，震圮长城870里，而且，"裂东关地，南山崩"。被地震破坏的长城，后来是否重修，尚未见确凿记载⑦。

---

① 明神宗实录·卷一〇、卷三〇.
② 明穆宗实录·卷一九.
③ 甘肃新通志·卷八六，秦边纪略·卷一.
④ 龙小峰. 明代陕西行都司市场研究 [D]. 西安：陕西师范大学，2011.
⑤ 甘肃新通志·卷八六·艺文志.
⑥ 甘肃新通志·卷八六·荡空松山虏碑记；读史书舆纪要·卷六三，清道光十三年.
⑦ （清）乾隆：甘州府志·卷二·世纪下.

（二）所辖长城的起止与走向[①]

甘肃镇长城分布主要在今甘肃省的河西走廊地区，由于不同时期的兴工、改线，故有两个东端。全线被划为五路防守。庄浪路参将所守长城呈东南往西北走向，起自甘肃镇庄浪卫沙井儿堡与固原镇兰州卫安宁堡分界的李麻峪沟，至于黑古城堡北境。沙井儿堡，即今兰州市安宁区沙井驿村，李麻峪沟当在沙井驿村与安宁堡村之间；黑古城堡，位于今天祝县城南的庄浪河北面。长城从今兰州市安宁区沙井驿村以东伸往西北，至庄浪河口东面的苦水湾村，循庄浪河东岸而上，历经新屯川、红城子、大同等村镇，过永登县城、中堡、华藏寺诸地，抵达庄浪、天祝二县交界。分守庄浪路参将驻庄浪城卫城，即今永登县城。

分守凉州副总兵所戍长城大致呈东南往西北走向，几经曲折，起于安远站堡南界，达于定羌墩堡尽境古城窊。安远站堡，即现天祝藏族自治县县城。定羌墩堡，位于今永昌县西北境。长城由天祝县南界北延，经暗门村，越乌鞘岭口，穿过天祝县城东，北出县界，进入今古浪县境，历经古浪县城、黄家墩村、圆墩子村而出县界。在今武威市境呈北偏西走向，经黄羊镇附近（明代泗水堡所在地）、王家窝铺、九站村，北跨于武铁道，又过十三站、新地等村，以及长城乡的暗门村、高沟村、长城村、五墩村，自五墩湾跨过红水河顺东岸而北，经十墩庙、九墩村而出武威市界。长城进入今民勤县境，分作内、外两支，内线由民、武交界伸往西北，穿过蔡旗堡、麻家湾等村而出境，至永昌县属北大滩村合于外线长城，长约40余里。外线则从民、武交界伸向东北，穿行在石羊河东，腾格里沙漠西缘，过羊路乡方家墩村而北延十几里，转向西跨民勤至红柳园公路，抵勤峰农场，折向南循石羊河西侧而去，历薛百乡长城村、红崖山水库、重兴堡村，转西南过牛毛墩、沙井子诸村抵民勤与永昌两县之界。在今永昌县境，长城经新圈村抵北大滩村汇合内线，经李家庄转向西，沿线有头墩、青山堡、河西堡等村镇，继而斜向西南经过鲁家庄、金川峡水库、翟家湾村、毛卜刺村、月牙湖村、阎家壕村，折向西北循永昌至山丹公路北侧延至两县交界。古城窊当在两县接壤之地。分凉州地方副总兵驻凉州卫城，即今甘肃省武威市。此段长城跨连今天祝、古浪、武威、民勤、永昌五县市之地。

镇城直辖地段长城仍呈西北走向，从山丹卫石峡口堡东境古城窊起，迄高台所九坝堡两界。石峡口堡，即今山丹县东南境的峡口村。九坝堡，即今高台县西北40里的黑河北面的九坝村。长城由今山丹、永昌交界起，仍在公路北侧，历经绣花庙村、峡口村、梁家窑村、揣庄，由揣庄西跨公路，历经三十里铺、十里铺、山丹县城、郇庄、北跨兰新铁道至九号村，转而西历大桥寨、东乐火车站、西屯村，又向北抵达龙首山脉的东大山之麓，西出山丹县界。长城在今张掖、临泽及高台县东半部，延亘于山丹河、黑河以北的龙首、合黎二山南侧。进入张掖市辖境，基本上倚龙首山为障，但各山口置有关墙，历经今观音山口、人祖山口、靖安镇诸地而西入临泽县。它仍依龙首山为险，行经板桥、高家湾、东柳树、黄家堡、平川堡诸村镇，接着经三坝堡、四坝堡、贾家墩等村伸出临泽县

[①] 艾冲. 明代陕西四镇长城[M]. 西安：陕西师范大学出版社，1990.

界。长城进入高台县境,循合黎山南麓分布。沿线有五坝村、六坝村、八坝村、九坝村以及十坝村。此段长城由甘肃镇协守副总兵负责防务,横跨今山丹、张掖、临泽及高台县东部。

肃州路参将分守之长城,略呈东西走向,起于镇夷所胭脂堡与高台所九坝堡的分界,止于卯来泉堡西南境的红泉墩。胭脂堡,即今高台县西北60里的胭脂堡村。卯来泉堡,在今肃南裕固族自治县祁文乡卯来泉村东北。长城由高台县十坝村趋向西北,穿过胭脂堡、上桥湾、下桥湾、罗城镇、肖家庄、侯庄、天城诸村镇,由天城村西跨黑河,经盐池村(即明代盐池堡)、石泉村、杨家井村,至高台与酒泉之界。在今酒泉市境,长城呈西偏北向,经过鸳鸯池、古城村(明代下古城堡)、陆家庄、段家庄、边湾滩等地,抵酒泉西界。长城进入嘉峪关市辖境先趋西北,经过新城乡的东沟村、中沟村、新城村、长城村至陶家庄,转往西南过野麻湾村、小洋连村、横沟村、何家庄、嘉峪关林场而至新腰墩,折向南抵嘉峪关城东北隅。自长城村迄新腰墩段,长城伏卧于戈壁滩之上。长城由嘉峪关城继续南延,下嘉峪原,入戈壁滩,横跨甘新公路、兰新铁道,越讨来河,即今北大河,又进入肃南县境的祁连山区,前行80余里,终止于卯来泉堡西南的红泉墩。这个终端在今肃南县祁文乡堡子滩村西南方的祁连山支脉文殊山中。讨来河以南的长城系铲山而成,今已难觅其迹。分守参将府设在肃州卫城,即今酒泉市,所辖长城分布在今高台、酒泉、嘉峪关、肃南诸县市境。

大靖路参将所守长城,呈东南往西北方向,起自阿坝岭堡东界的双墩子接固原镇,至于泗水堡附近,长约220里。阿坝岭堡,位于今古浪县东境,双墩子在当今古浪与景泰接壤之地。泗水堡故址在今武威市东南的黄羊镇附近。长城从今古浪县东界向西,经张家梁、大岭、石坡,裴家营诸村,转为西偏北抵大靖镇,又过黄家寺、西景、朱家湾、赵家地沟、王家河、段家碴子等村,至土门子村向北折,抵常家庄,转向西北沿干武铁道北侧历永平堡村,越过古浪与武威之界,转向西偏南约10里抵达武威市黄羊镇附近,同"旧边"长城汇合。分守参将驻大靖营城,即今古浪县大靖镇。此段长城是万历二十七年构筑的"松山新边"长城的西段,分布在今古浪县北境及武威市东南境。[①]

二、军事聚落的空间结构

甘肃镇军事聚落的空间分布和结构秩序受多重因素影响。首先是军事管理制度方面,具体来说,就是明代长期并存、具有严格层级划分的都司卫所制度和总兵镇守制度的影响[②]。其次是战争因素的影响,最明显的就是军事聚落大都沿长城一线分布,而长城正是明代北方的边境线,也是战争冲突最为频繁和激烈的区

---

① 艾冲. 明代陕西四镇长城[M]. 西安:陕西师范大学出版社,1990.
② 刘珊珊、张玉坤在《明辽东镇长城军事防御体系与聚落分布》一文中将辽东镇军事聚落的空间分布概括为以点控线,以面制线,点线面结合的空间网特征;王琳峰、张玉坤在建筑学报《明长城蓟镇戍边屯堡时空分布研究》一文中将蓟镇军事聚落的分布结构总结为"众星拱卫"的放射结构,"横向分段、纵向分层"的线性结构和"秩序叠加"的网络结构。

域。最后是地理地形等自然因素的影响，因为地理位置和山川形势等自然因素正是聚落选址的物质基础和先决条件。

（一）军事聚落修筑过程

甘肃镇军事聚落的修筑是随着边境形势、战争格局和防守区域的转变而动态变化的。总体来说，甘肃镇军事聚落的集中修筑可大致分为以下几个阶段：

1. 洪武至永乐间的初步布局（1368~1424）

明代洪武五年（1372）正月，征西将军冯胜进攻元甘肃行省，先后攻克西凉州、永昌路、甘州路、肃州路、亦集乃路、瓜州、沙州路，平定甘肃行省全境。同年十一月，罢废甘肃行省，分置甘肃卫（治甘州城，二十五年罢）、庄浪卫（治今甘肃永登县城）、永昌卫（治今甘肃永昌县城）、威虏卫（永乐三年省）、碾北卫。洪武二十三年（1390），增立山丹卫（今甘肃山丹县城）、甘肃左卫，继而增甘州右卫、中卫、前卫、后卫以及肃州卫（今酒泉市）。其中，甘州五卫同治于甘州城（今张掖市）。若不计威虏卫，至洪武末年甘肃地区共有12军卫，还有若干羁縻卫所分布在嘉峪关以西。随着行都司、卫、所（包括守御千户所）及其驻守城池的相继建置，甘肃镇军事防御体系初步建立。

洪武二十七年（1394）正月，明廷任命李景隆为平羌将军，充总兵官，镇守甘肃。这是镇守甘肃等地方总兵官的首次出现。建文元年（1399）二月，宋晟再度充总兵官，代李景隆镇甘肃，永乐元年受封为平羌将军，仍旧镇守甘肃地区，直至永乐五年（1407）八月卒于甘肃。宋晟前后四次镇守甘肃，达20年，深得明成祖的信任，被专委以甘肃防务，许其便宜行事，非召唤不可入朝。随后，何福自宁夏移镇甘肃。永乐八年（1410）七月，宋琥佩征虏将军印，充总兵官，镇守甘肃。至永乐十一年（1413）正月，由李彬接任，十二年九月，费瓛又接任镇守甘肃总兵官，延至宣德三年（1428）卒于甘肃。史称费瓛"在镇十五年，境内宁谧"。总而言之，洪武末年、永乐初年镇守地方总兵官的定设，成为甘肃镇正式建立的标志。而明朝初期陕西行都司及其卫所军事聚落的相续建立则形成了甘肃镇防区的雏形。

明代初期陕西行都指挥使司所属卫所建置情况　　表2-5

卫所名称	设置时间	废置情况	今地	距甘肃镇里数
甘州左卫	洪武二十三年（1390）	洪武二十七年（1394）罢，次年复置	今甘肃张掖市	
甘州右卫	洪武二十五年（1392）		今甘肃张掖市	
甘州中卫	洪武二十五年（1392）		今甘肃张掖市	
甘州前卫	洪武二十九年（1396）		今甘肃张掖市	
甘州后卫	洪武二十九年（1396）		今甘肃张掖市	
肃州卫	洪武二十七年（1394）		今甘肃酒泉市	510

续表

卫所名称	设置时间	废置情况	今地	距甘肃镇里数
山丹卫	洪武二十三年（1390）		今甘肃山丹县	180
永昌卫	洪武十五年（1382）		今甘肃永昌县	310
凉州卫	洪武九年（1376）		今甘肃武威市	940
镇番卫	洪武二十九年（1396）	建文元年罢,永乐元年复置	今甘肃民勤县	550
庄浪卫	洪武五年（1372）	建文中改卫为千户所,永乐元年复改为卫	今甘肃永登县	940
西宁卫	洪武六年（1373）		今青海西宁市	1350
镇夷所	洪武三十年（1397）	建文二年罢,永乐元年复置	今甘肃高台县西北	300
古浪所	正统三年（1438）		今甘肃古浪县	640
高台所	景泰七年（1456）		今甘肃高台县	160

（资料来源:作者根据《明史地理志》、《明史兵志》和《镇番县志地理志》（道光五年刊本）整理.）

2. 正德、嘉靖年间的增筑（1506~1566）

永乐以后，明廷停止了对蒙古势力的大规模用兵。取而代之的是消极防守的国防策略。这个阶段，甘肃镇虽然屡遭敌寇入侵，但终究没有影响到国家大局的安危。"土木之变"后，国防形势进一步恶化，蒙古各族势力异常活跃，西北地区战争频发，甘肃镇边境形势骤紧。成化、弘治、正德年间，达延汗率所部兵马多次袭入庄浪境内红城子。此后多年，达延汗势力愈发猖獗，连年对甘肃用兵，抢掠人畜，杀死官军，双方战斗异常激烈。达延汗所属的河套蒙古势力亦成为明廷大患。嘉靖年间，经朝廷重臣和地方大员奏议，明朝开始大修长城与屯堡。从嘉靖十八年（1539），兵部尚书翟銮请修嘉峪关城以来，甘肃镇又修了凉州路的大河堡（驿）、靖边堡、蔡旗堡、三岔堡等军堡；镇域直辖的板桥堡、山南关、靖安堡、平川堡、四坝堡、六坝堡、七坝堡、八坝堡、九坝堡、红寺山关等军堡；肃州路的深沟堡、盐池堡、下古城堡、新城堡、石关儿堡等军堡，使甘肃镇的防守能力进一步加强。

3. 万历年间的完善（1573~1620）

"隆庆议和"之后，蒙古族俺答部、吉能与明王朝议和互市，蒙古各部与明廷开启了一段和平时期。万历皇帝即位后，趁机加强防守，下诏修理边墙、城堡、墩台。廖逢节就扩大施工范围和规模，尤其对靠近大小松山的庄浪、古浪与凉州诸地长城用力极多。万历二十年（1592）后，盘踞大小松山的阿赤兔等部落，频繁扰掠周围地区，破坏社会安定。朝廷通过几次战争，重创敌寇，解除了边患。平定后的第二年，也就是万历二十七年（1599），李汶主持构筑长城新边，将大小松山等包括在内，彻底断绝了蒙古南北迁徙、驻足的路线。同时在新边沿线设置大靖路及其军堡、墩台，不但向北拓大了防御重心，而且缩短了长城的防守长度。此时，作为长城支线的西宁卫长城也同时竣工，甘肃镇的军事防御最终完善，直至明朝灭亡。此阶段修筑聚落有庄浪路的镇羌堡、松山堡、黑古城堡等；大靖路的阿坝岭堡、裴家营城、土门堡、大靖营城等；凉州路的圆墩堡、永丰堡、红沙堡、牧羊川河西堡、牧羊川河东堡、水磨川堡、定羌墩堡等；镇域直辖的阜昌堡、新河堡、太平堡、瓦窑堡、柳树堡、黑泉堡等；肃州路的双井堡、两山口堡、十营庄堡、野麻湾堡、卯来泉堡等。[①]

这个时期的甘肃镇北部长城主线防御部署自东南至西北分为五路，另外还有镇东南部独处一隅、自成防御体系的西宁卫所辖军堡。作者根据明嘉靖二十六年张雨所著《边政考》所载，将五路和西宁卫所辖聚落及防御工事分布数目统计见表2-6。

明甘肃镇所辖卫所防御工事统计表　　　　表2-6

防御工事 防守范围	堡	营	寨	隘口	关	墩	墙壕（道）
庄浪路	28	7	6	32		85	1
大靖路	7			4	3	44	1
凉州路	139	15	34	84	1	305	2
甘州路	79	1	6	69	2	187	1
肃州路	89	7		39		139	2
西宁卫	64	23	10	23	3	75	1

（资料来源：作者根据《边政考》整理。）

（二）军事聚落的空间分布图

古代地图包含了丰富的聚落空间信息。《皇明九边考》、《九边图》、《边政考》、《秦边纪略》等均绘有甘肃镇长城、墩台、军事聚落分布以及山川河流等位置的舆图，结合书中记载，可以对这些军事聚落的相对位置进行比对分析（图2-3~图2-6）。

谭其骧主编的《中国历史地图集》是基于现代经纬度坐标，按照一定比例提供了的明代陕西行都

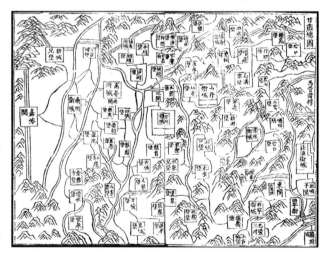

图2-3 《九边图说》（隆庆）中的甘肃镇总图
（图片来源：明兵部编：隆庆刻本。）

[①] 艾冲. 明代陕西四镇长城[M]. 西安：陕西师范大学出版社，1990.

图2-4 《边政考》中的甘肃镇总图一
（图片来源：作者根据明代张雨《边政考》中的甘肃镇舆图拼接而成。）

图2-5 《边政考》中的甘肃镇总图二
（图片来源：作者根据明代张雨《边政考》中的甘肃镇舆图拼接而成。）

司军事聚落分布的地理空间信息，从而为甘肃镇军事聚落空间分布图的绘制提供很大的帮助。

本书以《中国历史地图集》中的明代陕西行都司地图和甘肃、青海现行行政区划地图为基础，通过与古代舆图的对照分析，结合文物部门的考古资料以及作者的实地调查，将甘肃镇100多处各级军事聚落的位置标注在现行行政区划地图上，从而绘制出"明甘肃镇军事聚落空间分布图"（图2-7）。

与古代舆图进行比较而言，本书绘制的甘肃镇聚落空间分布图更加科学准确，这为下一步研究甘肃镇军事聚落的空间分布特征和绘制空间结构图奠定了良好基础。

图2-6 《秦边纪略》中的西卫及军事聚落分布图
（图片来源：（清）梁份.秦边纪略[M].西宁：青海人民出版社，1987.）

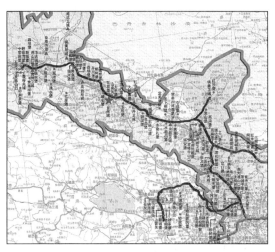

图2-7 明甘肃镇军事聚落空间分布图
（图片来源：作者根据相关资料在甘肃省地图上绘制。）

（三）各路所辖聚落分布

洪武初年，河西各卫属陕西都指挥使司统领。洪武十二年（1379）在庄浪置陕西行都指挥使司，洪武二十六年（1393）移至甘州，统领上述十六卫所。不久，北方的鞑靼、瓦剌首领不断兴兵攻掠边境。为了抵御其侵扰，明王朝在北方设置了"九边重镇"，其西部的固原镇（驻固原）、甘肃镇（驻甘州），即分别负责保卫陇东和河西地区；同时修筑长城，"因险制塞"、"以墙制骑"，"北拒蒙古，南捍诸蕃"，保卫边疆。

明朝甘肃镇所辖堡寨、关隘众多。据《边政考》统计，嘉靖三十年（1551）甘肃镇下领关、寨、营、堡达509座。本书选取长城沿线的军堡100座，管辖长城东南起自今兰州黄河北岸，西北抵嘉峪关南祁连山，全长800多千米，划分五路防守。此外，本书还选取了西宁卫20余座军堡，管辖长城西起拉脊山，东至乐都县芦花乡转花湾，全长160多千米。为了更加准确地记录甘肃镇聚落的空间分布，本书在"明甘肃镇聚落空间分布图"基础上，按照庄浪路、大靖路、凉州路、镇域直辖（甘州路）、肃州路、西宁卫的顺序，将其所辖军事聚落分别标注在Google地图上。

1. 庄浪路聚落分布

庄浪路，东南起自沙井堡（今兰州市黄河北岸沙井驿）与固原镇安宁堡分界处，西北至镇羌堡庄浪河南岸（今甘肃天祝县金强驿）。分守庄浪路参将所辖城堡有：沙井儿堡、苦水湾堡、野狐城堡、红城子堡、青寺儿堡、南大通山口堡、黑城子堡、大柳树堡、庄浪卫城、马厂沟堡、武胜堡、岔口堡、镇羌堡、松山堡、黑古城堡（图2-8）。

图2-8　明甘肃镇庄浪路军事聚落分布图
（图片来源：作者绘制，底图为Google地图截图，图中上北下南。）

2. 大靖路聚落分布

大靖路，东起阿坝岭堡双墩子，接固原镇芦塘路西界，西至泗水堡同凉州路旧边相接。这一段称"松山新边"。分守大靖路参将所统辖城堡有：阿坝岭堡、裴家营堡、土门堡、大靖营城、石峡关（图2-9）。

图2-9　明甘肃镇大靖路军事聚落分布图
（图片来源：作者绘制，底图为Google地图截图，图中上北下南。）

3. 凉州路聚落分布

凉州路，东南起自安远站堡南境（今天甘肃天祝县），达于定羌墩堡古城窊（今甘肃永昌西北）。分守凉州副总兵所辖城堡有：安远站堡、黑松林堡、古浪新关城、古浪所城、高庙堡、圆墩堡、永丰堡、泗水堡、张义堡、双塔堡、大河堡、靖边堡、高沟堡、镇番卫城、黑山堡、蔡旗堡、三岔堡、永定堡、宁远堡、牧羊川河东堡、牧羊川河西堡、真景堡、永昌卫城、毛卜剌堡、水磨川堡、新城堡、水泉儿堡、定羌墩堡（图2-10）。

4. 镇域直辖聚落分布

亦称甘州路，东自山丹石峡口堡接凉州路界，西迄高台所九坝堡西界。镇域直辖的城堡有：大马营城、石峡口堡、丰城堡、阜昌堡、新河堡、山丹卫城、大桥寨堡、东乐堡、太平堡、山南关、瓦窑堡、甘州卫城、靖安堡、板桥堡、柳树堡、平川堡、红崖堡、四坝堡、六坝堡、七坝堡、八坝堡、九坝堡、高台所城、红寺山关、黑泉堡（图2-11）。

5. 肃州路聚落分布

肃州路，东起镇夷所胭脂堡，接九坝堡西界，西止于嘉峪关南红泉墩（今甘肃肃南裕固族自治县祁文乡卯来泉村西南）。分守肃州路参将统辖的城堡有：胭脂堡、沙碗堡、镇夷所城、深沟堡、盐池堡、双井堡、金塔寺堡、临水堡、河清堡、清水堡、黄草坝堡、金佛寺堡、下古城堡、两山口堡、肃州卫城、新城堡、嘉峪关城、石关儿堡、十营庄堡、野麻湾堡、卯来泉堡、文殊山口（图2-12）。

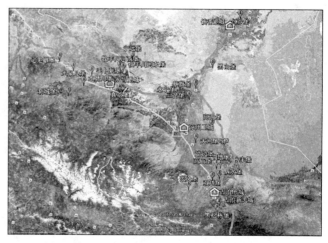

图2-10　明甘肃镇凉州路军事聚落分布图
（图片来源：作者绘制，底图为Google地图截图，图中上北下南。）

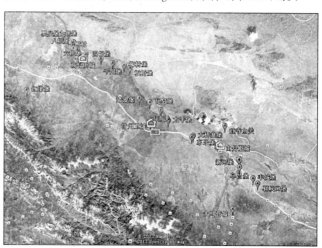

图2-11　明甘肃镇甘州路军事聚落分布图
（图片来源：作者绘制，底图为Google地图截图，图中上北下南。）

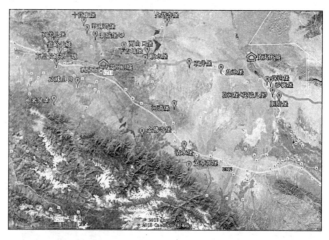

图2-12　明甘肃镇肃州路军事聚落分布图
（图片来源：作者绘制，底图为Google地图截图，图中上北下南。）

6. 西宁卫聚落分布

西宁卫，东起庄浪卫界，西至塞外罕东卫界，南抵黄河，北到大通河。万历十二年（1584），除西宁卫城外，重点防守的地区有南川、石灰沟、沙棠川等十三片重点防守的区域。具体分布见本章最后一节。

（四）军事聚落的空间结构

甘肃镇军事聚落的空间分布与其他军镇不同，所辖聚落高度集中在长城主线之上，不同层次和级别的聚落与长城的距离没有拉开，以致纵深层次感不强。例如作为洪武年间镇城的庄浪卫城距长城仅16里，洪武二十六年（1393）后，甘肃镇城迁至甘州，甘州城距长城也不过40里。相比之下，辽东镇两座镇城辽阳、广宁距离长城均在72里左右。天顺四年（1460）就作为蓟镇镇城的三屯营城距离长城60里。宁夏镇镇城银川城距离长城也有近60里。就路城而言，甘肃庄浪路城的庄浪卫城距离长城约1里；大靖路城大靖营城距离长城约3里；肃州路城肃州城距离长城约40里；凉州路城凉州卫城距离长城最远，约56里。甘肃镇大部分卫城、所城距离长城很近，有的甚至直接建在长城内侧，如镇番卫城、山丹卫城、古浪所城、镇夷所城等。

除了东南、西北长城主线方向外，聚落还沿长城主线的垂直方向聚集。如与凉州路长城垂直、伸向东北方向的红沙堡、镇番卫城、黑山堡。与庄浪路长城垂直、伸向西南方向的西宁卫及其聚落。这两个也正是长城支线的方向。唯一没有沿长城分布的威远卫城、金塔寺堡，两者的连线也与肃州路长城呈垂直关系。

因此，甘肃镇军事聚落的整体布局与长城高度契合，其空间结构可概括为"线状+枝状"。由于缺少战略纵深，与其他边镇比较而言，甘肃镇军事聚落放射状和面状特征不足（图2-13）。

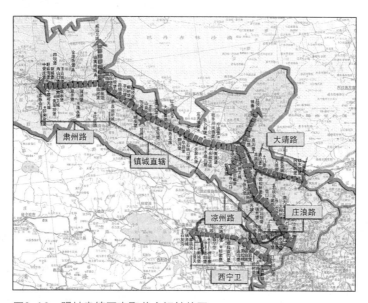

图2-13 明甘肃镇军事聚落空间结构图
（图片来源：作者绘制，图中上北下南。）

三、交通（驿传）道路的空间分布[①]

甘肃镇地处河西，北亘龙首、合黎二山，南耸祁连山，仄径隧道众多，但交通大道屈指可数，以纵贯河西走廊的驿路为主干线。

兰州卫城至嘉峪关的驿递大路是甘肃镇的交通命脉，畅通与否关系着甘肃的存亡。它大致可划为三段（图2-14）：

图2-14 陕西驿路分布图
（图片来源：杨正泰撰，陕西驿路分布图，1587年版，明代驿站考，2006年。）

兰州—凉州段：沿途设驿馆、递运所13处，由兰州卫城过镇远浮桥，出金城关，趋向西北。沙井儿驿递，设在沙井堡（今兰州市西北50里外）。驿道由此循庄浪河东岸而上。苦水湾驿递，设在苦水湾堡内，坐落在今庄浪河口东面。红城子驿递，置于红城子堡，即今永登县红城子。南大通山口驿递，设在南大通山口堡（今永登县城东南30里处）。庄浪卫在城驿，在今永登县城。武胜驿递，置于武胜堡（今永登县西北30里处）。岔口驿递，设在岔口堡，即天祝县打柴沟东面。镇羌驿递，驻镇羌堡，位于天祝县南的庄浪河谷地。驿路从此离开庄浪河谷，北越乌鞘岭而进入古浪所境，经安远站堡（天祝县城）、龙沟铺而至黑松林驿。黑松林驿，在今古浪县南30里处。北行过古浪新关而抵古浪所城（今古浪县城），内有古浪在城驿。继而北行经泗水屯堡（今武威市黄羊镇附近）入凉州境，过双塔站至靖边驿。靖边驿递，设在靖边堡（今武威县东由70里处）。大河驿递，设在大河堡（今武威县东南30里）。凉州卫在城驿，在今武威市。

由凉州向东北伸出一条支线驿道，出新九墩暗门（今九墩村附近），直趋镇番卫城（今民勤县城）。沿途置两驿：三岔驿递，设在三岔堡内（今民勤县西南140里处）。黑山驿递，置于黑山堡（位于今民勤县西南60里的重兴镇北）。

由凉州西达镇城的干线驿路，布置着12处驿馆、递运所，即怀安、柔远、真景、永昌卫城、水磨川、水泉儿、石峡口、新河、山丹卫城、东乐、古城、镇城诸驿。[②]怀安驿递，设在怀安堡，在今武威西北50里处。柔远驿递，或称沙河驿，设在柔远堡（今武威西90里处）。再向西就进入永昌卫境。真景驿递，置于真景

[①] 艾冲．明代陕西四镇长城［M］．西安：陕西师范大学出版社，1990．
[②] 龙小峰．明代陕西行都司市场研究［D］．西安：陕西师范大学，2011．

堡,在今永昌县城东南20里。永昌卫在城驿,即今永昌县城。水磨川驿递,设在水磨川堡(在今永昌县西20里)。水泉驿递,即在今永昌西北60里的水泉子镇。西经宁远铺堡、定羌堡、陕铺堡而入山丹卫界。石峡口驿递,置于石峡口堡(今山丹县城东南80里的峡口村)。新河驿递,驻新河堡(今山丹县东南40里处)。山丹卫在城驿,即今山丹县政府驻地。驿路西跨山丹河,沿南岸历青泉铺、乐定铺而入甘州五卫界。东乐驿递,设在东乐堡内,即今张掖市东南的东乐镇。古城驿,或称仁寿驿,设在仁寿堡内(今张掖东40里处)。甘州五卫城,系甘肃镇军事中心,即今张掖市。

镇城—肃州嘉峪关段驿道:大致有9处驿递,分别为沙河、抚夷、高台、黑泉、深沟、盐池、河清、临水、肃州以及嘉峪关。沙河驿递,设于沙河堡,即今临泽县政府驻地。抚夷驿递,置于抚夷堡(今临泽县西北40里处)。西过双泉堡而出甘州卫境,前行40里抵高台所城,即今高台县城。黑泉驿递,设在黑泉堡,即今高台县西北的黑泉镇。又经临河堡、河西堡而至深沟驿。深沟驿递,设在深沟堡(今高台县罗城镇西南)。盐池驿递,置于盐池堡,即今高台县盐池村。河清驿递,驻河清堡,在今酒泉市东90里处。临水驿递,置于临水堡,即今酒泉东偏北的临水镇。肃州卫在城驿,在今酒泉市,再西延70里抵达嘉峪关城,此关是控制东西交通的枢纽。出关之后,向西北直趋哈密卫城(今新疆维吾尔自治区哈密市),西往中亚地区。另外,由肃州顺讨来河(今北大河)伸出一岔道,经金塔寺堡(今金塔县城)、天仓城(今金塔县天仓镇),伸往亦集乃城(今内蒙古额济纳旗驻地以东)。

庄浪卫与西宁卫之间的驿道:共有7驿。由庄浪城(今永登县城)向西跨庄浪河,抵通远驿。通远驿递,设在通远堡(今永登县城西40里处)。西大通河驿,驻西大通河堡(今永登西南120里的大通河东岸),而递运所则驻在大通河西岸的大通河站堡。再向西进入西宁卫境。冰沟驿递,设在冰沟堡,大约在今青海省东部乐都县东境。老鸦城驿,驻老鸦城堡,位于今乐都县城东南的湟水河北。碾伯所城,即今乐都县城。嘉顺驿递,位于今乐都县城西南的湟水河南岸。平戎驿递,设在西宁卫城东南70里的平戎堡,即今平安县城。尔后,驿路止于西宁卫城(今西宁市)。又以西宁卫城为中心,向各山间隘口辐射出条条道路。另外,由碾伯所城(今乐都)顺西宁河而下历巴州驿,转向南经古鄯驿,渡黄河,连接固原镇河州卫长宁驿,成为河州卫与西宁之间的主要通道。

明代前期与后期,甘肃镇同陕西西安的交通,并不经由兰州,而是自凉州向东南伸至泗水堡(今武威黄羊镇附近)折向东去,循松山北缘历扒沙营(后称大靖营)、裴家营、阿坝营、双井堡、芦塘湖(今景泰县芦阳镇)诸地,抵达黄河索桥渡,逾河,历迭烈逊巡检司、靖虏卫城(今靖远县城),溯祖厉河而上,东越六盘山,顺泾河直下关中平原。这一线并非畅通无阻,随着军事形势的演变几经兴衰。而在明代正德中至万历中期,河西与河东的交通则以兰州镇远浮桥为咽喉。①

---

① 艾冲. 明代陕西四镇长城[M]. 西安:陕西师范大学出版社,1990.

四、讯息（烽传）线路的空间分布

本小节内容见第四章第三节内容。

五、独处一隅的西宁卫长城及军事聚落

以西宁卫为中心的青海长城修建于明代中期，是明王朝北方边陲以长城为依托的九边重镇军事防御体系的组成部分，在明甘肃镇及西北边防中占有重要地位。由于历史文献记载较少和认识上的偏差，青海长城一直未引起学界和相关部门的重视，以至于人们普遍认为"青海没有长城"。直到2007年5月，国家文物局才将青海长城纳入全国长城资源调查范围。2008年初，青海省文物考古研究所和青海省测绘局共同组成调查队展开田野调查工作，并于2009年10月23日通过长城资源调查工作项目组国家验收。作者查阅学界最新成果，发现文章或从考古学或从历史学角度分别论述西宁地区的长城和堡寨，而忽略了长城军事防御体系的整体性和层级性。因此本节以青海明长城资源调查为契机，结合相关史料和现状考察，从整体角度对明西宁卫长城及军事聚落进行研究，并试图发现其空间分布特征。[①]

（一）明西宁卫建置背景

西宁地区，位于青海省东北部，东连秦陇，西通西域，南达蜀藏，北卫甘凉，是古代"丝绸之路"南路和"唐蕃古道"的必经之地和军事重镇，素有"海藏咽喉"之称。西宁地区作为河湟流域政治、经济、军事中心，可"北拒蒙古，南捍诸番"，西控"塞外诸卫"，东卫关陇，是"内华夏外夷狄"的缓冲地带，隔绝"羌戎"的南翼防线，一直受到历代中原王朝的重视。

洪武三年（1370），左副将军邓愈进克河州，在军事和诏谕双重压力下，元镇西武靖王卜纳剌、西宁州同知李南哥等相继降附。由于战略地位重要、民族成分复杂，明朝在河州、西宁、洮州、岷州一带设置西番诸卫，以都司卫所制度和"土汉合流"的方式巩固本地区的统治。明廷于洪武六年（1373）正月[②]始设西宁卫，初属陕西都司，后隶属陕西行都司，随着九边军镇体制的建立与完善，永乐以后西宁卫参将及所辖兵马归甘肃镇总兵官和巡抚节制。

作为河湟地区的战略重心，西宁卫下辖在城千户所五，又于碾伯别置右所，同时遥领青海西部安定、阿端、曲先、罕东"塞外四卫"。《西宁志》载："**甘肃一镇，计十五卫所，唯西宁卫六所。惟祖宗之意，盖以西宁控制近番申中等十三族，远番罕东等四卫，故多设一所，以震压之，视他卫不同也。**"[③]从地域辖区

[①] 此小节作为本论文的一部分已经发表，详见刘建军，闫璘，曹迎春. 明西宁卫长城及军事聚落研究 [J]. 建筑学报：学术论文专刊，2012（S1）.
[②] （清）张廷玉，等. 明史·卷十八·地理三 [M]. 北京：中华书局，1976.
[③] （清）张廷玉，等. 西宁卫志·西宁志 [M]. 苏铣纂修，王昱，马忠校注. 西宁：青海人民出版社，1993.

上看，明西宁卫"东至庄浪、西抵西石峡，又西出塞外至罕东卫故地，北依大通河，东南四百里，并河州界，东北六百里，至古浪城；西南一千五百里，抵安定卫故地；西北六百里，接永昌卫境；东去陕西布政司二千三百里，并有古之西平、乐都、西海、浇河之地，十五蕃部所居，犹为附属"。[①]

（二）西宁卫长城

1. 修筑背景

西宁卫长城的修筑主要是为了抵御西海蒙古的入侵，同时也是以皇帝为代表的官僚集团军事思想的反映。明嘉靖三十八年（1559），蒙古土默特一部趁明军防守虚弱之机，从河套进入青海湖一带，与在此游牧的蒙古卜儿孩部共同对西宁卫进行劫掠，隧为边防大患。世居此地的部分藏族部也趁机发动叛乱，一时间烽火四起。从1512年进攻西宁北川起，到1541年进攻碾伯，在长达三十年的岁月里，西宁南、北、西三川战火不息。明王朝驻西宁卫的总指挥、总兵等武官先后战死，一时间"西海蒙古"成为明代西部边防大患，西北防卫也成了明王朝的重中之重，加强西宁卫的防御措施就成了当务之急。而修建长城就成为抵御西海蒙古、保境安民的首选有效手段，西宁卫长城即是在此历史背景之下产生的。同时，长城作为一项政府工程，最大的特点就是其反映的不仅仅是和战思想，更重要的是反映了当时的民族观念，是统治阶级对外关系即军事思想的集中反映。明隆庆六年（1572）至万历二年（1574）西宁卫长城的大规模修筑正是这种关系的最好体现。"隆庆议和"之后，蒙古族俺答部与明王朝议和互市，为明朝与蒙古各部迎来了几十年少有的和平时期，出现了所谓"烽火不惊，三军晏眠，边圉之民，室家相保，农狎于野，商贾夜行"[②]的升平景象，西宁卫的防御压力得到极大的缓解，而此期正是西宁卫长城修筑的高峰期，这与万历皇帝支持长城的修筑、重用力主修筑长城的人员有关，也是以张居正为代表的明廷官僚集团"外示羁縻，内修战守"的边防方针的集中体现。

2. 修筑过程及走向

明西宁卫长城始建于明代中后期，其兴建缘由与明廷大规模扩筑长城属一脉相承。据《西宁志》、《西宁府新志》记载，以西宁卫为中心的明代长城，自嘉靖二十五年（1546）开始修建，至神宗万历二十四年（1596）全部建成，历时50年。其修建过程可分为三个阶段：

第一阶段：创建阶段，嘉靖二十五年（1546）至隆庆六年（1572），由西宁兵备副使王继芳、范瑟等修筑。此阶段只是在西海蒙古进犯较为频繁的通道位置修筑长城，阻其大规模入侵扰边，先后修筑的地点大多位于西宁卫东、北部。

---

① （清）张廷玉,等. 西宁卫志·西宁志 [M]. 苏铣纂修,王昱,马忠校注. 西宁:青海人民出版社, 1993.
② 方逢时. 大隐楼集·卷十五·辕门记谈 [M]. 清乾隆四十二年方承保刊本. 北京图书馆珍藏.

第二阶段：大规模修筑阶段，隆庆六年（1572）至万历二年（1574）。这在《西宁志》中有明确记载："西宁卫南北等川，墙壕、关榨、山崖四万四千五百七丈，对二百四十七里九十四步，都御使廖逢节议题"。在这三年当中，在湟中县、乐都县陆续续修了长城主线，还修建了化隆县的杏儿沟、大通县黑林榨、湟中县的香林口榨等长城附属设施，西宁卫长城的基本框架已经形成。

第三阶段：完成阶段。万历二十四年（1596），明军对西海蒙古先后三次实施了军事打击，取得决定性胜利。于是西宁兵备副使刘敏宽、副将达云、同知龙膺、通判高第共同主持修筑湟中县西石峡口到娘娘山南麓的长城，使西宁卫北部与西南部长城连为一体，西宁卫明代长城最终定形。

青海境内的明长城有主线和辅线之分。

主线即围绕西宁卫，从西、北、东三面整体呈半圆拱卫形状的长城（图2-15）。其基本走向为：从东端起点向西由乐都县芦花乡转花湾始经冰沟向西北延伸至松花顶长城与互助县龙王山长城一段相接，从互助县向西南至平顶山长城与大通县西坡长城相接，横贯大通县向西通过娘娘山山险与湟中县

图2-15　西宁卫明长城主线分布图
（图片来源：作者根据现行区划地图绘制。）

相接，湟中县从香林口开始，南北向弧形延伸至拉脊山，整体走向呈拱形。全线由东向西穿山越岭蜿蜒分布在青海东部，途经乐都县、互助土族自治县、大通、湟中及湟源五县①。辅线主要分布在互助县、民和县、化隆县、贵德县、门源县等地，为较短的边墙或边壕，多具关隘性质。由于这些地方的南北两翼有拉脊山和扎坂山作天然屏障，只需在主要山口通道驻兵分守即可起防御之效。加之这里不是西海蒙古入侵的主要通道，即便偶有战事，还可与相邻的河州、凉州、庄浪诸卫联合出击。而西宁卫西北部则孤悬塞外，三面受敌，为西海蒙古入侵的要道，因此，这里的长城是连成一线的。②

值得注意的是，青海境内明长城主线东端起点与甘肃省永登县河桥镇边墙村壕堑相接，向东延伸与明长城主干线相汇合。由此可见，就中国明长城整体而言，分布在青海省境内这条长城线路，应属明代万里长城东起鸭绿江、西达嘉峪关中的支线之一。无可置疑，它是中国明长城的重要组成部分（图2-16）。

---

① 险些被遗忘的青海明长城：长度约为363千米［EB/OL］. http://www.sh1122.com.
② 卢耀光. 青海的边墙［J］. 青海民族大学学报：社会科学版，1998（2）.

3. 墙体类型与构筑特征

西宁卫长城墙体构成复杂，形制独特。概括起来，可分墙体与壕堑两大类别。墙体中又依构筑材料的不同分夯土墙、石墙、山险墙、山险及河险五种类型（图2-17）。

夯土墙，即在低山丘陵、平川、荒漠、沟谷等地势起伏较小且取土方便的地段，在自然基础上以当地黄土为主，夹杂少量砾石或小石块直接夯筑而成，为进一步增强墙体的防御效果，在夯土墙外将掘土部分适当挖宽挖深，形成随墙壕。大通县城西南土山上的长城为典型的夯土墙，是青海地区目前保存最为完整的长城。

石墙，即在地质结构以岩石为主的山脊及峡谷处，原地选用大小不等的毛石干垒、内部壅土而

图2-16 西宁卫明长城
（图片来源：闫璘提供。）

图2-17 各种类型的长城墙体（a 夯土墙及随墙壕、b 山险、c 河险、d 壕堑）
（图片来源：闫璘提供。）

成，结构较为松散。比较典型的有门源县的老虎沟东岔石墙[①]。

山险墙又名崭（斩）山崖或崭（斩）山墙，是指在山势险峻不宜攀登之处，人工将山体挖削成陡峭的崖壁而成。山险墙有向防守内侧削山和外侧削山两种形式。大通县的毛家寨长城4段，位于黄土山梁之上，属内侧削山，堑削山崖高度在5~7米，堑削痕迹清晰，堑削面陡直，难以逾越。

山险是指依山制险，不加任何人为加工，直接利用陡峭的山体作为屏障御敌。山险在西宁境内有广泛分布。如互助县与大通县相连接的平顶山、扎板山等山体，坡陡山险，成为天然的屏障。

河险则是在河谷地带，利用水流湍急的河水作为天然防御屏障，以达到军事防御的目的。典型的有门源县浩门镇头塘村村西的浩门河道上的河险。

壕堑，《西宁卫志》等文献中称其为"边壕"，是指在山腰或平地上挖掘的深

---

① 卢耀光．青海的边墙［J］．青海民族大学学报：社会科学版，1998（2）．

图2-18 闇门与峡榨（a 上营闇门、b 化隆县杏儿沟长城墙体上的峡榨）
（图片来源：闫璘提供。）

沟，大多修建在黄土坡度起伏落差较大的梁、峁地形之上，依山势开掘而成，沿山梁或山腰从高处向下削挖，形成一定角度的陡壁及一定宽度的平台后，再向下挖掘深沟，土堆一侧（低处）为垄，构成壕堑。相比夯土墙而言，壕堑要省工省时省料，简单易行，且有相当的防卫作用。①

4. 附属设施

除敌台外，西宁卫长城墙体上有两种特殊的附属设施：闇门与峡榨（图2-18）。

闇门又名暗门，即在长城沿线重要交通要处开的方便进出之门，规模较小。《西宁府新志》舆图中标注了闇门17座，目前仅存1座，即位于湟中县甘河滩乡上营村中、上营长城起点处的上营城门。该闇门内为长方形，外呈拱形，以青砖包砌；门宽3.1米、高3.5米、进深7.55米；以毛石垒砌基础，高0.95米，其余土坯砌筑，外表抹泥。城门上有土木结构门楼一座，灰瓦硬山顶，面宽三间，进深两间，该门至今仍是附近村民出入的通道。

峡榨也作硖柞、边榨，是明代嘉靖以后西宁卫为防御"海寇"而设置在长城要点或交通孔道险要之处，以遏敌入侵、察行旅、检查来往货物的军事设施。②《西宁卫志》记载的峡榨共三十八处，其中极冲二十七处，次冲十一处（表2-7）。

《西宁卫志》所载峡榨情况统计表　　　表2-7

位置	峡榨名称
极冲	思包乌峡榨（遗漏）、捏尔朵峡榨、经纳峡榨、打石（峡）榨、大磨石沟榨、白崖子榨、白石头下盘道二榨、白石头东栏二榨、洛栏榨、西石峡榨、锁思党榨、刺撒尔榨、刺尔宁榨、大觚迭沟脑（榨）、柏杨沟榨、老虎沟榨、小山峡榨、娘娘山崖石城子崖（榨）、大闇门水洞榨、细沟儿榨、园树儿榨、北川劄枝[板]山山崖（榨）、北石峡榨、边榨：燕麦川长边
次冲	马鸡沟峡榨、王沟尔峡榨、木哈尔峡榨、小寺沟山崖榨、大寺沟峡（榨）、北插峡榨、鹿石山崖（榨）、隆思哥榨、葱槛墼口榨、思打岔峡榨、杏儿沟榨

（资料来源：作者根据苏铣纂修，王昱、马忠校注《西宁卫志·西宁志》整理。）

---

① 闫璘. 明代西宁卫最早的长城——门源县境内明代长城[J]. 中国长城博物馆，2009年.
② 闫璘. 明代西宁卫的峡榨考述[J]. 青海民族研究，2011，22（3）.

（三）西宁卫军事聚落

1. 卫所制度下军事聚落的层级性

明朝建国初期，就在地方和边疆实行具有军政合一的都司卫所制度。西宁卫作为明代青海地区唯一的实土卫，没有像内地那样设府、州、县，而是在宣德八年（1433）改为军民指挥使司（实土卫所的一种特殊表现形式），更加强化其军民兼治的性质，是典型的"军管型政区"[1]。西宁卫属边卫，因是少数民族交错杂居、互争雄长之地，故明廷在此也推行土司制度以为辅助。西宁境内仅有武土司，其官皆世袭，设土司衙门和堡寨，兼管本族军民，职衔多为卫所官员职衔，如指挥使司、指挥同知等，可视为一种特殊的军事聚落形态。

卫所制又叫军屯制，是一种寓兵于农、守屯结合的建军制度。各卫所军堡根据任务、形势决定守、屯的比例。边境地区，三分守城，七分屯种；内地，二分守城，八分屯种。每军户所需田地、农具、耕牛，均由国家划拨，每户纳粮除供给日常需要外，余粮还可以作为军官的俸给。军户世袭是卫所制的又一特点。卫所制下实行军民分治，军有军籍，民有民籍，严格划分。一人从军，一家便永为军户，父死子继，世袭为军。[2]

作为地方军事组织，卫所制有严格的管理层级和人员定额。每卫五千六百人，统辖五个千户所，每千户所一千一百一十二人；千户所又分十个百户所，每百户所一百一十二人；每百户辖两总旗，各五十几人；总旗下辖十小旗，每小旗十几人。各级军事防御单位按防区分兵屯守，其屯守城池为军堡。军堡有卫城、所城、堡城、寨之分，其级别是由屯守官军级别大小决定的，各级堡寨及其兵马构成了军事聚落的主体。

2. 军事聚落空间分布特征

西宁卫的军事聚落空间分布特征可用"半圆+放射"来概括，就是各级堡寨以半圆状长城主线为依托，以西宁卫为中心，沿主要沟谷向四周辐射分布（图2-19）。

因地设防，是卫所制军事聚落布局的主要原则。西宁卫四周群山环抱，山岭纵横，其与外部的联系多是通过较大的沟谷实现的，因此沟谷地带成为军事布防的重点。重要交通枢纽、谷阔地肥之处设重要军堡，次要关口险隘但又不能容多兵处则设一般堡寨。《西宁卫志》就以卫治为辐射中心，按沟谷方位分南川、西川、北川、威远（东北方向）、城东五个方向详细记载了堡寨的分布情况（表2-8）。至明万历二十四年（1596），除西宁卫城外，还有南川、石灰沟、沙棠川等十三片重点防守的区域，《西宁府志》曾载："或指挥千百户，各

---

[1] 周振鹤. 体国经野之道——新角度下的中国行政区划史 [M]. 香港:中华书局（香港）公司出版社, 1990.
[2] 中国军事史编写组. 中国军事史·第三卷 [M]. 北京:解放军出版社, 1987.

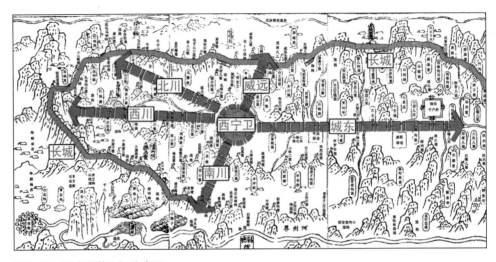

图2-19 军事聚落空间分布图
(图片来源：作者根据明代张雨《边政考》中西宁卫舆图加工而成，舆图方向与上北下南方向略有偏差。)

以地方急大小，酌要拨军带领防范，年终更替。"[①] 这些防区多以川、沟、口命名，可见沟谷防守的重要性。需要指出的是，每片防区又结合本地具体地形，或在河谷平地，或在山脊、山坡分设若干堡寨、关隘，层层布防，形成区域性设防严密的军事防御体系。西宁卫各级军事聚落驻地名称、守将官职以及驻兵人数情况见表2-9。

西宁卫堡寨分布情况　　　　　　　　　表2-8

方位	堡寨名称
南川	靳家堡、水磨堡、陈家堡、总堡、水泉儿堡、桑家山城、老幼堡、王斌团庄、高峰山城、徐家山城、新添堡、井家山城、孙家山城、甘家山城、毛家寨、伏羌堡、乞达真寨（又名田家寨）、石咀堡、党兴沟口马营、喇哈山城
西川	杨家寨、盐庄山城、刘家寨、高台堡、彭家寨、杏园堡、深涧堡、三旗堡、陶家大堡、乌思巴堡、宋家堡、双山堡、陶家小堡、花园堡、汪家寨、镇海城、巴浪堡、两旗堡、徐家堡、双寨、杨圈堡、朱家堡、马家崖堡、景家山城、吴中寨、李家团庄、东山城堡、小泉堡、新园堡、寺儿寨、韦家寨、西山城堡、甘河新堡、康缠堡、葛家寨、乩迭堡、石峡山口马营、沈家堡、万家山城、王家堡、康缠沟马营
北川	大旱坪堡、刘家下寨、刘家上寨、小寨堡、蔡家堡、高峰山城、孙家下寨、孙家上寨、红崖山城、双庙堡、王家堡、总堡、鸳鸯堡、诸二沟堡、贺家寨、靳家堡、小干沟堡、杨家寨、高墩堡、杏园堡、宋家堡、高台堡、大寨堡、黄家寨、鲍家上寨、完家堡、李巴堡、邵家堡、吴家堡、东刘堡、景阳川堡、陶家寨、临水堡、石山堡、新添寨、玄朔城、马营内、平房堡（旧为古城）、庙沟山城、苏家堡、姚家堡、清水沟堡、毛家堡
威远（东北方向）	三旗堡、驼驼山城、五旗堡、甘家堡、雷家堡、破寨堡、盐场堡、陶家堡、总堡、薛家山城、新园堡、曹家堡（旧为石砍堡）、黑鼻子崖堡、双树堡、高墙堡、大通苑堡、新添堡、董家寨、纳零沟、魏家堡、俞家堡、蔡家下寨、凉州营堡、威远营、班家湾堡、马圈堡、蔡家堡、老幼堡、兴屯堡、傅家山城、高寨、觉化寺堡、张家寨

---

① 杨应琚. 西宁府新志・卷十八・武备志・兵制［M］. 西宁:青海人民出版社, 1988.

续表

方位	堡寨名称
城东	罗家湾堡、小峡口马营、三十里铺堡、中寨堡、红庄堡、白土坡马营、东营儿堡、张旗堡、石青堡、寄彦才沟、西营儿堡、平戎堡、观音堂大寨、河滩寨、高店堡、马哈剌堡、马鞍山营、深沟堡、旱庄堡、弩木只沟营、七里店堡、碾伯城、水磨营、冈子堡、汤官堡、杨官堡、石咀堡、王官儿堡、其石咀堡、胜蕃沟马营、双塔堡、高庙堡、羊脑子沟马营、李二堡、藩旗营、周旗营、红水堡、薛旗营、李招哈山城、赵家下团庄堡、虎狼沟堡、长里店营、赵家上团庄堡、阿蛮堡、杏园堡、老鸦城堡、楪儿沟营、冰沟堡、竹林沟马营、虎剌孩山城、路家堡、松树湾堡、米剌沟新添堡、李二堡、上川口堡、吉家堡、万泉堡、祁家山城、巴州寨、细巷堡、下川口堡、李铁堡、武家堡、红咀堡、高庙堡、北乡堡、哈家堡、总堡、镇远堡、慈利寺堡、郭家山城、西纳堡、南乡堡、镇宁堡、双泉堡、甘家堡、赵芳山城、静觉寺堡、高泉堡、张家寺堡、鄂家堡、朱家堡、韩家堡、静宁寺堡、吕家堡、赵木川山城

（资料来源：作者根据苏铣纂修，王昱、马忠校注《西宁卫志·西宁志》整理。）

西宁卫各级军事聚落统计（万历十二年后） 表2-9

驻地名称	城池性质	守将官职	驻兵人数
西宁城	卫城	参将	3152人
碾伯城	所城	游击	1442人
镇海城	堡城	游击	1656人
北川城	堡城	守备	908人
南川堡	堡城	防守官	206人
古鄯城	堡城	守备	200人
石灰沟	堡城	防守官	152人
虮迭沟	堡城	防守官	200人
沙棠川	堡城	防守官	361人
哈拉只沟	堡城	防守官	80人
平戎堡	堡城	防守官	141人
胜番沟	堡城	防守官	66人
老鸦堡	堡城	防守官	221人
冰沟堡	堡城	防守官	104人
下川口堡	堡城	指挥佥事	（李家士兵）410人
祁家堡	堡城	指挥使司	（祁家士兵）500人

（资料来源：作者根据杨应琚纂《西宁府新志·卷十八·武备志·兵制》整理。）

除主要沟谷外，西宁卫还沿长城主线重点布防。在长城沿线，或距长城不远处修筑大量关隘和堡寨，以加强西宁卫外围的防御力量。这些军事聚落多设在交通要冲，与长城墙体一同起到控制交通往来的目的；另一方面，也十分注意扼险据守，防护自身的安全，如扼要据险的下脖项关（图2-20）。在据《西宁志》记载，仅万历元年（1573）修筑堡寨134处，其中许多堡寨沿长城主线呈半圆拱卫状分布。

图2-20 扼要据险的下脖项关（a 下脖项关近景、b 下脖项关与远处的石板沟壕堑）
（图片来源：闫璘提供。）

（四）小结

明西宁卫虽属"九边"重镇甘肃镇所辖边卫之一，但由于位置偏向东南，并未直接处在北疆长城军事防线的主战场，其所辖长城及军事聚落主要是针对青海湖一带的"西海蒙古"而构筑的，缺少与其他防区的横向联系，因而独处一隅，自成体系，这造成了学界产生青海有无长城的争论。但不可否认的是，青海地区的西宁卫长城及军事聚落作为明朝北疆长城防御体系不可或缺的组成部分，在抵御外部入侵、巩固西北边防方面发挥了重要作用。这对于进一步认识明西宁卫的战略地位和历史作用，完善长城防御体系的研究，开展长城整体性保护工作具有重要的理论和现实意义。

第三章 明甘肃镇长城防御体系外部环境

本章将运用系统论中系统是特定环境的产物以及系统与环境两者相互依赖、共生共存的原理，就明甘肃镇长城防御体系各构成要素与外部环境的关系逐一展开论述，重点研究长城墙体与环境的关系、各层次军事聚落与外部环境的关系、驿传系统与外部环境的关系以及烽传系统与外部环境的关系。试图揭示长城军事防御体系在长期的形成和演化过程中所呈现出的空间结构的外在特征，探寻长城军事防御体系各要素空间布局所遵循的客观规律。

为了更好地达到以上目的，本章将借助GIS等空间分析信息技术，对明甘肃镇长城防御体系各构成要素与自然环境的关系，具体来说，就是地形地貌、水系、土地等自然环境关系进行量化分析，建立起长城防御体系各要素与自然环境特征之间直观的联系，以便弥补以往长城防御体系空间关系研究中偏重定性描述，而定量分析不足的缺陷，试图为长城研究提供一种新的角度与科学的方法。至于明甘肃镇长城防御体系各构成要素与社会环境的关系过于复杂，社会环境对各构成要素的影响很难或无法用GIS统计衡量，因此将采用文字加图表的形式进行论述。

第一节 GIS技术的引入及分析方法

一、GIS技术及引入意义

GIS 是地理信息系统的英文缩写（Geo-Information System）。20世纪60年代，加拿大测量学家Tomlinson提出"要把地图变为数字形式的地图，以便计算机分析与处理"，开创了利用计算机技术处理地理空间数据的先河，其技术路线一直延续至今。美国加州国家地理信息及分析中心（NCGIA 1988）提出："地理信息系统也即是计算机化的数据库管理系统，这个系统用于进行空间数据的采集、存储、恢复、分析、显示等操作。"目前，GIS正成为"数字地球"的核心技术之一。GIS是一个基于图形的信息数据库。与一般的数据管理软件相比较，GIS的优势在于它是基于"地图"的空间数据库。通过GIS建立的数据库除了可以实现对象的属性数据查询之外，还可以实现数据对象的空间关系查询。例如实体的方位、距离、相对位置关系等。[1]

长城穿越千古，纵横万里，构成要素众多，外部环境复杂。各构成要素之间、各构成要素与外部环境之间存在相互交织、因果互动的关系，以往文献查阅加考古考察的工作方式已不能满足其研究需要。以GIS为主要工具的地理信息系统具有大容量数据管理和强大空间分析能力，因而有广阔的应用前景，并在长城防御体系研究中得到了初步运用[1]。本书在此基础上，将研究对象从军事聚落扩大到长城墙体、烽传系统、驿传（交通）系统以及它们所处的外部环境，拓展了

---

[1] 王琳峰. 明长城蓟镇军事防御性聚落研究［D］. 天津：天津大学，2011.

GIS应用的广度。不仅如此,本书还在长城研究中提出了可达域的概念,并将GIS作为长城各要素空间分布研究的重要工具,拓展了GIS应用的深度(详见本论文第四章相关内容)。

二、长城防御体系空间数据库的采集与组织

如图3-1所示,基于GIS的数据库的应用前提是空间数据库的建构。而长城防御体系空间数据库则可分为考古信息的空间数据库和属性数据库两大部分。下面就两种属性数据的来源及处理情况进行简要说明。

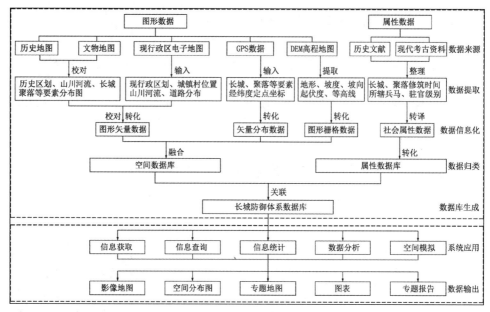

图3-1　长城防御体系空间数据库建构及应用技术路线图
(图片来源:作者绘制。)

（一）空间数据

空间数据是和空间位置、空间关系有关的数据,是长城防御体系各组成要素空间定位与其周边环境分析的重要基础信息。本研究中作为GIS分析底图的空间数据主要有四种:通过扫描数字化的历史地图和聚落分布等栅格图形;包含行政区划、河流、道路等信息的国家基础地理信息矢量数据;数字高程地图(DEM);通过调研或相关资料获得的考古GPS地理空间坐标。

1. 历史地图

历史地图又分为古代历史地图和现代历史地图。

如第二章所述,古代留存下来一系列关于明长城甘肃镇长城防御体系分布的历史地图。如与北边防务相关书籍《皇明九边考》《边政考》等。此外,不同时期的地方志中的舆图,如《甘州府志》《凉州府志》《肃镇华夷志》《西宁卫志》

等。然而这些古代舆图大都采用形象绘图法绘制，尽管记录了山川名称、长城、墩台、各军堡的位置以及较高级别军堡间的道路联系，但并没有绘制其他军堡之间的道路联系，且明、清时期的古代舆图均没有精确的比例和道路、河流构架的概念，因此这些古代历史地图只能用来判断军堡、城池及其周边环境的相对位置关系，并不能作为数据库的底图直接使用。

现代历史地图是指用现代地图知识和制图方法，具有精确的比例和方位，同时通过古今山川位置的对比和地理考证，尽可能的将其准确的位置绘制到图中。因此，现代历史地图反映了该历史时期的空间面貌，经过处理和转化可以作为GIS数据库的原始空间数据来使用。本数据库采用了两张现代历史地图作为原始数据：

一张是谭其骧《中国历史地图集（元、明时期）》中明代陕西行都司的三百五十万分之一地图；另一张是《中国文物地图集——甘肃分册》中明代甘肃的五百万分之一地图。两张地图互为参照和补充，将历史区划、山川河流、长城、聚落、烽燧等信息逐一提取校对。

2. DEM数字高程模型及现行政区划电子地图

本书使用的数字高程模型DEM（Digital Elevation Model）来源于全球科学院计算机网络信息中心国际科学数据镜像网站的ASTER GDEM数据产品，水平精度30米，垂直精度20米。现行政区划电子地图中（1:400万）河流（一至五级河流）、行政区划（省级至县级）、各级城市居住点等数据来源于中国国家基础地理信息中心。甘肃镇军事防御体系堡寨数据来源于天津大学明长城军事防御体系研究课题组建立的相关数据库。

3. GPS数据

根据课题组实地调研和相关文物部门提供的部分资料，用GPS等现代手段获取了长城、烽燧、敌台、聚落等要素较为精确的经纬度信息，并通过查阅现代志书和古今地名对照，共获得甘肃镇长城军事防御体系所辖区域重要府、州、县城共计一百多个空间要素的GPS信息。

（二）属性数据

GIS中的属性数据作为地理元素中非空间的属性信息，是空间图形数据背后的隐形数据，其分析结果也需要通过图形化的空间数据来反映。属性数据保存在要素属性表中，表中包含有标识的ID码和默认属性。要素属性表由行和列组成，每一行代表一个地图要素，每一列代表该地图要素的性质和特征。由于属性数据存放在单一表格中需要许多重复的输入，极耗费时间和精力且占用计算机内存，所以，我们用分开的表格来管理属性数据，并使用数据库管理系统（DBMS）。在属性表中，所有研究对象的属性特征放在对应的栏目下面（图3-2）。根据不同分析内容和目的可以设计不同的字段属性，并可以不断补充、更改新的字段和信息。

Attributes of 堡寨

FID	Shape *	name	lantitude	longitude	所属路	建制时间	城周	聚落级别
0	Point	沙儿井堡	36.147497	103.628366	庄浪路		940	堡城
1	Point	苦水湾堡	36.250988	103.428327	庄浪路	洪武十三年（1380）	1175.4	堡城
2	Point	野狐城堡	36.371099	103.398412	庄浪路	洪武年间		堡城
3	Point	红城子堡	36.461156	103.391106	庄浪路	洪武二年（1369）		堡城
4	Point	青寺儿堡	36.532726	103.380027	庄浪路	洪武年间		堡城
5	Point	南大通山口堡	36.616609	103.347304	庄浪路	洪武年间		堡城
6	Point	黑城子堡	36.653815	103.315462	庄浪路	洪武年间		堡城
7	Point	大柳树堡	36.673852	103.298596	庄浪路	洪武年间		堡城
8	Point	庄浪卫城	36.738702	103.261221	庄浪路	洪武十年（1377）	4701.6	卫城
9	Point	马厂沟堡	36.800821	103.210643	庄浪路	洪武年间		堡城
10	Point	武胜堡	36.882303	103.166033	庄浪路	洪武年间		堡城
11	Point	岔口堡	37.024229	103.082025	庄浪路	洪武年间		堡城
12	Point	镇羌堡（金强	37.14284	102.888293	凉州路	万历二十六年（1598）		堡城
13	Point	松山堡	36.957648	103.288645	庄浪路	万历二十七年（1599）	1175	堡城
14	Point	黑古城堡	37.242994	102.589328	凉州路	万历年间		卫城
15	Point	阿坝岭堡	37.469585	103.679123	大靖路	万历二十七年（1599）	1763.1	堡城
16	Point	裴家营堡	37.473346	103.521733	大靖路	万历年间	2350.8	堡城
17	Point	土门堡	37.614347	103.070705	大靖路	万历二十七年（1599）	718.1	堡城
18	Point	大靖营城	37.475389	103.410774	大靖路	万历二十七年（1599）	1331.7	堡城
19	Point	石峡关	37.575205	103.467204	大靖路	正统三年（1438）		关城
20	Point	安远站堡	37.257589	102.852388	凉州路	洪武年间	587.7	卫城
21	Point	黑松林堡	37.353786	102.910144	凉州路	洪武十一年（1378）	1083.6	堡城

Record: 0 Show: All Selected Records (0 out of 98 Selected) Options

图3-2　甘肃镇长城军事聚落分布属性数据表
（图片来源：作者绘制。）

甘肃镇军事聚落分布属性数据表为分析聚落的建置、规模、分布、层级等规律奠定基础。因此，本研究涉及聚落自身状况及分布数据，其属性数据详细条目包括以下字段：名称、图层属性、经度、纬度、所属路、建置时间、周长、兵马数量、驻官级别等字段。个别聚落的属性特征从现有的文献、志书资料仍无从考证，此种情况该项填“null”或“缺”。

空间和属性两类原始数据首先要经过采集、校核、输入、处理、转化等多道程序，才能生成可供入库使用的空间数据和属性数据。空间数据和属性数据是通过元素唯一特定的ID标识码进行关联的，因此属性数据的文件组织方式需要同空间数据的工作层保持一致，以便与图形文件协同操作，共同完成数据的空间、时间、属性特征管理。由于本小节篇幅有限，在这里就不便展开论述。

三、基于GIS的长城防御体系空间分析方法

GIS不仅具有强大的数据信息储存、管理、查询的功能，更重要的是提供了针对海量信息的空间分析功能。因此使得长城军事聚落的个体堡寨特性、整体聚落特征以及整体下的个体之间相互关系等综合研究成为可能。空间分析是GIS工具的核心和灵魂，是GIS区别于其他数据库、CAD等绘图软件或电子地图系统的重要标志之一。①

（一）GIS空间分析的基本功能②

强大的空间分析功能是ArcGIS9的特点与核心之一。无论对于栅格数据还是矢

① 谢琦．基于空间分析技术的Auto GIS原型系统的设计与实现［D］．大连：大连理工大学，2006.

② 汤国安，杨昕．地理信息系统空间分析实验教程［M］．北京：科学出版社，2006.

量数据、低维的点、线、面对象还是三维动态对象，都可以通过其空间分析功能的实现得到较为理想的结果。ArcGIS9的空间分析模块（ArcGIS

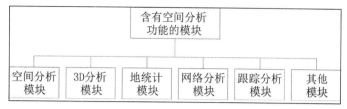

图3-3 含有空间分析功能的模块
（图片来源：作者绘制。）

Spatial Analyst）功能的实现主要是基于栅格数据进行的，它可以完成常用的数据转换、分析、统计、分类和显示等功能。空间分析模块是ArcGIS9进行空间分析的主要模块，但并不囊括ArcGIS9的所有空间分析功能，其他的一些模块可以帮助用户进行专题性较强、较有特色的空间分析，如统计分析模块、三维分析模块等。

ArcGIS9的空间分析功能主要包含于空间分析模块、3D分析模块、地统计分析模块、网络分析模块、跟踪分析模块等之中，如图3-3所示。对于空间分析功能的实现，各模块具有各自的特点和优势。[①]

ArcGIS Spatial Analyst模块是ArcGIS Desktop中增加了一组全面的高级建模和空间分析工具，应用ArcGIS Spatial Analyst模块，用户可从现存数据中得到新的数据，分析空间关系和空间特征，应用空间分析模块还可以进行诸多操作和分析。[②]

（二）GIS空间分析研究框架

本书GIS空间分析从研究对象上可分为甘肃镇防御体系各构成要素与外部环境两个方面，其中防御体系各构成要素包括长城墙体（含敌台、墩台等附属建筑）、军事聚落、烽传系统、驿传（交通）系统四部分；外部环境包括自然环境（地形、地貌、气候、水系和土地资源等）和社会环境（军事制度、战争频率、军需屯田等）两部分。

然而这两部分并不是独立存在的，而是相互关联、密不可分的，单独讨论任何一部分是没有意义的。本章主要运用外部环境与甘肃镇防御体系各构成要素之间互为因果、紧密联系的原理，利用GIS中的矢量数据分析、栅格数据分析、三维分析三大空间分析功能，对长城墙体与环境的关系、各层次军事聚落与外部环境的关系、交通（驿传）子系统、烽传系统与外部环境的关系展开研究。在下一章则引入可达域的概念，对甘肃镇防御体系重要构成要素之中的军事聚落、驿传（交通）系统、烽传系统、敌台（墩台）的空间分布进行逐一分析，进而揭示甘肃镇防御体系在长期形成和演化过程中所呈现出的空间分布特征，探寻长城防御体系各构成要素空间布局所遵循的基本原则。

本书GIS空间分析研究框架图如图3-4所示。

[①] 第六章GIS空间分析导论-百度文库：http://wenku.baidu.com.
[②]（1）距离分析；（2）密度分析；（3）寻找适宜位置；（4）寻找位置间的最佳路径；（5）距离和路径成本分析；（6）基于本地环境、邻域或待定区域的统计分析；（7）应用简单的影像处理工具生成新数据；（8）对研究区进行基于采样点的插值；（9）进行数据整理以方便进一步的数据分析和显示；（10）栅格矢量数据的转换；（11）栅格计算、统计、重分类等功能。

明长城甘肃镇防御体系与军事聚落

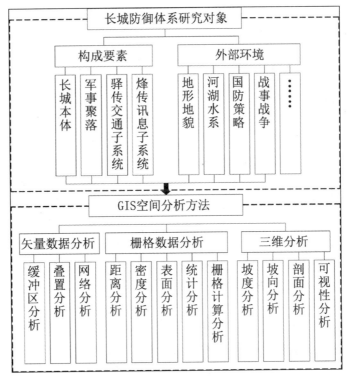

图3-4 甘肃镇防御体系GIS空间分析研究框架图
（图片来源：作者绘制。）

第二节 长城墙体与外部环境的关系

一、自然因素分析

虽然长城是人工营建的构筑物，但却是建筑在一定的自然环境之上的，因此其选址布局、整体走向、材料选择、建筑方式等因素难免会受到所在地域地形地貌、生态环境等因素的影响。自然环境是长城军事布防和选址布局的重要因素，古人正是遵循"因地形，用险制塞"的原则，根据所在区段具体的地形地貌特征，利用高山峻岭、深沟河流等自然天险，精心规划构筑长城的。在材料选择和建筑方式上，也因地制宜，灵活多样。黏土、砂土、石块、青砖、芦苇、枝条等均可选取，夯筑、垒筑均可使用。时过境迁，虽然今天的长城早已失去原来的军事防守功能，但在制定长城保护规划时，必须将其所在的自然环境纳入其中，最大程度还原长城真实的面貌。

（一）长城选址与地形的GIS分析

古人修筑长城的目的，在于防御敌人的侵扰。而长城是修筑在客观存在的自然地理环境之中的，这就涉及如何有效依托自然地理条件，以最大程度上发挥长城的军事防御功能的问题。《孙子》有述："用兵之法，有散地，有轻地，有争地，有交地，有衢地，有重地，有圮地，有围地，有死地……行山林、险阻、沮泽，凡难行之道者，为圮地。"[①]《吴子·论将》也指出："路狭道险，名山大塞，十夫所守，千夫不过，是谓地机。"[②] 皆突出了自然地理条件在构筑军事防御体系中的重要作用。历史文献早已证明，在修筑长城之前古代军事家除了要根据舆图反复论证，更要与谙熟本地情况的将领及工匠一起野外勘察选址，由此可见自然地形地貌对长城选址的深刻影响。同时，不同地区的不同自然地理环境也造就了长城鲜明的地域特征。

1. 长城主线整体走线与地形的关系

甘肃镇东北端多为山地，地形地貌变化较多。由于不同时期的兴建、改线，长城在此有两条东线。东线之一的庄浪路长城自东南向西北，多沿山麓起伏，平均海拔在2100米左右，并没有沿山脊修筑。另一条东线大靖路长城位于庄浪路以北，是沿着于大小松山的北麓修筑的，平均海拔在1850米左右。庄浪路与大靖路长城西端均与凉州路长城连接。凉州路东南段长城仍处于山地之中，平均海拔在2200米左右。长城翻过乌鞘岭，从古浪所城开始即为地势平坦的河西走廊，此处平均海拔在1700米左右。长城基本上位于平地。凉州路西段为祁连山脉分支龙首山，此处长城并没有沿着山脊，而是沿山谷的北面山坡修筑的，此处平均海拔在2100米左右。从甘州路开始，又是地势平坦的河西走廊，长城从海拔2000米一直缓缓下降，直到肃州卫城附近时已不足1450米，然后长城又沿山地抬升至1780米。

总体来说，甘肃镇明长城沿线经过的地形大致可分为山地和平地两种类型。其中东南段庄浪路和中段永昌卫附近为山地，其余部分为平地。本书选取了主线上的部分地形（图3-5），运用GIS三维分析模块中的提取断面命令，即用Arcmap的"3D Analyst\Profile Graph"工具，剖切所选长城及自然地形，生成以下剖面图（图3-6~图3-10）。

剖面1段主要为庄浪路长城，自东南端的苦水湾堡至西北端的镇羌堡，整体地势逐步变高。东南端长城海拔大约为1750米，西北端长城海拔大约为2750米。长城沿庄浪河谷东侧的山麓修筑，平均海拔在2050米左右，比河谷海拔高出了200多米。

剖面2段主要为大靖路以及凉州路部分长城，自东端的阿坝岭堡至西端的土门堡，整体地势起伏不定，平均海拔在1850米左右，但在西端海拔降了下来。

剖面3段以祁连山分支龙首山为中心，包括东边的凉州路部分长城和西边的甘州路部分长城，自东端的牧羊川河西堡至西端的新河堡，平均海拔为2100米左右，整个地势中间高，两端低。

剖面4段主要为典型的河西走廊平原地区，自东端的四坝堡至西端的镇夷堡。其中东段为甘州路部分长城，西段为肃州路部分长城，整体地势自东向西缓慢降低，只是在西端因临山麓抬高了100米左右。此段平均海拔在1325米左右。

---

① 孙子兵法·九地篇·第十一.
② 吴子兵法·论将·第四.

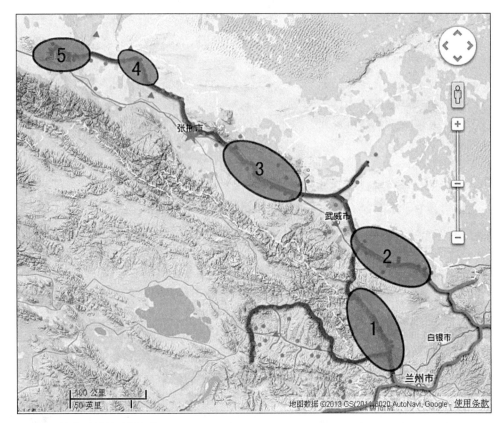

图3-5　甘肃镇明长城剖切位置图
（图片来源：作者绘制。）

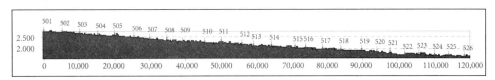

图3-6　甘肃镇明长城剖切1段（自西向东看）
（图片来源：作者绘制。）

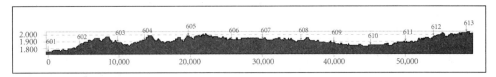

图3-7　甘肃镇明长城剖切2段（自西向东看）
（图片来源：作者绘制。）

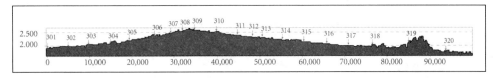

图3-8　甘肃镇明长城剖切3段（自西向东看）
（图片来源：作者绘制。）

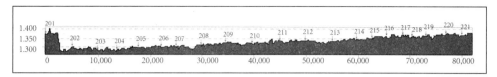

图3-9 甘肃镇明长城剖切4段（自西向东看）
（图片来源：作者绘制。）

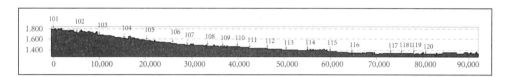

图3-10 甘肃镇明长城剖切5段（自西向东看）
（图片来源：作者绘制。）

剖面5段主要为肃州路西段长城，自东端的下古城堡至西端嘉峪关城。整体地势从东向西逐步抬高。东端海拔大约为1350米，西端海拔大约为1800米，此段平均海拔为1500米左右。

2. 长城选址与地形的关系

尽管有整体走线剖面图能反映长城与地形的起伏关系，但其尺度过于宏观，尚需在此基础上沿垂直方向进行剖切，并放大比例，才能更全面反映长城具体选址中地形坡度的关系。下面就前面选取的5段地形进行详细剖切分析。

从1段坡度平面图和剖切图可以看出，庄浪路长城自东南向西北，多沿庄浪河东侧的山麓修筑，平均海拔在2100米左右，并没有沿东侧不远处的高山修筑。究其原因，一是敌骑来袭的东侧山势连绵，且坡度多在13~26度之间，不便敌人大规模展开行动，因此没必要在高处修筑。二是出于修筑成本的考虑，临近河谷可就地取土夯筑，长城建成后维护成本较低。若在山上修筑，取土不便，再者此地夏季多暴雨，雨水多沿庄浪河垂直的方向冲刷，造成一道道大大小小的冲沟，必将冲毁长城。因此此段长城建在了临近河谷的山麓之下。此段长城所在地形平面和剖面如图3-11和图3-12所示。

从2段坡度平面图和剖切图可以看出，大靖路以及凉州路部分长城自东向西，多沿大、小松山的北麓修筑，地势平缓，坡度多在20度以内，平均海拔在2100米左右。此处长城选址也应是出于便于修筑和维护方面的考虑。大、小松山地区位于明朝中后期蒙古河套与青海湖之间迁徙游牧之地，北面就是戈壁大漠，自古为优良牧场。万历二十七年（1599）平定松山后，在此修筑大靖路"新边"，恰好将水草丰美的草场包括在内，将戈壁大漠阻挡在外。此段长城所在地形平面和剖面如图3-13和图3-14所示。

从3段祁连山分支龙首山为中心的坡度平面图和剖切图可以看出，此段长城并没有建在高山之上，而是从山间峡谷穿过，地势较为平缓，坡度多在18度以内，平均海拔在2100米左右。究其原因，除了长城修筑和维护成本的考虑，还应有敌骑习惯走峡谷的因素。此段长城所在地形平面和剖面如图3-15和图

3-16所示。

　　从4段的坡度平面图和剖切图可以看出，此段属于典型的河西走廊地段，中间低，两边地势缓慢升高。此处长城就建在河西中部，坡向大多小于5度，平均海拔在1325米左右。此段长城所在地形平面和剖面如图3-17和图3-18所示。

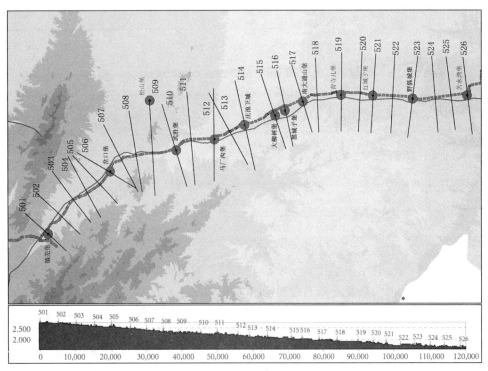

图3-11　甘肃镇明长城1段（庄浪路）垂直剖切位置图
（图片来源：作者自绘，图中红色短线表示垂直于长城的剖切位置。注：横轴表示水平距离，纵轴表示海拔高度。）

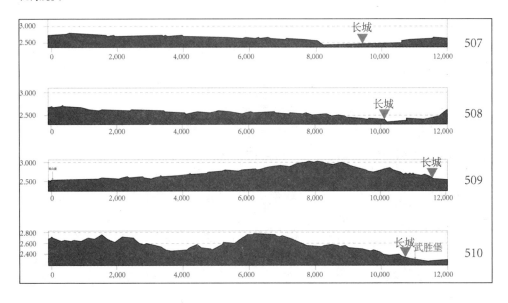

第三章 明甘肃镇长城防御体系外部环境

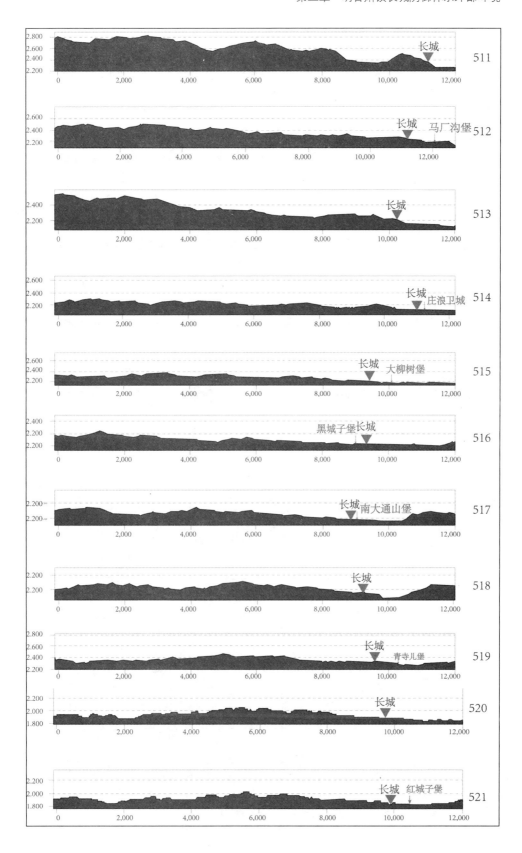

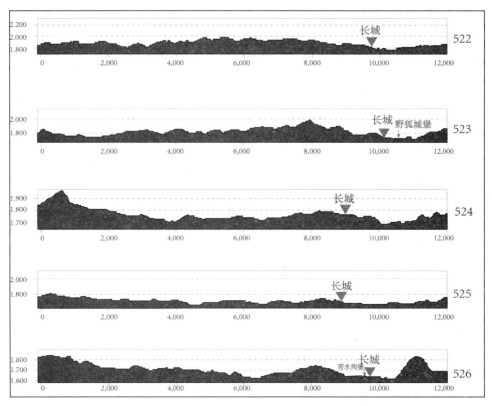

图3-12 甘肃镇明长城1段（庄浪路）垂直剖切图
（图片来源：作者自绘。）

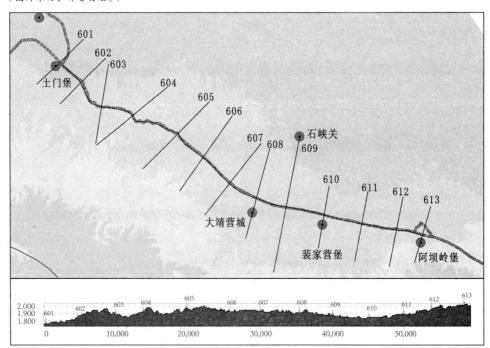

图3-13 甘肃镇明长城2段（大靖路）垂直剖切位置图（上图为上北下南）
（图片来源：作者自绘，图中红色短线表示垂直于长城的剖切位置。注：横轴表示水平距离，纵轴表示海拔高度。）

第三章 明甘肃镇长城防御体系外部环境

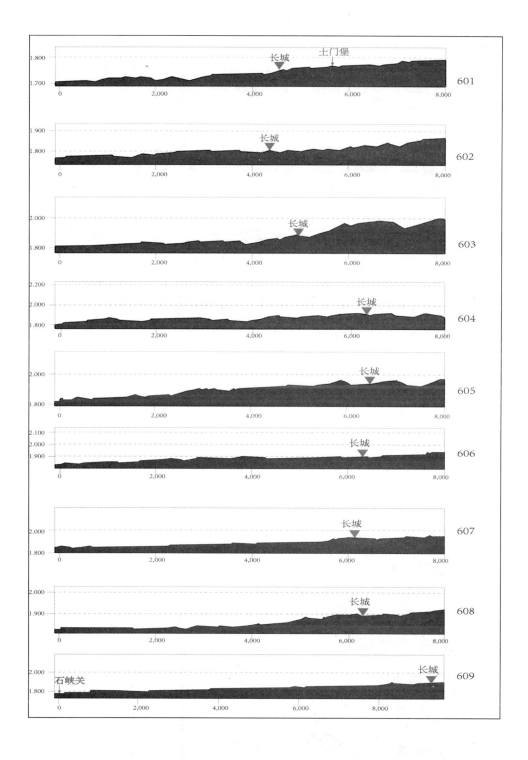

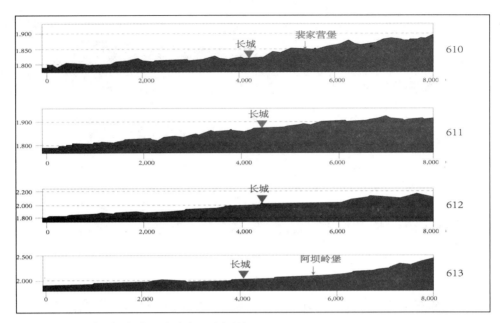

图3-14 甘肃镇明长城2段（大靖路）垂直剖切图
（图片来源：作者自绘。）

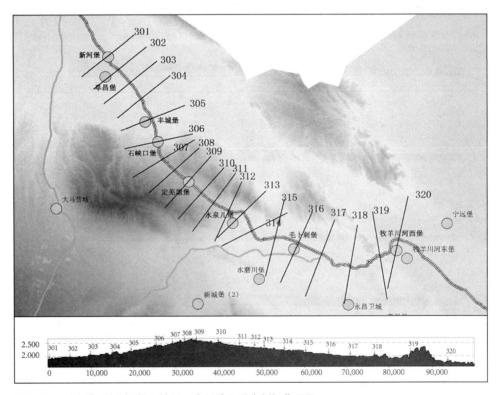

图3-15 甘肃镇明长城3段（甘州—凉州路）垂直剖切位置图
（图片来源：作者自绘，图中红色短线表示垂直于长城的剖切位置。注：横轴表示水平距离，纵轴表示海拔高度。）

第三章 明甘肃镇长城防御体系外部环境

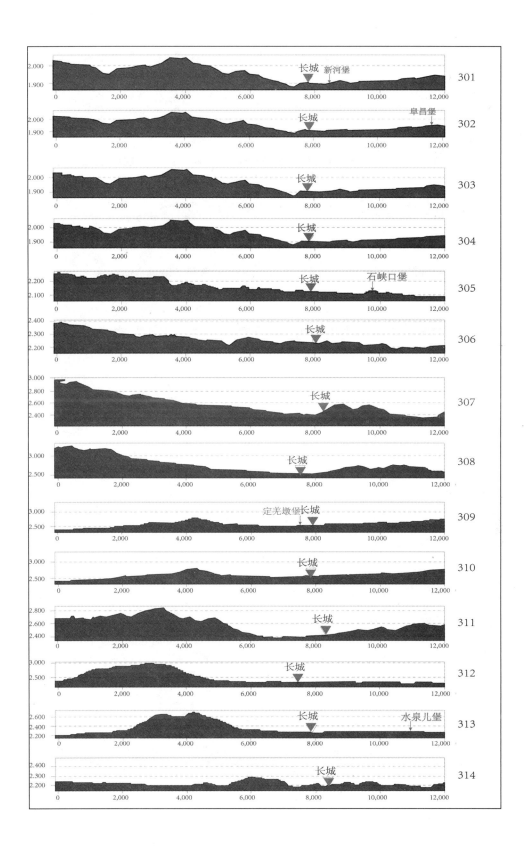

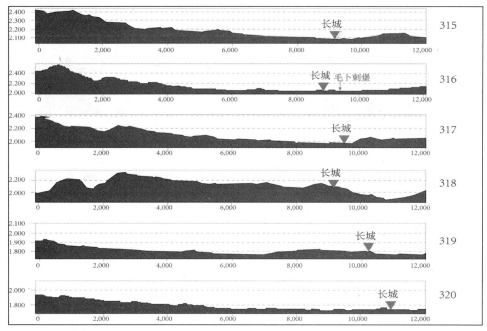

图3-16 甘肃镇明长城3段（甘州—凉州路）垂直剖切图
（图片来源：作者自绘。）

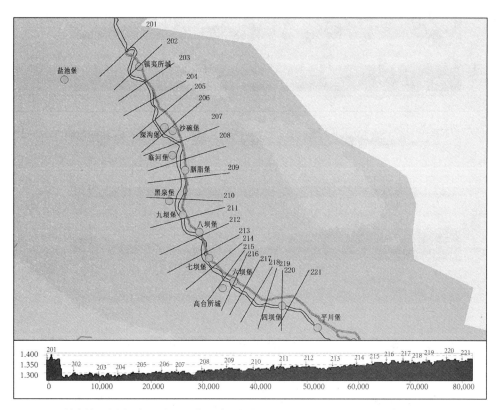

图3-17 甘肃镇明长城4段（甘州—凉州路）垂直剖切位置图
（图片来源：作者自绘，图中红色短线表示垂直于长城的剖切位置。注：横轴表示水平距离，纵轴表示海拔高度。）

第三章 明甘肃镇长城防御体系外部环境

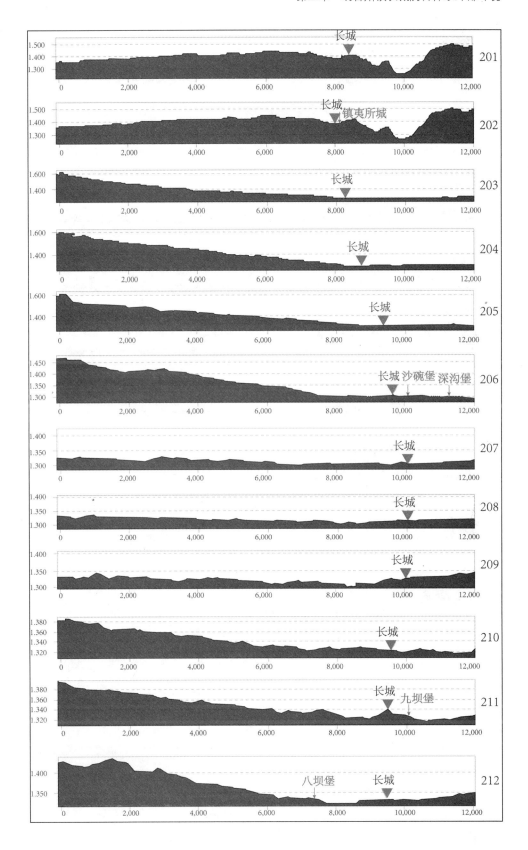

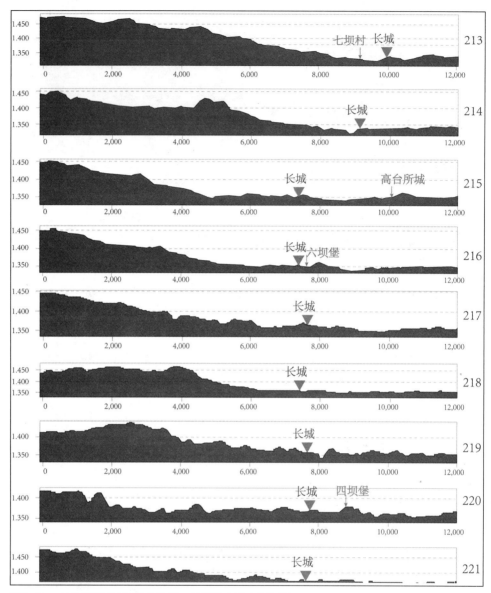

图3-18 甘肃镇明长城4段（肃州—甘州路）垂直剖切图
（图片来源：作者自绘。）

从5段坡度平面图和剖切图可以看出，肃州路西段长城自东向西，多沿河西走廊中部修筑，地势较为平缓，坡度多在6度以内，从东到西，平均海拔在逐步上升，平均海拔为1500米左右。此段长城所在地形平面和剖面如图3-19和图3-20所示。

（二）长城选址位置与水系远近的GIS分析

甘肃地区与明长城段相关的河流水系自东向西有黄河水系、石羊河水系、黑河水系、北大河水系。其中黄河、石羊河、黑河水谷地是敌骑兵南下入侵的主要天然通道。长城基本是沿着黄河支流庄浪河而行，庄浪路各军堡亦是沿着庄浪

第三章 明甘肃镇长城防御体系外部环境

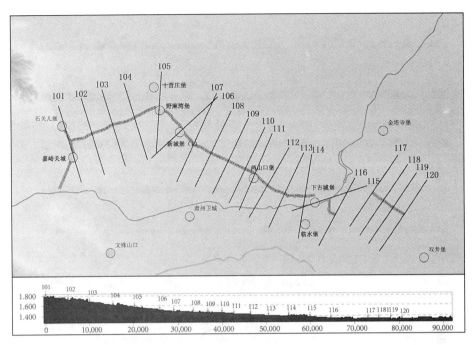

图3-19 甘肃镇明长城5段（肃州路西段）垂直剖切位置图
（图片来源：作者自绘，图中红色短线表示垂直于长城的剖切位置。注：横轴表示水平距离，纵轴表示海拔高度。）

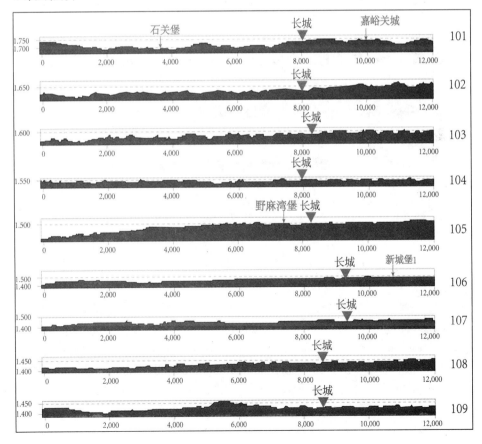

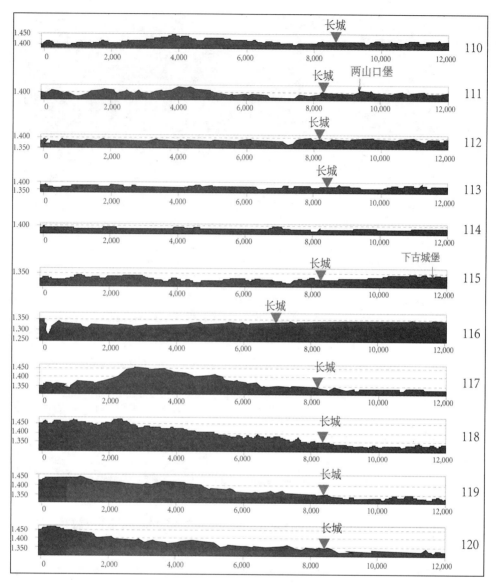

图3-20 甘肃镇明长城5段（肃州路西段）垂直剖切图
（图片来源：作者自绘。）

而设的。石羊河在镇番卫处穿城墙而过。冬季河水容易结冰，敌人可踏冰而犯。所以若长城跨水而过，在河口则需考虑水关的建造，以此拒敌。

甘州路属镇域直辖地段，沿黑水河外侧筑有平行于河的长城，沿线军堡密布，目的同样是把蒙古骑兵阻挡在远离游牧河水的地方。黑水河流出长城处同样设镇夷守御千户所，并以重兵驻守。

使用GIS中的"Buffer"工具以河流中线为基准建立河流1千米、1~3千米、3~10千米、10~20千米多重缓冲区，落入缓冲区的长城被视为沿河流特定距离的区域分布。具体情况见图3-21。

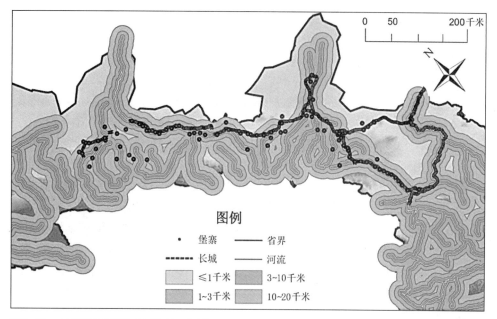

图3-21　甘肃镇明长城河流缓冲区分析图
（图片来源：作者自绘，紫线表示长城，圆点代表聚落。）

（三）农牧交错带及气候变迁对长城空间分布的影响

农牧交错带是连接中原汉民族种植业和草原游牧民族畜牧业两大生产系统之间的交替地带，不但在物质生产上具有巨大的潜力，而且在生态环境上还是一道阻遏沙漠南扩的屏障，在经济发展、文化交流、军事地理以及环境演变等方面具有极其重要的作用。而修筑在农牧交错带之上的长城，不仅是草原游牧和定居农耕两大产业的分界线，而且还是社会文化交流和气候变迁的见证。[①]

在中国历史上，农业民族与游牧民族的战争史是最具影响力的事件。与游牧民族逐水草而徙，居无定所的生产生活方式不同，整个古代世界作为决定性部门的农业，其"发生发展促进了人类定居的普遍性，发展农业生产和定居所必需的自然条件又极大限制了人们选择居住地的空间范围，对适宜农业生产和居住场所的土地依赖性，导致领域观念的空前高涨。基于这种对可耕土地的高度依赖以及浓厚的领域观念，失去土地就意味着失去生存条件，使得捍卫领地成为农业民族始终不渝的首要任务之一。在世界范围内，环壕等防御性聚落之所以首先出现在农业民族文化中，其原因多在于此。"[②] 于是，两种不同生活方式的民族对生存空间——土地展开了持久激烈的争夺。无论是战争时期还是在和平时期，作为完整的军事防御体系的长城始终处在防守的最前沿，是沿线军事聚落的基础和依托。

---

① 李霞. 基于GIS的中国北方农牧交错带时空变化及特征研究 [D]. 兰州：西北师范大学，2009.
② 钱耀鹏. 中国史前城址与文明起源研究史 [M]. 西安：西北大学出版社，2001.

二、社会因素分析

（一）国防策略对长城空间分布的影响

明代边患迭起，据《明史·兵志三·边防》记载："元人北归，屡谋兴复。永乐迁都北平，三面近塞。正统以后，敌患日多。故终明之世，边防甚重。东起鸭绿，西抵嘉峪，绵亘万里，分地守御。"①时人称"今天下之事，惟夷狄为大。而夷狄之害，北虏为最。"②可见终明之世北部边防压力一直甚重。

战略防御是明王朝一贯奉行的军事方略。这一策略是建立在明蒙双方的军事力量基本均衡基础上的。正统十四年（1449）发生的"土木之变"和隆庆四年（1570）的"俺答封贡"事件为明代对外政策的转折点，以此作为明代初期、中期和后期的分界。不论是明前期采取的进攻态势，还是中后期的退守策略，都是当时双方军事力量对比变化的真实反映。

随着明王朝国力的衰退、对外政策的改变以及在不同时期边患的变迁，北部边防的重点也随之变化。

（二）战争的发生地点、频率对长城空间分布的影响

明初国基初奠，蒙古残元势力，不甘心于灭亡，遁据漠北，建号鞑靼，经常率兵侵扰北边，多次进犯陕甘宁边郡。据清人慕寿祺《甘青宁史》载："明成化二年七月，鞑靼毛里孩犯边至固原，八月，又犯宁夏。因饬令筑陕西、延绥、甘肃一带墩堡、濠、墙，以防鞑靼。"此为明代西北筑北长城之起因。

弘治五年（1493）四月，关外吐鲁番回鹘部落崛起，其速坦（王）阿黑麻率众侵占哈密卫，捉去了哈密忠顺王陕巴（蒙古种人、元代肃王后裔）。这时，哈密自成化中陷落已二十年，关外七卫，尽被吐鲁番攻破，流民内徙至肃州，嘉峪关警报频传。明廷以嘉峪关为肃州重要门户，必须严加设防，乃于弘治七年（1495）谕令肃州改修嘉峪关，于弘治八年（1496）完工。弘治十年（1498），甘肃参将彭清，驻镇肃州，弘治十一年（1499）五月，鞑靼小王子又犯甘肃边境，肃州副将杨嘉由败于黑山。彭清于是征集民工创修肃州北长城：西起野麻湾堡、新城堡、两山口堡经明沙窝堡、下古城堡，跨北大河至暗门，全长七十里，约在弘治十三年（1501）修完。

正德元年（1506），杨一清总制陕西、延绥、宁夏、甘肃等处防务。八月，杨一清建议修筑陕甘各边边墙。正德十一年（1516），吐鲁番速坦满苏儿（阿黑麻之子）越过嘉峪关攻肃州，肃州游击芮宁等十余人，迎战于城西南之黄草坝，自朝至暮，力战身死，十余人尽数英勇献身。继而兵备使陈九畴坚守肃州，击败满速儿之进攻。于是兵备李涵商议，建筑西长城，即自文殊山脚起筑，向北连接嘉峪关城西南角墩，又自东北角墩起，西北至石关东口止，共长二十里。嘉靖十九年（1540）春末开始起筑，当年修完，并截斩断山口，堵塞间道。又修竣城

---

① （清）张廷玉，等. 明史·兵制［M］. 北京：中华书局，1974.
② （明）方逢时. 审时宜酌群议陈要实疏. 明经世文编. 卷三二一.

壕、外壕各一道，又于长城外添筑外墙、远墙各一道。

隆庆五年（1571），甘肃都御史廖逢节议题，自酒泉下古城至高台一段荒滩，防御空虚，乃议筑东长城：即自下古城堡北边墙大墩起，接筑边墙向东经夹边为大石岗之北，跨临水河、翻越鸳鸯池高地，向东连接高台镇夷边墙，长七十五里，隆庆六年修完。自此，甘肃边墙始连通一线。万历元年至二年（1573~1574），又进行全面补修。

第三节　军事聚落与外部环境的关系

一、自然因素分析

军事聚落的选址与分布受到自然因素的影响。地形地貌、河湖水系、土地资源、道路交通等自然因素都对聚落选址有不同程度的影响。

甘肃镇地处黄河上游的青藏高原、内蒙古高原和黄土高原的交会处，西秦岭山脉边缘，整体地势上自西南向东北倾斜，是一个山地型的高原区。甘肃镇地形地貌复杂多样，基本涵盖了山地、高原、平川、河谷、沙漠、戈壁等各种类型。

从地形地貌上分析，地势平坦、坡度值较小的地形与地势起伏过大、坡度值较大的地形相比较而言，前者更适于农业耕作和设施建设。加之甘肃镇气候干旱，降水稀少，生产生活多依赖于地势较低的涌泉、河流、湖泊等水源。因此甘肃镇军事聚落多选在地势平缓、临近水源的开阔地带，以便于驻兵屯田和作战调度。也有部分关堡型聚落选择在易守难攻、坡度较大的山地上。

（一）军事聚落选址与地形地貌的GIS分析

与普通聚落不同，军事聚落出于自身防御的需要，其选址自古就遵循"因山设险、以河为塞"的原则。就是利用险要的地形地貌构筑天然的屏障，对内保护自己，对外防御敌人，同时达到节省土方建设、降低工程造价的目的。高地、山岭、悬崖、陡坡、沟谷、河流、林地均是古代军事将领聚落选址考虑的重要因素。除了自身防御的需要外，军事聚落的选址还要综合考虑屯种生产以及建房居住的需要，选择那些有利于生产生活的地形地貌和山川河流等自然因素。

本节将运用ArcGIS空间分析模块中的3D分析技术，计算并分析甘肃镇DEM数字高程模型的地形地貌属性与特征。地形地貌特征要素包括军事聚落的坡向、坡度以及与河流、湖泊的空间关系等。本书运用3D分析技术，分别从高程、坡度、坡向、河流水系等多个方面对甘肃镇军事聚落与自然环境的关系进行量化分析。

1. 军事聚落整体分布高程分析

一个聚落空间位置的确定，除了需要输入经纬度坐标数据外，还需确定其海拔高度，即输入高程数据。首先用GIS地形分析生成甘肃镇所在区域的DEM地形模型。并将明代军堡、长城、河流等相关要素图层打开，叠加到甘肃镇DEM地形模型之中（图3-22）。

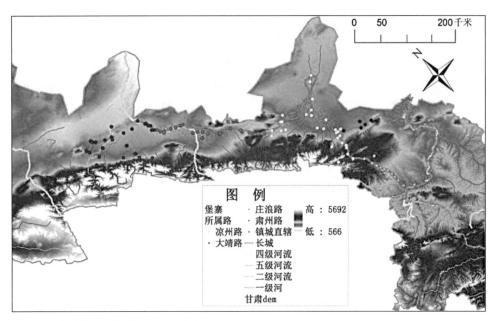

图3-22 甘肃镇军事聚落高程DEM分布图
(图片来源：作者自绘。)

用ArcGIS的地形分析工具"Extract Values to Points"提取DEM地形模型中的高程数据，附加到"甘肃镇聚落"所在的属性数据之中，并导出数据Excel表格（表3-1），根据表格生成甘肃镇聚落高程曲线图。图中每个点代表一个聚落，其中纵坐标数值表示甘肃镇聚落的高程，横坐标则按聚落经度位置从左到右依次排列。这样就可以生成甘肃镇所辖庄浪路、大靖路、凉州路、甘州路、肃州路五路聚落的高程曲线图（图3-23）。

甘肃镇各路军事聚落高程统计表　　　　　表3-1

编号及名称	所属路	高程（米）	编号及名称	所属路	高程（米）
1沙儿井堡	庄浪路	1587	14松山堡	庄浪路	2527
2苦水湾堡	庄浪路	1639	15黑古城堡	凉州路	3188
3野狐城堡	庄浪路	1730	16阿坝岭堡	大靖路	2068
4红城子堡	庄浪路	1824	17裴家营堡	大靖路	1843
5青寺儿堡	庄浪路	1864	18土门堡	大靖路	1759
6南大通山口堡	庄浪路	1960	19大靖营城	大靖路	1945
7黑城子堡	庄浪路	2010	20石峡关	大靖路	1759
8大柳树堡	庄浪路	2040	21安远站堡	凉州路	2654
9庄浪卫城	庄浪路	2125	22黑松林堡	凉州路	2342
10马厂沟堡	庄浪路	2204	23古浪新关城	凉州路	2239
11武胜堡	庄浪路	2292	24古浪所城	凉州路	2098
12岔口堡	庄浪路	2501	25高庙堡	凉州路	1752
13镇羌堡	庄浪路	2754	26圆墩堡	凉州路	1742

续表

编号及名称	所属路	高程（米）	编号及名称	所属路	高程（米）
27永丰堡	凉州路	1707	63靖安堡	镇城直辖	1435
28泗水堡	凉州路	1871	64板桥堡	镇城直辖	1387
29张义堡	凉州路	2221	65柳树堡	镇城直辖	1383
30双塔堡	凉州路	1891	66平川堡	镇城直辖	1372
31凉州卫城	凉州路	1539	67红崖堡	镇城直辖	2262
32大河堡	凉州路	1578	68四坝堡	镇城直辖	1364
33靖边堡	凉州路	1681	69六坝堡	镇城直辖	1350
34高沟堡	凉州路	1525	70七坝村	镇城直辖	1333
35红沙堡	凉州路	1348	71八坝堡	镇城直辖	1330
36镇番卫城	凉州路	1373	72九坝堡	镇城直辖	1324
37黑山堡	凉州路	1414	73高台所城	镇城直辖	1350
38蔡旗堡	凉州路	1429	74红寺山关	镇城直辖	2026
39三岔堡	凉州路	1458	75黑泉堡	肃州路	1315
40永宁堡	凉州路	1487	76胭脂堡	肃州路	1314
41宁远堡	凉州路	1611	77沙碗堡	肃州路	1302
42牧羊川河西堡	凉州路	1730	78镇夷所城	肃州路	1282
43牧羊川河东堡	凉州路	1711	79深沟堡	肃州路	1298
44真景堡	凉州路	1963	80临河堡	肃州路	1308
45永昌卫城	凉州路	1965	81盐池堡	肃州路	1332
46毛卜剌堡	凉州路	2027	82双井堡	肃州路	1337
47水磨川堡	凉州路	2140	83金塔寺堡	肃州路	1262
48新城堡（2）	镇城直辖	2365	84临水堡	肃州路	1354
49水泉儿堡	镇城直辖	2249	85河清堡	肃州路	1455
50定羌墩堡	镇城直辖	2544	86清水堡	肃州路	1597
51大马营城	镇城直辖	2499	87黄草坝堡	肃州路	2090
52石峡口堡	镇城直辖	2280	88金佛寺堡	肃州路	1779
53丰城堡	镇城直辖	2151	89下古城堡	肃州路	1339
54阜昌堡	镇城直辖	1943	90肃州卫城	肃州路	1470
55新河堡	镇城直辖	1899	91两山口堡	肃州路	1400
56山丹卫城	镇城直辖	1761	92新城堡（1）	肃州路	1470
57大桥寨堡	镇城直辖	1629	93嘉峪关城	肃州路	1739
58东乐堡	镇城直辖	1613	94石关儿堡	肃州路	1689
59太平堡	镇城直辖	1477	95十营庄堡	肃州路	1482
60瓦窑堡	镇城直辖	1420	96野麻湾堡	肃州路	1491
61山南关	镇城直辖	1449	97卯来泉堡	肃州路	2444
62甘州卫城	镇城直辖	1486	98文殊山口	肃州路	1763

（资料来源：作者根据GIS统计结果绘制。）

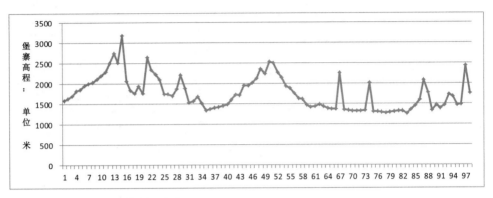

图3-23 甘肃镇军事聚落高程曲线图
（图片来源：作者根据上表数据生成。）

从表3-1和图3-23中的海拔高度统计发现：

（1）聚落高程值总体随整体地势自西南向东北呈英文大写字母"M"，甘肃镇聚落的高程从海拔1262米到海拔3188米，相差1926米，差值很大。但聚落高程连贯性较好，较少出现高低突变的现象，说明其选址是随地势逐步升高的，是符合"因形就势"布局原则的。

（2）比较DEM分布图3-22与表3-1高程值发现，尽管甘肃地区东部的大靖路、庄浪路、凉州路与镇域直辖连接处山地较多，但聚落高程值普遍比所在地形最高处低，说明甘肃镇聚落大都避开高山峻岭，选建在海拔较低的地区。究其原因，主要是临近河流水源，方便生活屯田用水之需。

2. 军事聚落选址的坡度分析

地表面任一点的坡度（Slope）是指过该点的切平面与水平地面的夹角，坡度表示了地表面在该点的倾斜程度。[1] 坡度同样是分析聚落选址地形因素的重要条件。坡度值越小，地形越平坦，越适于农业种植和工程建设；坡度值越大，地形越陡峭，对于工程建设增大了土方量和施工难度，陡峭的地形对于农业耕种则增加了水土流失等可能性，从而导致土壤层的涵水能力差，不利于农作物生长。因此一般情况下农业和居住地的选择偏向坡度较平缓地区。本书用夹角度数来表示地形坡度[2]，来研究甘肃镇聚落的坡度分布规律。

在一般的场地设计中，将地形按照坡度的大小分为六类[3]（表3-2）：

---

[1] 汤国安，杨昕. 地理信息系统空间分析实验教程［M］. 北京：科学出版社，2006.
[2] 在实际的应用中，坡度有角度和百分比两种表示方式：一是坡度（degree of slope）：即水平面与地形面之间夹角；二是坡度百分比（percent slope）：即高程增量与水平增量之比的百分数。
[3] 坡度分类数据值参考：建筑设计资料集［M］. 第二版（第六册）. 北京：中国建筑工业出版社，1994.

按坡度大小分类地形表 表3-2

类型	坡度值	度数	工程建设情况
平坡地	3%以下	0°~1°43'	较为理想的工程建设用地
缓坡地	3%~10%	1°43'~5°43'	工程建设仍不受地形约束，但建筑需要错落布局
中坡地	10%~25%	5°43'~14°02'	建设活动受到一定的限制，建筑布局需要设置台地，建设所需填挖土方量较大
陡坡地	25%~50%	14°02'~26°34'	基本不适宜建设，建筑布局受到较大的限制
急坡地	50%~100%	26°43'~45°	进行工程建设需要经过特殊处理
悬崖坡地	100%以上	45°以上	若要进行建设活动所需要的代价和工程费用都是巨大的

（资料来源：作者绘制。）

Arcgis中表面分析工具"Slope"可提取出数字高程地图中的坡度信息。根据上述坡地分类值域进行分类并输出得到聚落所在区域坡度分级图（图3-24）。

聚落大多位于坡度较小的区域，只有位于山地中的少部分聚落选在坡度20度左右的地方，但没有聚落选在地势陡峭、坡度大于30度的区域。由此可知聚落选址要考虑基地平整，适于建房与耕种，并非越陡峭越好。

西宁卫下马圈堡建于明嘉靖十四年（1535），是互助县五峰乡与大通县长宁镇之间的交通要地。该堡现位于互助县五峰乡下马圈村二社村西0.038千米的山上，海拔2506米。该堡东侧为一冲沟，西侧为河谷平地，其平面顺应地形呈梯形布局，居高俯视交通要道。其南侧距北川河支流下马圈沟河0.6千米，该河水向西南注入北川河（图3-25）。

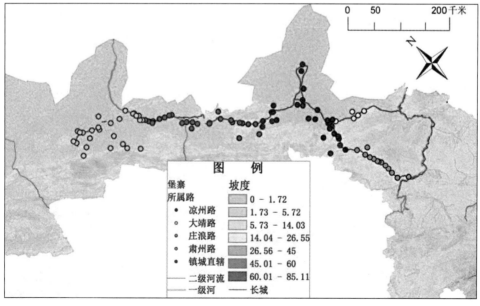

图3-24 甘肃镇军事聚落坡度分布图
（图片来源：作者自绘。）

图3-25　甘肃镇下马圈堡选址图
（图片来源：左图作者自拍，右图为Google地图截图，图中上北下南，黄色区域为聚落范围，红线为地形剖切位置。）

图3-26　甘肃镇下马圈堡选址剖切图
（图片来源：作者自绘。）

通过剖面图可清楚地看出下马圈堡选址的关系（图3-26）。

西宁卫松树堡建在民和县松树乡松树村西的山坡之上，海拔2275米。该堡背靠东岭山，东面紧邻松树沟水，河水从南至北流过松树村注入湟水河，川口至普化寺的公路从城堡中穿过，其选址特征可用"背山、临河、扼路"来概括。松树堡的南北临山谷，山谷十分陡峭，东侧为松树河河道断崖，松树堡高出河道约8~10米，堡内现有居民21户，人口160余人。

松树堡选址见图3-27，剖面见图3-28。

图3-27　甘肃镇松树堡选址图
（图片来源：左图作者自拍，右图为Google地图截图，图中上北下南，黄色区域为聚落范围，红线为地形剖切位置。）

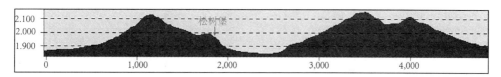

图3-28 甘肃镇松树堡选址剖切图Model
（图片来源：作者自绘。）

（二）军事聚落选址与水系资源的GIS分析

河流是聚落选址的重要自然因素之一。尤其在工具和技术简陋的古代，人类必须依水而居，对自然环境的依赖性决定了古代聚落的选址与水域的空间关系。军事防御性聚落是在特殊的历史和政治背景下产生的，这种类型的聚落和水域的空间关系与普通的居住地的异同，可通过GIS空间工具从整体角度对聚落所在水域环境进行量化分析。

仍旧使用GIS中的"Buffer"工具以河流中线为基准建立河流1千米、1~3千米、3~10千米、10~20千米多重缓冲区，落入缓冲区的军事聚落被视为沿河流特定距离的区域分布。具体情况见图3-22。

根据空间位置重叠关系将河流的属性添加到其缓冲区域中所包含的聚落点的属性中。由此可知，在参与统计的100座甘肃镇聚落中：位于1千米河流缓冲区内的聚落数为30个；位于1~3千米河流缓冲区内的聚落数为22个；位于3~10千米河流缓冲区内的聚落数为18个；位于10~20千米河流缓冲区内的聚落数为19个；位于20千米以上河流缓冲区内的聚落数为9个。具体统计见表3-3。

甘肃镇军事聚落与河流距离统计表　　　　表3-3

到河流距离	个数	聚落名称
1千米内	30	九坝堡、红沙堡、山丹卫城、四坝堡、蔡旗堡、黑古城堡、大桥寨堡、瓦窑堡、八坝堡、古浪所城、武胜堡、古浪新关城、下古城堡、平川堡、马厂沟堡、七坝村、沙儿井堡、六坝堡、青寺儿堡、胭脂堡、太平堡、南大通山口堡、大马营城、高沟堡、野狐城堡、岔口堡、张义堡、大柳树堡、山南关、镇羌堡
1~3千米	22	临河堡（花墙儿堡）、深沟堡、红城子堡、苦水湾堡、永宁堡、柳树堡、庄浪卫城、东乐堡、毛卜刺堡、黑泉堡、沙碗堡、三岔堡、黑城子堡、板桥堡、高台所城、双塔堡、镇夷所城、肃州卫城、凉州卫城、镇番卫城、高庙堡、河清堡
3~10千米	18	泗水堡、临水堡、圆墩堡、金塔寺堡、靖安堡、黑山堡、黑松林堡、水磨川堡、两山口堡、大河堡、水泉儿堡、金佛寺堡、嘉峪关城、文殊山口、新城堡（2）、靖边堡、安远站堡、真景堡
10~20千米	19	红崖堡、黄草坝堡、阜昌堡、永丰堡、甘州卫城、新河堡、红寺山关、永昌卫城、松山堡、石关儿堡、土门堡、清水堡、新城堡（1）、定羌墩堡、盐池堡、卯来泉堡、牧羊川河西堡、牧羊川河东堡、野麻湾堡
20千米以上	9	丰城堡、双井堡、十营庄堡、石峡口堡、大靖营城、宁远堡、裴家营堡、石峡关、阿坝岭堡

（资料来源：作者绘制。）

在表3-3统计的基础上，生成了聚落与河流距离统计柱状图（图3-29）。

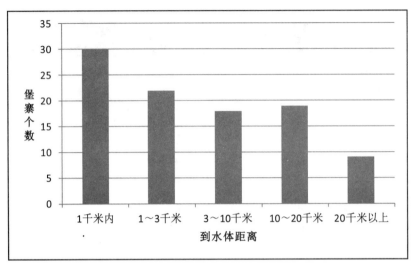

图3-29 甘肃镇军事聚落与河流距离统计柱状图
(图片来源：作者自绘。)

从以上可以看出，与河流距离在3千米以内的聚落有52个，占总数量的52%，10千米以内的有70个，占总数量的70%，20千米以内的有91个，占总数量的91%，只有9%的军堡与河流的距离在20千米以上。由此可知聚落与河流的密切关系。实际调查中，有些聚落虽然离河流较远，但地下水位较高，四周常有泉水涌出，成为军民饮用灌溉必备水源。从卯来泉堡、水泉儿堡、三眼井堡、双井堡等堡名就可得知。

（三）军事聚落选址与土地、道路等资源的分析

明朝初年，明廷大量从山东、山西、河南、陕西等地向河西移民屯垦，同时实行卫所屯田制度。在兴筑屯堡的同时，使当地荒田得到了大量开垦，军民收获有所增多，这样既减轻了人民的劳役和赋税负担，又减少了军需运输之劳。到明洪武三十一年（1398），凉州、西宁、永昌、肃州、庄浪卫所的正军已做到了自给有余。不仅使元末凋敝的甘肃经济得以复苏，还为巩固西北边防提供了有力的保障。

甘肃地区边镇、关隘、堡寨除了有保境安民的功能外，还要确保交通线的安全与畅通。其实，甘肃古代边镇、关隘、堡寨的设置除和山川险胜有关外，还与古代道路的开辟密切相关，二者互相依存，城（关）因路设，路随城（关）开。作为扼守交通要道的关卡或驻军防守的前哨，既是护路的军事保障，又是道路的服务对象，甚或目的地。为维护边境的安定，抵御敌对势力的掳掠袭扰，历代王朝都对开辟通向边陲的道路十分重视。这一方面是为了及时调动军队以应对边防之急，保证行军道路的通畅；另一方面也是为了便于国内外商贸交往，互通有无，保障贡使商旅的安全。

明代，甘肃境内驿站设置、道路建设、交通管理逐步完善，道路运输四通八达。为了巩固边防，明王朝在甘肃境内整修旧长城，沿长城设置的九边各级

驻军屯堡相连。这些驻军屯堡,既有保护边境的任务,又形成一条重要的军事交通路线。

二、社会因素分析

(一)边境战事对军事聚落空间分布的影响

洪武初年,河西各卫属陕西都指挥使司统领。洪武十二年(1379)在庄浪置陕西行都指挥使司,二十六年(1393)移治甘州,统领上述十六卫所。当时的防御设施,除了修筑长城、增设烽墩以外,主要还是建筑屯堡,边生产边防御。

甘肃镇作为明代九边重镇之一,其防守重点是甘州和凉州。所以,明代在甘肃所修筑的长城就是以这两个河西重镇为卫护中心的。弘治、正德年间,因亦不刺部西迁,庄浪卫与宁夏中卫接壤地带渐被占据,甘肃守军退缩至庄浪河东面布防。《明实录》载:"弘治十八年六月,都御使杨一清言:*甘肃视甘、凉尤为重要,与虏止隔一河……*"① 为防止其进一步南下侵袭,明廷修筑拱卫凉州府的边墙,并在长城沿线修筑军堡。边墙分南、北、东三面,其南边墙,自双塔堡东古浪河东起,迤南历古浪、黑松、安远等堡之东,至平番县(今永登县)镇羌营(即金强驿)界,长百余里。又自镇羌营迤南,历岔口、武胜、庄浪、南大通、红城子、苦水诸堡之东,折而东历沙井堡北至安宁堡,接皋兰县界,长320余里。其北边墙,西自永昌县西北接甘州府山丹县,东抵永安堡接镇番界,长180里,又迤边东北历蔡旗、重兴、黑山、青松诸堡之西,绕镇番城(民勤),北抵三岔河(即石羊河)西岸,长150余里,边外为海夷游牧及番人出没之地。其东边墙,东北自蔡旗堡迤南,历三岔、高沟二堡之东,接古浪县界,长120里。又自古浪土门堡西北,迤东历大靖堡北至平番县裴家营界,长75里。自裴家营界迤东,历阿坝堡,北至兰州府皋兰县(今景泰县)红水堡界,长48里,明万历间筑,即所谓"松山新边"。可见边墙沿着军堡修筑,并依靠沿线军堡实现防守。

(二)互市贸易对军事聚落空间分布的影响

随着长城的修筑和丝绸之路的开通,中原农业经济与少数民族边地经济互相融合、互相促进,少数民族与汉族之间的贸易往来日益频繁,各地区以各种形式进行经济交流活动。在不同时期,这种以互通有无为主要目的的贸易活动,称作"关市"、"边市"、"马市"、"榷场"、"茶市"、"茶马互市"等。其中"茶马互市"就是我国古代西北部从事畜牧业经济的少数民族,用马匹等牲畜及畜产品与内地换取茶叶、布帛、铁器等生产、生活必需品的比较集中的大规模集市性贸易活动,在民族贸易史上占有很重要的地位。

从自然地理的角度上说,甘肃是农、牧业地区交错的地带,也是少数民族和汉族交错的地带,农牧业一向很发达;从历史的角度来看,甘肃又往往是少数民

---

① 明武宗实录·卷二.

族地方政权与中原王朝的分界处。所以,古代甘肃在各个民族之间的贸易交往中具有得天独厚的便利条件,历代的互市地点有许多就设在甘肃境内,茶马互市也不例外。①

为了保证各民族贸易的有序进行,茶马互市的地点多设在长城沿线附近的边镇、关隘、堡寨当中,并制定严密的制度,由相关政府机构负责管理督查,征收税赋。互市贸易的开展,把内地和边疆、汉族与少数民族、农业区和牧业区的经济交流发展紧密联系在一起,许多边镇、关隘、堡寨周边因驻军和贸易的兴盛,已发展成为今天的城镇。

(三)传统风水对军事聚落空间分布的影响

军事聚落作为古人防御、居住、生活的产物,其选址和布局深受中国传统风水理念的影响。

明人项乔所著《风水辩》作为古代风水理论经典著作,蕴含古人对自然景观、居住环境、传统哲学、伦理观念等诸多理论和实践经验的系统总结。"所谓风者,取其山势之藏纳,土色之坚厚,不冲冒四面之风与无所谓地风者也。所谓水者,取其地势之高燥,无使水近亲肤而已,若水势屈曲而环向之,又其第二义也。"揭示了最佳聚落选址所具备的自然条件,那就是群山环抱、流水围绕、土壤肥厚之地,这才是藏风纳气、山水围合、适宜人类居住生活的理想空间。

风水理论作为中国古代朴素自然观和实践经验的产物,是古人长期审慎考察所处地形地势、水文河流、气候环境等自然条件,尊重并顺应自然,在利用改造自然环境的同时,营造适宜人类居住生活的建筑环境,以达到两者的尽善尽美、和谐统一。

军事聚落具体选址时,古人会根据风水理论尽可能选择理想的自然条件,这一方面是出于自身防御的需要——高山流水作为聚落的天然屏障,可增加攻击的难度,有效阻挡敌人的侵袭。另一方面是出于生产生活的需要——背山可阻挡冬季北向的寒流,临水可接纳夏季南向湿润的凉风,中间盆地平阔的土地既可建设房屋又可耕种生产。

宋代兵学巨著《武经总要·前集·下营择地法》中对军队宿营建堡的选址有详细记载:"夫下营之法,择地为先。地之善者,左有草泽,右有流泉,背山险,向易平,通达樵牧,谓之四备。大约军之所居,就高去下,向阳背阴,养生处实,无以水火为虑。居山在阳,居水避卑,不居恶地,谓天井、天牢之类。不居无障塞,谓四通八达之道,受敌益多。"②上述文字从军事的角度考察了适宜防御生存的自然地理环境,并与风水理论中的山水形势相类似,由此可知传统风水对军事聚落空间分布的影响。

---

① 薛长年. 西塞雄风——陇右长城文化[M]. 兰州:甘肃教育出版社,1999.
②(宋)曾公亮. 武经总要·前集·下营择地法.

第四节 驿传系统、烽传系统与外部环境的关系

一、自然因素分析

（一）驿传系统与烽传系统

驿传系统作为长城防御体系的重要组成部分，主要是指明代甘肃镇防御范围内设置的联系各地交通的驿路以及供传递公文的人员或往来官员暂住、换马以及提供军事物资运送安全的驿路城、递运所和驿站（也称铺站）（为方便指代，下文驿路城、递运所和铺站统称为驿站）。

同样是长城防御体系不可或缺组成部分的烽传系统，是指古代边疆戍兵用以报警而建筑的烽火隧台。它是以燃烧烟火传递军事信息的报警系统。烽，即指烽火，亦指烽燧、狼烟。烽燧台，亦指狼烟台，烽火墩。

尽管驿传系统与烽传系统组成和功能不同，但二者的设置共同遵守一个基本原则，就是作为驿传系统的驿站和作为烽传系统的烽燧的设置均要符合可达的要求，或者说驿站之间和烽燧之间的设置距离不能超出各自的作用范围。关于可达域的相关研究，可详见本书的第四章。

（二）驿传与烽传系统的走向与地形地貌的关系

甘肃镇的地理范围主要包括今天河西走廊以及庄浪河、大通河、湟水河流域的部分区域。河西走廊介于南、北二山之间，东南起于乌鞘岭，西北止于三陇沙，是一条长约1100多千米的狭长地带，宽度则从几千米到100余千米不等。地势自东向西、自南至北倾斜，大部分海拔在1000~1500米不等。走廊东、西部的自然景观差异明显。张掖以西，沙漠、戈壁面积逐渐增大，并有盐沼分布。主要河流均发源于祁连山地，由冰雪融化水和雨水补给，分为石羊河、黑河、疏勒河三大水系。这些河流在提供水源灌溉的同时，在交通方面也起到重要作用，是旧元蒙古游牧部落天然入掠的路径。此外，庄浪河和湟水因位于甘肃镇的南部，不与北方蒙古传统游牧地区相邻，本应对北部蒙古诸部的入掠没有较大影响。但所形成的河谷，却被盘踞在青海湖的西海蒙古诸部所利用，成为袭扰甘肃镇的交通路径。

甘肃镇交通布局受地形地貌因素的影响很大。因河西走廊两侧多绵延的山脉，虽有不少天然孔道，但是真正称之为交通要道的并不多，因此这些要道自古就成为联系各地区、沟通前线和后方的交通大动脉，历来引起重视。明代的驿站系统特别发达，在交通要道上建有不少驿站，构成陕西行都司的驿传系统。对于陕西行都司境内的主要交通道路分布和驿站距离统计，详见本书的第四章。

甘肃镇的驿站大多有这样一个特点，就是骨干交通线上的驿站大多设在军堡之内或与军堡并置，一则可保护驿站的安全与交通道路的畅通，二则节省人员、骡马、房舍用度，三则周边有水源、土地等基本自然资源，可满足自身生活需要。

西宁卫古鄯驿就设在古鄯城内，是乐都县境内有三条古道之一，该古城在文

图3-30 古鄯驿及选址地形图
（图片来源：作者自拍，右下角图为Google地图截图，图中上北下南，黄色区域为驿城范围，红线为地形剖切位置。）

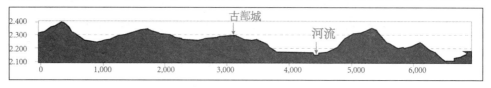

图3-31 古鄯驿选址剖切图
（图片来源：作者自绘。）

献中有多处记载。《西宁卫志》记载："古鄯城，东去卫（治）二百七十里。西汉为龙支县故地，为西部都尉治。晋为小晋兴城。明洪武十九年，置古鄯马驿。万历十二年置守备。"[1]

古鄯驿位于巴州河右岸的二级阶地，海拔2275米，东西两边为缓坡山地，地势较为开阔平坦，川（口）官（厅）公路从古鄯驿城中穿过。古鄯驿城东边临河，周围有大片耕地，土壤肥沃，物产丰饶，足以供养驻军之需。该城平面略呈矩形，东西长240米，南北宽264米，周长1008米，面积63360平方米。城门现存南门，城门外有瓮城，北墙有城楼台基，马面6座分筑于东墙、南墙与北墙上。

图3-30为古鄯驿及古鄯驿城地形图，图3-31为古鄯驿选址剖切图。

---

[1]（明）孙世芳. 西宁卫志·卷一·地理志·城池[M]. 刘敏宽，龙膺纂修，王继光辑注. 西宁：青海人民出版社，1993.

明代甘肃镇的烽传系统，其走向与地形地貌的关系也十分密切。按照烽传的功能与作用，大致可以分为以下几种类型：沿驿道分布的驿路烽传、沿长城墙体分布的长城烽传和联系各军堡之间的军堡烽传。无论何种类型的烽传，均将烽燧建在空旷醒目之处，以期获得最好的视域效果。

从具体选址看上，烽燧尽可能建在高处，如山峰、山脊、高阜等地，即便是平地，也尽量寻找地势较高的地方堆土兴筑。驿路烽传中的烽燧整体走向与驿路一致，但并非全部建在驿道近旁。以西宁卫为例，此地山地河谷众多，驿路大都以西宁卫为中心，向四周放射发散分布。为获得良好的视觉效果，西宁烽燧大都沿河谷驿路两侧逶迤延绵的山岭上布设，尽管烽燧与驿路有较大距离，但处在高山之上，视线更加清晰畅通且易于防守。西宁卫长城烽传中的烽燧大都利用敌台兼作烽燧，传递敌情军情，而西宁卫长城基本上沿山脊分布，因此烽燧大多设在山脊最高处或转折处。西宁卫烽燧与地形的关系见图3-32。

图3-32　西宁卫烽燧选址图
（图片来源：青海文物考古所阎璘提供。）

二、社会因素分析

（一）军事力量对比对驿传、烽传系统空间分布的影响

作为长城防御体系不可或缺的驿传、烽传系统，其空间分布与战争战事、敌我双方军事力量的对比密切相关。明朝军队势力范围拓展到哪里，军堡、驿站、烽燧就会设置到哪里。

地处山丹境内、祁连山北麓和焉支山之间的大马营草滩，东起永昌西南，西北至民乐洪水，东西长约150千米，南北宽约40千米，其地水草丰美，为河西之最，自古以来就是一个培育良马的天然牧场。为了便于饲养监管马群、防御青海蒙古游牧民族的侵扰，明廷于洪武八年（1375）在此修建了大马营堡，并以此为中心向东每隔五里设一烽燧至永昌高古城，向西每隔十里设一烽燧至白石崖口，形成了一个丁字形守望报警体系和屏障，保护着大马营草滩。二十里墩和四十里墩烽燧还筑有堑壕、营障，驻有兵卒以保护牧场和马群。以后又相继修筑了黑城、花寨、洪水等堡寨，分别管理马政，守卫牧场。明中期以后，由于驻牧青海的蒙古鞑靼部落的频繁袭扰，大马营草原的养马也时兴时废，逐步走向衰退，大马营诸堡寨及烽燧也随之变为以军事防御为主的设施。

（二）商贸民事活动对驿传、烽传系统空间分布的影响

明朝统治者对于交通的重要性有着充分的认识。在明朝建国之初，即着手修治道路，恢复驿站。在国内统治秩序稳定之后，更是不遗余力地发展道路交通。虽然主要是出于政治和军事方面的考虑，但驿道的开辟和整治，客观上促进了明代商贸活动的发展和商品流通的繁荣。这是因为驿路不仅是政府"递送使客，飞报军务，转运军需等物"的官路，而且也常常为商人所利用，成为商人往返各地，运销货物的商路。驿路与商路的重合，促进了驿路沿线军堡、市镇的兴起。从另一方面，因商贸民事活动而兴起的军堡、市镇之间往往也需要增添新的道路、驿站和烽燧。

第四章　长城防御体系可达域空间分析

长城沿线墩台林立，城堡密布，其间交织着繁密的交通运输和讯息传递线路，形成纵横万里、穿越千古的宏伟画卷。长城课题组在研究过程中发现长城各组成要素的空间布局共同遵循这样一个基本原则，那就是均将距离作为设置的重要考量，因此本书引入可达域概念，并利用各种不同表现形式、特征及作用的可达域，结合具体实例和历史文献，分别对长城防御体系重要构成要素之中的军事聚落、驿站、烽传、墩（敌）台的空间分布进行逐一分析，试图为长城研究提供一种新的视角和行之有效的研究方法。

第一节　可达域相关研究

一、可达域相关定义

（一）视域

视域（Viewshed）即通常所说的视野，是某一特定的观测点对周围地物所能看到的范围。

视域分析也称通视分析，是指以某一空间特定点为观察点，研究某一区域通视情况的地形分析方法。[1]

视域分析作为聚落考古学（Settlement Archaeology）和景观考古学（Landscape Archaeology）中空间分析的一个重要方法，广泛用于单个遗址视觉信息传递的区域范围或一组遗址间能否相互通视的情况，以此建立遗址与环境、遗址之间的空间联系，从而对人居聚落之中的社会组织和文化模式进行多方面的阐释。一般认为，空间分析（Spatial Analysis）方法是英国在20世纪70年代开始倡导的。英国考古学先驱Ian Hodder和Clive Orton提出，在考古学研究中必须进行空间分析。1986年著名考古学家张光直先生在其著作《考古学专题六讲——谈聚落形态考古》中便提出了空间分析的概念，将其正式引入我国考古界。实际上，考古学领域中空间分析的运用最早可追溯到19世纪美国民族学家路易斯·亨利·摩尔根（Lewis Henry Morgan，1818-1881）对古代印第安聚落空间布局及由此相关联的社会结构模式的研究。近年来，国内外很多考古学者将可视域等空间分析方法应用于聚落考古中，并用计算机辅助手段为空间分析提供了更科学的分析方法。如Mark Oldenderfer和Herbert D.G.Maschner合著的"Anthropology, Space and Geographic Information Systems"（1996）运用视域分析，对苏格兰西南部基尔马丁（Kilmartin）地区分布的史前时代不同时期各

---

[1] 周丹，王宝军，施斌. 基于GIS可视域分析的矿山环境视觉污染评价 [J]. 桂林理工大学学报，2011，31（2）.

种祭祀性遗址的存在意义进行了讨论。[1]东南大学的汪涛在其硕士论文《明代大同镇长城与自然地理环境关系研究》(2010)中,利用GIS技术对长城及相关附属设施进行了视域分析和射程分析,总结了长城建造过程中控制其选址和布局的一般性原则。

基于空间分析方法的视域分析和射程分析为长城防御体系研究提供了有效的工具。但明长城时空跨度极大、组成要素众多、防守机制严密,研究其空间布局,需在视域分析和射程分析的基础上进一步拓展和深化。

(二)可达性的概念

可达性(Accessibility)受到不同研究领域学者的广泛关注,也因此产生了对可达性概念的不同理解。其中较有代表性的概念包括:可达性是指在社会中产生的包括直接来源于个体作用与来源于整个社会如交通拥堵、环境污染等副产品作用的必然花费;可达性是指在一定的交通系统中,到达某一地点的难易程度;可达性是指在合适的时间选择某种交通设施到达目的地的能力;可达性是由土地利用—交通系统所决定的、人或货物通过一定的交通方式到达目的地或参与活动的方便程度;可达性是指不同空间分布的点或区域之间相互影响的潜力;可达性是指城市用地在时空上可接近的方便程度等。[2]

学者对于可达性定义的理解,主要集中在交通运输、城市规划、人文地理等学科方面,其中又可概括为主观和客观两个层面。从主观层面上理解,可达性是指人心理上对即将前往的某些空间区位的主观次序选择;从客观层面上理解,可达性是指空间区位上人员或物质交流交换所消耗的可以度量的成本。目前学者对可达性的研究主要集中在客观层面,即与交通运输方面的可达性研究。

(三)可达域的定义

一般来讲,可达域(Reachable domain)是指事物个体在一定时间内从源点克服各种阻力到达目标点所穿越的区域,其比较指标有时间、距离、费用等。可达域反映的是事物发生相互作用的距离或范围,其中事物之间发生有效作用的最大距离叫阈限。

举例来说,若某一军堡受到大量敌人的攻击,而军堡自身兵力只能坚守一天。周边接到求援信号的诸多军堡派出兵马驰援,若在这一天之内能到达,则这个军堡就能守住,若不能到达,则此军堡就会失陷。以求援军堡为目标点,将能按时到达的若干军堡为出发点,其所包络的区域即兵马的可达域,而提供兵马驰援的军堡到求援军堡之间的最远距离即兵马的阈限(图4-1)。

---

[1] Mark Oldenderfer, Herbert DG Maschner. Anthropology, Space, and Geographic Information Systems[C]. Oxford: Oxford University Press, 1996.
[2] 陈洁,陆锋,程昌秀. 可达性度量方法及应用研究进展评述[J]. 地理科学进展,2007, 26(5).

从两者的定义可以看出，可达域、可达性均与距离相关，且到达的距离均与所使用的工具相关，二者都以时间、空间作为衡量指标。如果某点的可达性好，那么一般说来，这个点的可达域范围就大。但两者的定义也有所侧重。可达性强调的是到达某点的便捷程度，方向上侧重向某点的"汇聚"；而可达域强调的是空间范围，方向上侧重某点向外的"发散"。

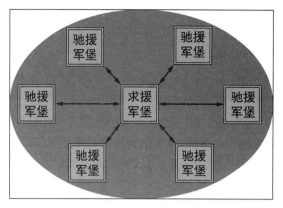

图4-1 可达域图解
（图片来源：作者自绘。）

二、可达域的表现形式、特性、作用、空间尺度

（一）可达域的表现形式、特性、作用

可达域是一个宽泛、灵活的概念，同时，不同事物的可达域会有不同的表现形式、特征及作用（表4-1）。

不同事物可达域的表现形式、特性及作用　　　　表4-1

表现形式		特性	作用
视域可达	烽火可达	数量和动作可通报敌人兵马数量、动态等警戒信息；日传千里，速度快，效率高，适于长距离传播，但需修建烽燧等地面设施，有时受夜晚和不良天气的影响	战况预警、信息传递
	烽烟可达		
	烽旗可达		
声讯可达	人声可达	可通报敌人的数量、动态等警戒信息，使用方便，一般不受夜晚和雨雾天气影响；除炮声传播距离较远以外，其余方式传播距离较近	战况预警、信息传递
	锣鼓可达		
	炮声可达		
兵马可达	乘马可达	速度较快，适于距离较远和较紧急的情况，其中驿站需修建地面设施	人员和物资输送、信息传递
	步行可达	速度较慢，作用距离较近	人员输送、信息传递
武器可达	弓弩可达	有一定杀伤力，作用距离较近	保护自己、杀伤敌人
	火器可达	杀伤力较强，作用距离较远	

（二）可达域的空间尺度

由于可达域反映的是一个空间的概念，因此不同事物的可达域适用于不同的空间尺度。同样具有战况预警和信息传递作用的视域可达和声讯可达相比较，视域可达的空间尺度要大于声讯可达，这是因为视线的传播距离要大于声音的传播距离。武器可达中弓弩和火炮都是以在一定距离内，以投掷的方式杀伤敌人，但以火炮为代表的热兵器的杀伤力和空间作用范围要大于冷兵器中的弓弩。实际上，为了在长城防御中取得更好的作战效果，各种事物的可达域往往取长补短，交织运用，以覆盖更大的空间范围。

三、可达域分析的作用和意义

通过以上不同表现形式可达域可以看出，军堡、驿站、烽传、墩台（敌台）等防御工事的空间分布均涉及一个距离问题，确切地说是有效作用距离或有效作用范围问题，这正是长城防御体系各组成要素空间分布研究之中最基本、最核心的问题。长城防御体系要想有效发挥作用，各组成要素之间的距离就必须控制在一个合理的空间范围内：距离过远则起不到应有的作用，距离过近则会造成不必要的浪费。古代军事家正是利用不同表现形式的可达域合理把控各要素之间的有效作用距离，同时按照"因地形，用险制塞"的原则，精心规划长城布局的。

本书借助聚落考古学和景观考古学理论和方法，基于长城防御体系若干构成要素的空间布局应符合距离可达这一基本原则，通过文献查阅和GIS技术，在对其所处外部环境进行分析的基础上，对甘肃镇防御体系构成要素的空间布局及整体结构进行定量分析，弥补以往研究中定性为主的惯性做法，从而为长城研究提供了新的视角和行之有效的研究方法。

第二节 基于兵马可达的军堡、驿站空间布局研究

一、军堡的作用和应援机制

（一）军堡的作用

军堡是由屯田制度发展出来的建筑。《国朝典故》曾载："韩重华为营田使，起代北，垦田三百顷，募人为十屯。每屯百三十人，上耕百亩，就高为堡，岁收粟二十万石，省度支钱二千余缗。此皆行之沿边，得其利者不惟外可以御寇，而内亦可以省费，法莫有善焉者。"[1] 其实早在秦朝就有通过移民发展经济，并令军民屯田解决军粮供应的做法。到了汉朝，屯田与屯堡更是与军事活动愈加密切，成为开疆拓土、巩固边防的重要手段。据《汉书·匈奴传》记载，汉武帝"出师征伐，斥夺此地，攘之于漠北。建塞徼、起亭燧、筑外城、设屯戍以守之。然后边境得以少安"。明初朱元璋在边地建置卫所，屯驻重兵。面对当时经济凋敝、民生艰难的窘况，为大量养兵而不加重人民负担，大力屯田成为明廷的不二选择，更被看成长治久安之道。《皇明九边考》提道："各边肥茂之地最多，但地旷人稀，无处回避，故不敢种，遂为荒芜之场。有识者咸谓，不论在边在内，多筑城堡，许凡军民人户于近城堡地土，尽力开种，使之自赡，永不起科。有警则入城堡，无事则耕，且种且守，不惟粮食足，而边塞亦实，此为至计。"[2]

---

[1] 邓士龙. 国朝典故·卷三十五·世宗实录一 [M]. 北京：北京大学, 1990.
[2] （明）魏焕. 皇明九边考·卷一·经略总考·明战守.

屯堡之所以引起明廷的高度重视,是因为屯堡不仅仅为人们提供了居住场所,还具有重要的防卫功能。明初军堡是北疆防务建设中一个很重要的内容,明成祖朱棣曾经下令让边将在边境营筑屯堡以增加防御:"上命边将置屯堡为守备。计每小屯五七所,或四五所,择近便地筑一大堡,环以土城,高七八尺或一二丈,城入门,周以壕堑阔一丈或四五尺深与阔等。聚各屯粮刍于内,其小屯量存逐日所用粮食,有警,即人畜尽入大堡,并力固守。"①朱棣明确指出:建造军堡是为了防御上的考量,而屯堡除了储存粮食外,在有战事之时,也让人畜进入军堡内防守。可见军堡是朱棣构思的重要防守方式之一。永乐帝也多次诏谕北方边境各地建设军堡以备防守,就是希望通过大规模修筑军堡保护军民等有生力量,增强边境的防卫能力。综上所述,军堡是为了防止蒙古骑兵入侵境内要地,有效保护军民财产和抵御敌人而修筑的。从战术上讲,军堡体现了攻与守两方面功能。若遇小股敌人袭扰,就出动本堡兵卒退敌;若遇大量敌军入侵,则据堡固守,同时通过烽传系统传递敌情,等待相邻军堡合力救援②。

(二)军堡的应援机制

尽管明廷在北部屯驻大量军队,但由于军堡墩台众多且防守边境过于漫长,其守备兵力是分散布局的。平时应对零骑袭扰尚可退敌,若逢敌骑大规模入境劫掠时,以各军堡墩台分散之兵是很难抵挡住强虏的冲击。一旦突破防线,对入侵之敌进行截击,对遭遇敌患的边镇、路、城堡等进行应援,成为边军应对敌人入侵的两种主要方式。

应援是指在边防有警时各镇、路、卫、堡之间的策应和救援,是明王朝为了解决防线过长、兵力分散等缺陷而采取的一种弥补措施③。

根据统兵将领的级别以及防御职责的不同,明代边地各镇卫戍军队可分为正兵、奇兵、游兵、援兵四种类型:"各镇镇守官有总兵、副总兵、参将、游击。总兵总一镇之兵谓之正兵;副总兵分领三千谓之奇兵;游击分领三千往来防御,谓之游兵;参将分守各路东西策应,谓之援兵。此边兵之制。"④从上述记载可以得知,总兵除了总辖一镇所有兵将外,还直接管辖驻守镇城的"正兵";副总兵直接管辖之兵称为"奇兵",盖取出奇制胜之义;游击将军直接管辖之兵称为"游兵",以秋防摆边、往来防御为主要任务;参将直接管辖之兵称为"援兵",除防守本路防区外,还直接援助受袭求援的军堡。其实,"正兵"、"奇兵"与"游兵"、"援兵"一样,均负有遇警应援之职责。具体来说,遇有小警时,参将率领本路"援兵"驰援遇警军堡;遇有中警时,副总兵、游击将军率领所辖"奇兵"与"游兵"驰援遇警各路军堡;遇有大警时,总兵率领所辖"正兵",并伙同副总兵、游击将军所辖"奇兵"与"游兵",一起驰援遇警各路军堡。

---

① 明太宗实录·卷一五五. 永乐十二年九月丁酉条.
② 杜祐宁. 从屯堡到边墙——明代北边防务研究 [D]. 台南:台湾成功大学历史研究所, 2009.
③ 韦占彬. 明代边防预警机制探略 [J]. 石家庄师范专科学校学报, 2007, 9 (5).
④ 苏佑. 逌旃琐言·说郛卷十八.

明中期以后，北方边境战事日益吃紧。加之各镇之间互不统属，逢大警时，造成兵马调动困难、作战效率低下等弊端。为此，朝廷在成化年间，设置陕西延绥、甘肃、宁夏三边总制，标志应援制度的进一步成熟。《明通鉴》载："成化十年春正月癸卯，命王越总制延绥、甘肃、宁夏三边。先是刑部主事张鼎上言：'陕西八府三边，俱有镇守总兵，而巡抚都御史不相统一，遇事各为可否，有警不相救援。宜推文武兼济者一人总制三边，副将以下悉听调遣，以一事权。'下所司议，'设制府于固原，控制三边'。诏以越总督文武，自总兵、巡抚而下皆听节制。三边设总制自此始。"①

二、军堡可达域分析

（一）军堡设置距离分析

明代按照都司卫所制度，在将长城沿线划分为九个防区，设置十一军镇，实行分段防守。军镇城池按照一定等级和规模，自上至下依次为镇城、路城、卫城、所城、堡城（包括关城），各级城池统称为军堡。各级军堡及所辖兵马，构成了大小不一、层次分明的军事聚落，是长城防御体系的重要组成部分。

由于军堡是特定军事管理制度的产物，大都沿长城内侧均匀布置，平均距离在30~40里，这正是古代步兵半天的行军距离。若骑马驰援，则一个时辰便可到达。可见长城沿线相邻军堡之间的距离在兵马的可达域范围内。

成化年间，榆林镇军堡数量不足且分布不均，相邻军堡"远至一百二十余里，近止五六十里，"②以致"遇贼入境，报传声息，仓卒相接。比及调兵策应，军民已被抢掳，达贼俱已出境。"③随着新的军堡的营建及再布局，缩短了相邻诸堡之间的距离。到嘉靖年间，榆林镇军堡的距离大多相距40~50里，各堡士卒和马匹的数量有了大幅度的增加，兵马应援也大为改观。

明嘉靖三十年至万历四十六年间（1531~1619）的蓟镇东起山海关，西接慕田峪，北依燕山山脉，拱卫京师和帝陵，战略地位较他边尤重，因而军堡格外密集。蓟镇划路设防，从东到西共分为12路。按照与长城距离的远近，军堡分为三道防线设防（图4-2）。第一道防线是沿长城塞墙布局。这些军堡占据险要之地，以关、堡为主，数量最多，间距最近，多在4里之内，相邻军堡驰援极为便捷。第二道防线沿关口纵深布局。这些军堡以营城堡为主，规模较大，驻兵较多，为后方屯兵屯田之地，为第一线的关、堡提供快捷的兵力和物资支援。这两道防线之间的军堡距离多在8~10里，一旦预警，兵马半个时辰便可到达。第三道防线则选在便于交通和指挥之地，以卫城、所城为主④，数量较少，距离较远，但距第二线的军堡也多在30~40里，一旦有警，兵马在半天之内到达。

---

① 明通鉴·卷三十二.
② 明宪宗实录·卷三十五·整饬边备兵部尚书王复奏.
③ 同上.
④ 王琳峰，张玉坤. 明长城蓟镇戍边屯堡时空分布研究[J]. 建筑学报，2011（S1）.

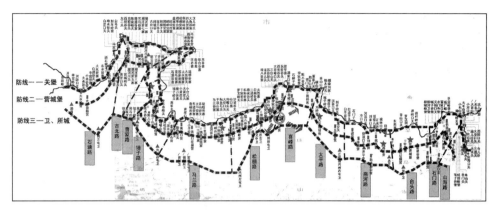

图4-2 蓟镇军堡设防层次及分布结构图
（图片来源：课题组成员王琳峰提供。）

本书运用GIS空间分析中的"Distance"下的"Straight Line"命令，计算甘肃镇长城主线上的99个军堡彼此间的最近距离，分析统计见表4-2。

甘肃镇军堡最近距离统计表　　　　　表4-2

原编号及名称	相邻点编号	最近距离（米）	原编号及名称	相邻点编号	最近距离（米）
1沙儿井堡	2	21724	22黑松林堡	23	4682
2苦水湾堡	3	13842	23古浪新关城	24	4682
3野狐城堡	4	10196	24古浪所城	25	8928
4红城子堡	5	8149	25高庙堡	26	3465
5青寺儿堡	6	8149	26圆墩堡	27	3465
6南大通山口堡	7	5107	27永丰堡	28	7010
7黑城子堡	8	2735	28泗水堡	29	6048
8大柳树堡	9	2735	29张义堡	30	20478
9庄浪卫城	10	8079	30双塔堡	31	6048
10马厂沟堡	11	8392	31凉州卫城	32	12534
11武胜堡	12	10061	32大河堡	33	12534
12岔口堡	12	17761	33靖边堡	34	5743
13镇羌堡	14	13379	34高沟堡	35	17463
14松山堡	15	14009	35红沙堡	36	12216
15黑古城堡	16	23851	36镇番卫城	37	12216
16阿坝岭堡	17	14166	37黑山堡	38	21501
17裴家营堡	18	9988	38蔡旗堡	39	10197
18土门堡	19	7010	39三岔堡	40	10197
19大靖营城	20	9988	40永宁堡	41	10346
20石峡关	21	12361	41宁远堡	42	12128
21安远站堡	22	12066	42牧羊川河西堡	43	2986

续表

原编号及名称	相邻点编号	最近距离（米）	原编号及名称	相邻点编号	最近距离（米）
43牧羊川河东堡	44	2986	71八坝堡	72	4750
44真景堡	45	8978	72九坝堡	73	3133
45永昌卫城	46	8978	73高台所城	74	14124
46毛卜剌堡	47	10545	74红寺山关	75	4750
47水磨川堡	48	10545	75黑泉堡	76	4717
48新城堡（2）	49	15096	76胭脂堡	77	2134
49水泉儿堡	50	13785	77沙碗堡	78	15614
50定羌墩堡	51	27997	78镇夷所城	79	2134
51大马营城	52	5431	79深沟堡	80	4717
52石峡口堡	53	5431	80临河堡	81	18417
53丰城堡	54	4599	81盐池堡	82	18417
54阜昌堡	55	4599	82双井堡	83	20054
55新河堡	56	14124	83金塔寺堡	84	4755
56山丹卫城	57	1516	84临水堡	85	22879
57大桥寨堡	58	1516	85河清堡	86	11050
58东乐堡	59	10275	86清水堡	87	11050
59太平堡	60	9019	87黄草坝堡	88	23487
60瓦窑堡	61	10275	88金佛寺堡	89	4755
61山南关	62	11820	89下古城堡	90	15330
62甘州卫城	63	9019	90肃州卫城	91	13641
63靖安堡	64	5217	91两山口堡	92	6006
64板桥堡	65	5217	92新城堡（1）	93	6605
65柳树堡	66	9597	93嘉峪关城	94	6605
66平川堡	67	25163	94石关儿堡	95	4756
67红崖堡	68	10205	95十营庄堡	96	4756
68四坝堡	69	3133	96野麻湾堡	97	16553
69六坝堡	70	6548	97卯来泉堡	98	16553
70七坝村	71	5796	98文殊山口		
各军堡平均距离			9893		

（资料来源：作者绘制，最近距离的单位是"米"。）

根据表中的数据可以得到甘肃镇军堡最近距离曲线图（图4-3）。

从表4-2和图4-3的统计中发现：相邻军堡之间平均距离为9893米，其中最大距离为27997米，最小距离为1516米。经过进一步统计还可以发现，距离在5000米（十里）以内的军堡有个24个，占总数的24%；距离在10000米（20里）以内的军堡有个51个，占总数的52%；距离在15000米（30里）以内的军堡有个

第四章　长城防御体系可达域空间分析

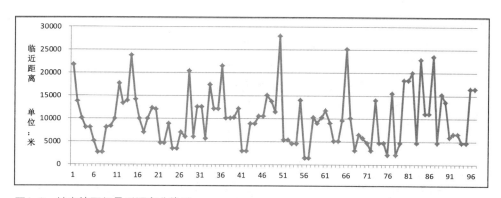

图4-3　甘肃镇军堡最近距离曲线图
（图片来源：作者自绘。）

80个，占总数的82%；距离在20000米（40里）以内的军堡有个89个，占总数的91%；只有9%的军堡距离在20000米（40里）以上，整体分布比较合理。各军堡间平均距离在10000米（20里）以内，一旦有警，兵马一、两个时辰就可到达。即便最远的军堡也不过60里，一旦有警，骑兵一个多时辰就可赶到，步兵若急行军，半天就可到达。

（二）基于表面成本计算的肃州路军堡可达域分析

前面本书运用GIS空间分析中的"Straight Line"命令，计算出甘肃镇长城主线上的相邻军堡之间的最近距离，其实是一种理想化的做法，并没有考虑地形的高差起伏、地形障碍、道路曲折等实际状况。然而古代舆图大都采用形象绘图法，尽管记录了山川名称、各军堡的位置以及较高级别军堡间的道路联系，但并没有绘制其他军堡之间的道路联系，且明、清时期的古代舆图都没有精确的比例和道路、河流构架的概念，因此这一时期的地图仅可以用来判断聚落及其周边环境的相对位置关系，并不能直接作为数据库的底图使用。因此本书在古代边防图集地图的基础上，运用GIS的表面成本计算和最佳路径计算功能，分析、计算并绘制明甘肃镇肃州路长城军事防御聚落间的道路图，试图复原其古时的空间布局、交通网络等信息，为军堡的可达域研究提供更为科学的依据。

本书以明代张雨所撰《边政考》中所绘甘肃镇肃州路一带舆图为主要依据（图4-4），同时辅助参考其他图绘集著。关于GIS方面，本书使用的数字高程模型DEM（Digital Elevation Model）来源于全球科学院计算机网络信息中心国际科学

图4-4　《边政考》中的甘肃镇肃州路总图
（图片来源：作者根据明代张雨《边政考》中的甘肃镇舆图拼接而成。）

数据镜像网站的ASTER GDEM数据产品，水平精度30米，垂直精度20米。1:400万河流（一至五级河流）、行政区划（省级至县级）、各级城市居住点等数据来源于中国国家基础地理信息中心。甘肃镇军事防御体系堡寨数据来源于天津大学明长城军事防御体系研究课题组建立的相关数据库。

通行成本最小是自古至今人类选择道路的核心标准，通行成本主要包括体力成本和时间成本。决定人类通行成本的自然地理因素涉及河流、山体坡度和起伏度、表面粗糙度、植物等，它们决定人类穿越所需体力和时间，进而影响道路选择。本书基于GIS支持的表面成本建模[①]、最小成本路径分析以及表面距离计算等功能，结合肃州路实际情况[②]，设定相关成本如下：长城为防御范围边界，设定为道路不可逾越的最高成本（cost_Wall）；河流为道路选择重要因素，设为较高成本（cost_river），并根据河流级别不同确定相应级别成本；而坡度成本（cost_slope）和起伏度成本（cost_QFD）则根据相应影响强度加权叠合，建立总成本（COST）公式：

COST=cost_river+cost_Wall+（cost_slope×0.6+cost_QFD×0.4）

根据成本公式计算获得表面成本栅格图，基于此寻找、复原古代军堡之间相连通的道路（图4-5）。

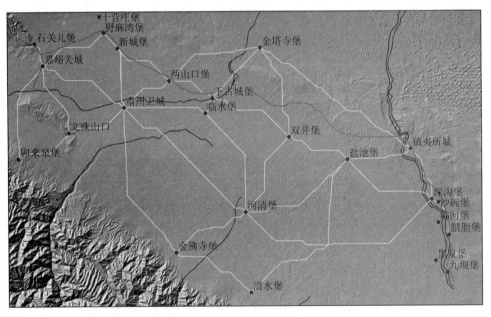

图4-5 明代甘肃镇肃州路军堡道路复原图
（图片来源：作者自绘。）

---

① Douglas D H. Least-cost Path in GIS Using an A accumulated Cost Surface and Slopelines[J]. Cartographical. 1994.
② 由于研究范围较宏观且明朝肃州植被情况不明；同时，与日常频繁的常规行进相比，军事防御聚落间调兵布防的道路选择以时间成本为首要因素，军队行进对表面粗糙度以及植物阻挡的要求较低，因而本研究忽略两因素对表面成本相对微观的影响。

根据道路复原图统计肃州路军堡之间的距离，得到统计表4-3。

肃州路相邻军堡最近距离统计表　　　　　　　　　表4-3

原编号及名称	相邻点编号	最近距离（千米）	原编号及名称	相邻点编号	最近距离（千米）
1胭脂堡	2	10.6	12清水堡	13	28.0
2沙碗堡	3	2.0	13黄草坝堡	5	27.2
3深沟堡	4	17.0	14肃州卫城	15	16.0
4镇夷所城	5	20.1	15两山口堡	7	29.0
5盐池堡	6	19.3	16新城堡	15	18.5
6双井堡	10	26.8	17嘉峪关城	15	28.0
7金塔寺堡	8	20.3	18石关儿堡	18	7.2
8下古城堡	9	5.0	19野麻湾堡	17	21.1
9临水堡	10	33.0	20十营庄堡	19	5.8
10河清堡	11	26.1	21卯来泉堡	17	35.9
11金佛寺堡	12	26.7	22文殊山口	22	17.4
军堡平均距离		20.0			

（资料来源：作者绘制，最近距离的单位是"千米"。）

从明代甘肃镇肃州路军堡道路复原图可以得知，在隶属关系上，较高级别堡与其下辖各堡间道路呈明显放射状分布，而下级堡对上级堡显示相应的围合状布局，进一步印证明长城军事防御体系放射状的层级管理关系；由区域道路网络的发育程度看，最低级堡城和路城之间交通网络发育程度明显较高，道路密度大，沿长城呈东南、西北方向分布，四通八达，可有效沟通驰援，推测路城及其下辖堡城为常规防御和调度的主要机构。从道路数量角度看，路城肃州卫城与其周边堡城联系道路最多为7条；河清堡、嘉峪关其次，联系道路分别为6条和5条；再次为金塔寺堡、两山口堡、下古城堡、盐池堡、双井堡、深沟堡、草井沟堡，分别为4条……道路数量的多少与军堡级别高低和所在位置相关。一般来说，级别越高，道路数量越多（如肃州卫城）；位置越靠近中心（如河清堡），道路数量越多；战略位置越重要，道路数量越多（如嘉峪关城），但并不尽然。例如作为守御千户所的镇夷所城，防守位置重要，洪武三十年（1397）就在此建所，嘉靖二十六年（1547）驻兵766人，留城马匹376匹，但道路只有3条。这主要是因为镇夷所城位于长城沿线，沿线两侧军堡是单线联系，而长城外侧不再设有军堡，因此道路数量较少。

从表4-3中的统计发现：相邻军堡之间平均距离为20.0千米，其中最大距离为35.9千米，最小距离为2千米。经过进一步统计还可以发现，距离在5千米（十里）以内的军堡有个2个，占总数的9%；距离在10千米（二十里）以内的军堡有个4个，占总数的18%；距离在15千米（三十里）以内的军堡有个9个，占总数的41%；距离在20千米（四十里）以内的军堡有个10个，占总数的45%；距离在20千米（四十里）以上的军堡有个12个，占总数的56%。各军堡整体分布比较合理。

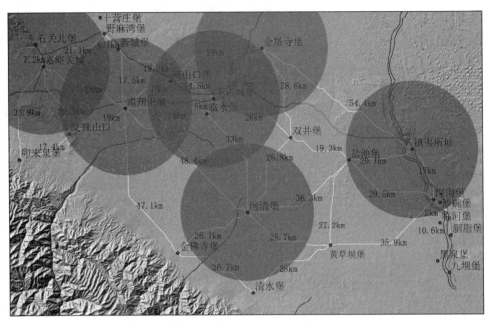

图4-6 明代甘肃镇肃州路军堡可达域分析图
（图片来源：作者自绘。）

尽管相邻军堡间的道路并非直线，且兵马驰援会受地形影响，但这一带的地势较为平坦，山川河流不多，总体上受地形限制较少。本书分别以肃州卫城、嘉峪关城、下古城堡、镇夷所城、金塔寺堡、河清堡为中心，以20千米（四十里）为半径，圈出上述军堡不同时间段内的可达域范围。借此可大致估算军堡间兵马驰援的情况，进而评估肃州路军堡空间分布的合理性（图4-6）。

三、军堡与长城之间可达域分析

"九边"军镇是沿着长城分段设防的，而甘肃镇的军堡整体布局上也是沿长城设防的，没有一座军堡是脱离长城防御体系而孤立存在的。失去了军堡与长城及其他防御工事的相互依存关系，长城和军堡也就无守可言。由于多数军堡是布置在长城以内，因此长城往往就成为抵御外敌的第一道防线。然而长城自身防御能力十分有限，一旦遭遇大规模入侵，就要通过烽传报警，通知各军堡兵马迅速驰援。因此军堡与长城之间的距离是其设置首要考虑的因素，也就是说，军堡的可达域范围必须要把长城纳入其中。

本节就军堡与长城之间的可达域问题进，运用GIS空间分析中的"Distance"下的"Shortest Path"命令，计算甘肃镇长城主线上的98个军堡彼此间的最近距离，汇总统计见表4-4。由此可知，在参与统计的98座军堡中：与长城距离在1千米以内的军堡有36个，占总数的37%；与长城距离在3千米以内的军堡有58个，占总数的59%；与长城距离在10千米以内的军堡有77个，占总数的87%；与长城距离在20千米以内的军堡有87个，占总数的89%；20千米以上的军堡有11个，占总数的11%。总体来看，接近60%的军堡布防在长城3千米范围内，一旦有警，兵马很快就可到达；接近90%的军堡布防在长城10千米范围内，一旦有警，兵马一个时辰就可到达。由此可知甘肃镇军堡整体分布较为合理。

甘肃镇军堡与长城距离统计表　　　　　表4-4

到长城距离	个数	军堡名称
1千米内	36	七坝村、八坝堡、柳树堡、石关儿堡、定羌墩堡、圆墩堡、大桥寨堡、新河堡、胭脂堡、庄浪卫城、野狐墩堡、石峡口堡、红城子堡、嘉峪关城、岔口堡、沙儿井堡、红沙堡、南大通山口堡、安远站堡、野麻湾堡、板桥堡、镇夷所城、苦水湾堡、古浪新关城、九坝堡、高沟堡、武胜堡、青寺儿堡、马厂沟堡、新城堡（1）、黑松林堡、土门堡、六坝堡、两山口堡、古浪所城、镇羌堡
1~3千米	22	阿坝岭堡、黑城子堡、大柳树堡、永丰堡、沙碗堡、裴家营堡、东乐堡、牧羊川河西堡、下古城堡、山丹卫城、靖边堡、蔡旗堡、平川堡、丰城堡、毛卜刺堡、四坝堡、大靖营城、黑山堡、水泉儿堡、深沟堡、高庙堡、临河堡
3~10千米	19	阜昌堡、牧羊川河东堡、高台所城、黑泉堡、泗水堡、十营庄堡、临水堡、三岔堡、镇番卫城、瓦窑堡、永宁堡、双塔堡、山南关、永昌卫城、宁远堡、靖安堡、水磨川堡、双井堡、石峡关、太平堡、红寺山关、金塔寺堡、松山堡、肃州卫城、真景堡、大河堡（驿）、盐池堡、文殊山口、甘州卫城
10~20千米	10	太平堡、红寺山关、金塔寺堡、松山堡、肃州卫城、真景堡、大河堡（驿）、盐池堡、文殊山口
20千米以上	11	凉州卫城、新城堡（2）、卯来泉堡、张义堡、黑古城堡、大马营城、河清堡、金佛寺堡、红崖堡、清水堡、黄草坝堡

（资料来源：作者绘制。）

在表4-4统计的基础上，生成了军堡与长城距离统计柱状图（图4-7）。紧靠长城的野麻湾堡与镇夷所城位置图见图4-8。

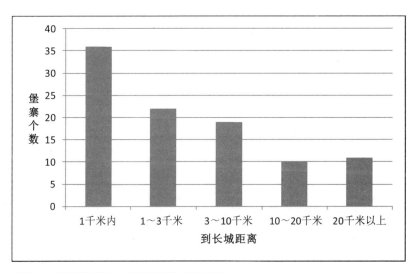

图4-7　甘肃镇军堡与长城距离统计柱状图
（图片来源：作者自绘。）

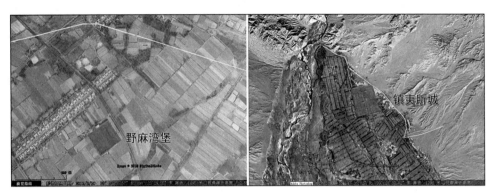

图4-8 野麻湾堡、镇夷所城与长城距位置图
(图片来源：Google地图截图，图中上北下南，红色区域为军堡位置，黄色线条为明长城位置。)

四、驿站可达域分析

在明代，甘肃镇的驿站除担负着信息传递的功能外，还担负着交通运输的功能，其中后者所占的分量更重。

正统以后，边地镇守长官强占军户田地、侵占水利以浇私田的现象已时有发生。正统元年（1436）明英宗得知甘肃凉州等地屯田废弛，曾命陕西按察司副史陈嶷赴甘肃专巡水利，调查地方官员囤积农田的状况。弘治十三年（1500），甘肃军官侵占土地状况愈加严重，士卒食不果腹，以致大量逃亡。时任甘肃总兵官的彭清奏报："陕西行都司所属卫所原额旗军七万一千九百余人，今止存三万七千五百余人。"[①]为解决边地军粮不足的问题，朝廷除组织军士运输粮草外，还颁布"开中法"，利用商人运粮储边。这样驿站就成为粮草等军需物资的管理机构和转运站。

本书第二章已对甘肃镇驿路的情况做了详细介绍，在此就不赘述。这里通过统计甘肃镇庄浪至嘉峪关驿站分布情况（表4-5），可以得知甘肃镇驿站间的距离多在30~50里之间，60里之间的只有两段，这正是古代物资运输以车马为主要工具一天所能行走的距离，由此可知甘肃镇驿站的设置正是以运输可达为前提的。

甘肃镇庄浪至嘉峪关驿站分布情况一览表　　表4-5

卫所名	所属驿站及相距路程
庄浪卫	卫所西北30里至武胜驿；40里至岔口驿；50里至镇羌驿；40里至打班堡驿；30里至黑松驿
古浪所	黑松驿30里至古浪驿；30里至双塔儿；40里至靖边驿
凉州卫	靖边驿40里至大河驿；30里至凉州卫；凉州卫分两路：一路为东北向，30里至三岔驿；40里至蔡旗堡；60里至黑山驿；60里至镇番夷。一路为西北向，40里为怀安驿；40里至沙河驿；50里至真景驿

---

① 明宪宗实录·卷一六九，弘治十三年十二月乙巳条.

续表

卫所名	所属驿站及相距路程
永昌卫	真景驿20里至永昌卫；20里至水磨川；40里至水泉儿驿
山丹卫	水泉儿驿50里至石峡口驿；40里至新河驿；40里至山丹卫
甘州卫	山丹卫50里至东乐驿；30里至古城驿；40里至甘州镇；20里至西城驿；40里至沙河驿；40里至抚夷驿
高台所	抚夷驿40里至高台所；50里至黑泉驿
镇夷所	黑泉驿50里至深沟驿；50里至镇夷所、盐池驿
肃州卫	盐池驿50里至河清驿；40里至临水驿；40里至肃州卫；70里至嘉峪关

（资料来源：作者绘制。）

第三节 基于视域可达的烽传空间布局分析

一、烽燧传递方式

烽燧亦称烽火台、狼烟台、烽堠、烟墩、亭、燧等，是古时用于点燃烟火传递消息的高台，是中国古老但高效的军事通信设施。烽火台是为防止敌人入侵而建的，遇有敌情发生，白天施烟，称之为"烽"；夜间点火，称之为"燧"。"烽燧"台台相连，传递讯息。

根据烽燧传递信息的方式，可分为"色"与"声"两类。"色者，旗、火之类是也，声者，梆、炮之类是也。"本质上说，烽传系统就是古人利用人的视觉和听觉特性，在一定空间范围内，以各种发色发声工具按照特定的规则，在烽燧之间传递敌情讯息。

据居延汉简《塞上蓬火品约》记载，边塞亭燧上的警戒信号大致有六种，即：蓬（草编织的篓笼形物）、表（草编或布帛做的旗帜）、鼓、烟、苣火（用苇秆扎成的火炬）、积薪（高架木柴草垛）。白天举蓬、表、烟，夜间举火，积薪和鼓昼夜兼用。

到了明代，由于火器用于兵防，烽燧报警信号的定制又在前代基础上增加了放炮。明成化二年（1466）有法规定：敌一、二人至百余人举放一烽一炮，五百人二烽二炮，千人以上三烽三炮，五千以上四烽四炮，万人以上五烽五炮。与传统的梆、鼓、锣等讯息传递工具相比，烽炮发出火光、烟雾和强烈的爆炸声，使军情传递得更快更远更准确。文献记载，蓟镇"每岁马兰演烽，传至山海历八路，沿边迂迴二千里，遥不三时可至"。

二、基于视域可达的烽燧布局分析

烽燧的选址主要基于视觉因素的影响。为了获得良好视域，尽可能扩大其覆盖范围，烽燧通常建在易于相互瞭望的高岗、丘阜之上及道路转折处，地势平坦、起伏很小的地段也有利于烽燧的选建。烽燧自古素有"十里一大墩，五里一小墩"之说。但事实上，烽燧并不拘泥于固定的里数，而是"一切墩台、斥堠、壕堑、墙垣尚宜因地、因时随事增筑。"也就是说，烽燧要因根据当地地形和敌情而建。地形复杂、位置重要（如谷口、水源地等）的地方应适当缩短烽燧的距离，确保讯息传递的安全畅通。

根据与长城的位置关系，烽燧系统的空间布局一般可分为三种情况。第一种是沿长城塞墙分布。这种烽燧紧靠塞墙，距离数米到数十米不等，烽燧大多位于塞墙内侧，少数位于外侧，还有的则直接利用塞墙上的敌台或墩台作为烽燧使用。另一种位于长城塞墙外侧向远处延伸。向外延伸的烽燧多布置在交通要道和水草丰美之地，是敌人活动频繁的地方，以监测其动向。第三种位于长城塞墙内侧向远处延伸。向内延伸的烽燧多沿道路布置，将警报传给内地的军堡、县府、京师，以便及时做出决策和组织反击。

得胜堡不仅是明代大同镇的边关要路，同时也是明蒙互市贸易的重要场所，军事设防十分严密。烽燧首先沿长城塞墙设置，距离在一里至数里不等，且塞墙转折处必设，以确保相邻的两座烽燧之间视线畅通。其次在塞墙内外两侧设置。内侧烽燧以长城附近的得胜堡为起点，间距数里，向腹里其他军堡延伸；外侧烽燧则

图4-9　得胜堡烽火台分布图 得胜堡烽火台分布图
（图片来源：根据Google地图绘制，图中上北下南。）

主要沿河流和道路方向设置，间距二三里，并占据地势较高的地势，以获得良好的视域效果（图4-9）。

甘肃镇下沟庙长城及烽火台位于西宁市大通县下庙沟村北的土山山脊之上。此段长城属土墙，起自桥头镇下庙沟村村内北侧的土山上，止于桥头镇下庙沟村村北0.1千米土山岭。东北起自桥头镇下庙沟村北的"西闇门"，呈东北至西南走向顺山势辗转而上。长城北侧山坡较为平缓的地带开垦为梯田，南侧山坡较为陡峭。此段长城东北与上关长城4段相接，并且与下庙沟关相依存；西南与下庙沟长城2段相连。下庙沟烽火台位于大通县桥头镇下庙村村北0.1千米的山岭上，海拔2556米。烽火台所在的山坡地势较高，视野开阔，南面坡下0.3千米为庙沟河。台体位于长城墙体之上，东距下庙沟关0.5千米，南与上关烽火台遥遥相望，直线距离相距1.4千米。下沟庙烽火台恰好选在山脊平面的转折处，且位于这段坡地的最高点，借此取得良好的视野效果（图4-10）。

图4-10 大通长城及烽火台位置图
(图片来源：左图根据Google地图绘制，图中上北下南；右图闫璘提供的照片。)

第四节 基于武器可达的敌台（墩台）空间布局分析

一、明代火器的发展

明代火器的运用和发展在我国军事史上具有重要意义。不仅促进了军队编制装备和军事战术思想的变革，还在长城军事防御工程等方面产生重大影响。在以蒙古势力为主要作战对象的边防战争中，明朝步兵面对长于骑射、冲击力极强的蒙古骑兵，处于明显的劣势。为此，明军立足于守御，以长城为依托，兴筑屯堡，据险而守，以静制动，给火器的使用提供了便利的条件。

在火器制造技术上，洪武、永乐年间已有火铳、火枪、火箭。嘉靖时期，明朝不仅从葡萄牙引入仿制了佛郎机炮，还大量制造了大将军炮、二将军炮、三将军炮、威远炮、攻戎炮等重型火炮，极大促进了火器的发展。万历以后，明朝又从欧洲引入威力巨大的"红夷大炮"，成为当时世界上最先进的火器。明末兵学巨著《武备志》对各种火器的射程有详细记载（表4-6）。

火器类型及其射程　　　　　　　　　　　表4-6

火器类型	射程
威远炮	垫高一寸平放，大铅子远可五六里，小铅子远二三里。垫高三寸，大铅子远达十余里，小铅子四五里……垫高五六寸，用车载行，大铅子重六斤，远可二十里……
叶公神铳车炮	直卫五七里
佛郎机炮	平放一里有余
三眼铳	远一百二十步（211米）
剑镩	平放二百余步（352米）

续表

火器类型	射程
铳棍	平放二百余步（352米）
火枪	远可及三百余步（528米）
神枪	一发可以三百余（528米）
五雷神机	远一百二十步（211米）
神机箭	能射百步（176米）
燕尾箭	可射五百余步（880米）
一窝蜂	可射三百余步（528米）

（资料来源：作者自绘。）

明代火器已在边防得到重视并大量装备。明嘉靖刑部郎中巡抚都御使陈棐在奉敕巡视河西兵防时，为加强对甘肃镇塞防的防卫曾上疏云："以胜敌莫利于火器，而大炮尤可以击厚敌、破坚阵，乃奏讨京制大将军、二将军炮各十位，三将军十五位，讨京制鸟嘴铳二十杆，随用火药什物及皮袋、药规、药管等皆备。"①甘州明长城遗址就曾出土"永乐七年九月"造铜铳三件，长约55厘米，口外径10厘米，内径7.3厘米，重约20公斤，铳管有五道凸起圆箍，其后为药室，形如后来之炮。其铭文编号分别为"奇字壹千陆佰拾壹号"、"奇字壹千柒佰捌拾壹号"、"奇字壹千玖佰叁拾叁号"，由此可知明代在甘肃边防要塞火器配备数量之多。

二、敌台形制及防守方式

敌台亦称敌楼，即建在冲要之处的碉堡，最早为实心，后改良发展为空心，故西北诸地多称之为空心墩。明中后期，为了弥补长城与屯堡之间的空缺，进一步强化长城一线的联防能力，在长城之上和各城堡之间，修筑有许多敌台（墩台）。隆庆元年（1567）十二月，明代抗倭名将戚继光奉命北上镇守蓟州。在借鉴原有实心敌台的基础上，戚继光改良创立了跨墙而筑、可居可守的空心敌台，极大地改善了边军的生活条件，增强了长城的防守能力。戚继光在其所著《练兵实纪》之《敌台解》对敌台的形制构造及防守方式进行了描述："今建空心敌台，尽将通人马卫处堵塞，其制高三四丈不等者为一台，两台相应，左右相救，骑墙而立。造台法，下筑基墙与边墙平，外出一丈四五尺有余，内出五尺有余，中层空豁，四面箭窗，上层建楼橹，环以垛口，内卫战卒，下发火炮，外击敌人，敌矢不能及，敌骑不敢近。"②从这段记述中可以得知，骑墙而建的敌台借助自身的高度和防护构造，通过相邻敌台之间的火力交叉进行防守，使敌人不能接近。

---

① （清）黄文炜. 重修肃州新志 [M]. 酒泉县博物馆翻印，1984.
② （明）戚继光. 练兵实记·杂集卷六·车步骑营阵解下·敌台解.

三、基于武器可达的敌台布局分析

明朝中后期,为进一步增强边墙的防御能力,缩短军堡之间的防守距离,边防各地开始大量修筑敌台(墩台)。最早提议修筑敌台的,正是正德年间时任陕西三边总制(延绥镇、宁夏镇、甘肃镇)的杨一清。杨一清在大力修边的同时,已注意到旧有边墙的单薄和士卒野外倚墙防守的不便,提议增筑敌台。"为今之计,合无查照宁夏,先令镇巡等官王珣等拟奏,量为斟酌损益,将旧墙内外筑高厚各两丈……墙外每里,添筑敌台三座……上盖暖铺一间。"①敌台每里三座,也就是196米设一座敌台,显然充分考虑了火器的射程和覆盖范围。

《大同县志》中也有关于独立设置敌台(墩台)及火器应用的记载:"应调集中西二路征操马步官军并屯种官军舍余人等,做与墩样……每二里筑立墩台一座,每座四面根脚各阔三丈、高三丈,对角做悬楼二座,长阔各六尺……各以十人守备,非但瞭望得真,多备枪炮等器,可以四面击贼。以平日试打枪炮验之,可至三四百步。今以两墩枪炮共击一空中,停去处止有三百六十步,决无不可击至之理。"②

明嘉靖时期,蓟镇长城已完成修筑,但鲜有敌台。沿海抗倭已有实践、深谙火器之利的戚继光北上蓟州守边练兵,极为重视火器与长城工事的配合使用,谏言请修敌台:"蓟镇边垣,延袤二千里,一瑕则百坚皆瑕,比来岁修岁圮,徒费无益。请跨墙为台,睥睨四达。台高五丈,虚中为三层,台宿百人,铠仗糗粮具备。令戍卒画地受工,先建千二百座。"③于是修筑了1200余座"两台相救、左右而立"、装备火器的空心敌台,使得蓟镇长城的防御能力大为增强。

戚继光充分考虑火炮、火枪等火器的射程,对蓟镇敌台的位置和距离进行了详细合理的设计。"凡冲要处十步或一百步一台,缓处或百四五十步,或二百余步不等者为一台。"④敌台依据山势,参差错落而设,凡地形变化交界之处—山脊平面转折和高低转变的地方均设敌台(图4-11),如此可避免射击死角,在更大空

图4-11 蓟镇居庸关长城敌台 蓟镇居庸关长城敌台
(图片来源:课题组成员刘珊珊提供。)

---

① (明)杨一清. 杨石淙文集. 为经理要害边防保固疆场事,收录于皇明经世文编,8册,卷一一六.
② (清)黎中辅. 大同县志[M]. 大同市地方志办公室征集整理. 太原:山西人民出版社,1992.
③ (清)张廷玉,等. 明史·卷二百一十二·戚继光列传[M]. 北京:中华书局,1976.
④ (清)戚继光. 练兵杂记·文渊阁四库全书·卷六[M]. 台北:台湾商务印书馆,1986.

间范围内形成立体交叉的杀伤力。敌骑前来冲锋，高居敌台、塞墙之上的明军依仗手中各式火器，从敌骑弓箭射程之外就枪炮齐发，敌人尚未攻到墙下已死伤大半。因此戚继光写道："今之慑虏者火器耳……虏马远来，五十步内外无不弓箭射我，我今有鸟铳、快枪、火箭、虎蹲炮、佛郎机，皆远过木箭。"[1]敌台设置的距离与火器射程之间的关系在《武备志》也有印证："敌台曰一里一台，以为火器，所击不下三百步（528米）。"另据文献记载，嘉靖、成化年间火器已广泛使用，其中蓟镇使用火器的兵士数量已达50%，可见火器在明代长城防御中扮演了非常重要的角色。

---

[1]（清）高扬文，陶琦. 戚少保年谱耆编·卷九［M］. 北京：中华书局，2003.

结　语

临近结束，本书的写作可以概括为"五个一"和"四个创新点"。

"五个一"是指"一个体系、一种观点、一种视角、一种工具和一个方法"。

"一个体系"是指本书的研究对象—明长城甘肃镇防御体系。

甘肃镇作为最早建立的边镇，是明王朝以长城为依托的九边重镇军事防御体系的重要组成部分，是国家整体战略思想和国防布局的产物。本书引用各种观点，对军镇建镇时间和标志进行了论述。基于动态发展的观点，提出"建镇阶段论"，即把甘肃镇建制分为三个阶段，分别为洪武中期的初设—以都司卫所的建立为标志；洪武末期、永乐初期的定设—以总兵官的镇守为标志；景泰年间的终设—以文职大臣巡抚的正式设置为标志。在此基础上，对甘肃镇的军事地位、镇城演变和防守范围的演变进行归纳研究。从第三章开始至最后，是本书的重点章节。尽管内容和方法有所侧重，但均围绕"明长城甘肃镇防御体系"这一主题展开研究。

"一种观点"是指本书的研究方法和研究观点—系统论。

系统论不仅是反映复杂事物客观规律的科学理论，而且也是一种放之四海皆准的科学方法论。系统论认为，"整体性、层次性、结构功能性、环境相关性"是所有系统共同的基本特征。

"整体性"作为本书写作的基石和核心思想，是指长城防御体系自身是一个组织严密的整体系统。长城墙体、军事聚落、烽传、驿传（交通）作为长城防御体系物质层面的子系统和构成要素，在发挥各自作用的同时，又彼此相互关联，构成了一个不可分割的整体。

军事聚落作为明九边军镇制度下的各级防御单位，具有鲜明的等级性和层次性。都司卫所制和总兵镇守制共同形成了长城军事聚落的层级控制体系，军事聚落按层级从高到低可分为镇城、路城、卫城、所城和堡城。

研究明长城防御体系的空间结构还要与其功能结合起来辩证分析。一方面，结构是功能的基础。长城墙体、军事聚落、烽传、驿传（交通）有各自的空间分布和结构形式，决定了它们有各自的功能和运行机制。另一方面，功能又促进了结构不断优化。需要强调的是，任何子系统的功能和结构，只有建立在长城防御体系整体之上才有意义，整体功能远大于各部分功能之和。

明长城防御体系是特定历史环境和自然环境紧密结合的产物，其发展演变和空间结构无不打上外部环境的印记。本书运用系统论观点，对甘肃镇防御体系外部环境进行逐一分析论述。

"一种视角"是指本书引入的聚落考古学中的空间分析视角。

本书基于聚落考古学中的空间分析视角和方法，对于甘肃镇防御体系中的长城墙体、军事聚落、烽传系统、驿传（交通）系统等遗址的空间分布展开研究。在关注某一类构成要素的空间分布的同时，还关注其自身所处外部环境以及其他各类要素的相互关系。通过研究各类要素的空间分布和空间联系，映证、解读明长城防御体系蕴含的历史环境和自然环境信息。

"一种工具"是指本书作为空间分析的GIS工具。

长城穿越千古，纵横万里，构成要素众多，外部环境复杂。各构成要素之间、各构成要素与外部环境之间存在相互交织、因果互动的关系。本书将借助GIS空间分析技术，对明长城甘肃镇防御体系各构成要素与自然环境的关系，具体来说，就是地形地貌、水系、土地等自然环境关系进行量化分析，建立起长城防御体系各构成要素与自然环境特征之间直观的联系，揭示长城军事防御体系在长期的形成和演化过程中所呈现出的空间结构及外在特征，弥补以往长城防御体系空间关系研究中偏重定性描述，定量分析不足的缺陷。

"一个方法"是指本书提出的长城防御体系空间分析的新方法——可达域分析。

本书在长城整体性认识的基础上，提出可达域的概念，并利用各种不同表现形式、特征及作用的可达域，分别对军堡、驿站、烽燧、敌台（墩台）的空间分布进行逐一分析，揭示了明长城防御体系各构成要素的空间布局应符合"距离可达"这一基本原则，从而为长城研究提供了新的视角和行之有效的研究方法。

"四个创新点"是指：

1. 厘清明长城甘肃镇防御体系历史发展脉络

"甘肃镇"作为明长城"九边"最早的建置的军镇，受到历史学界的普遍关注，但建置时间与建镇标志存在诸多不同观点和争论。作者综合各类观点，从动态发展的角度，提出"建镇阶段论"，即把军镇建制分为初设、定设和终设三个阶段，各镇应根据大的历史背景和自己的实际情况对建镇时间和标志进行综合判定。就甘肃镇而言，建镇可分初设、定设、终设三个阶段。此外，本书还从动态演变的角度，系统论述了与甘肃镇长城防御体系密切相关的军权变化、镇城迁移、防守范围、官职体系、聚落层级、屯田策略等问题，从而厘清甘肃镇军事地位历史发展脉络，填补了以往研究的不足。

2. 从整体角度对明西宁卫长城及军事聚落进行研究

明西宁卫虽属"九边"重镇甘肃镇所辖边卫之一，但由于位置偏向东南，并没有处在北疆长城军事防线的主战场，其所辖长城及军事聚落与其他防区缺少横向联系，因而独处一隅，自成体系，以至于人们普遍认为"青海没有长城"。作者与课题组成员在青海长城通过国家验收的第二年，也就是2010年亲赴现场进行详细考察，将明西宁卫军事聚落空间分布特征概括为"半圆+放射"，就是各级军堡依托半圆状长城主线，以西宁卫为防御中心，沿主要沟谷向四周辐射分布。首次从整体角度对西宁卫长城及军事聚落进行研究并将其纳入整个明长城防御体系之中，这对于进一步认识明西宁卫的战略地位和历史作用，完善长城防御体系的研究，开展长城整体性保护工作具有重要的意义。

3. 通过绘制军堡空间分布图，揭示甘肃镇军事聚落整体结构特征

军事聚落作为长城防御体系重要组成部分，指按一定军事级别分布的屯守结

合的军堡。本书通过查阅各种志书及历史文献，结合作者调研及文物部门相关成果，通过逐一定位比对，以目前的中国行政区划图为依托，将明甘肃镇长城沿线一百多处卫城、所城、堡城及关隘位置标注其上，绘制整个明代甘肃镇军事聚落空间分布图。在此基础上，运用GIS和Google地图等工具，对包括军事聚落的时空分布、层级关系、密度分布以及选址特征进行逐一研究，进而揭示甘肃镇军事聚落整体结构特征（线状+枝状），加深了明甘肃镇长城防御体系整体性认识。

4. 提出长城防御体系空间分析的新方法——可达域分析

明长城作为中国古代军事防御工程的最高成就和集大成者，是包括长城墙体、城堡、驿站、烽堠、关隘等各种防御工事共同构筑的，其选址和布局必然是经过古人精心规划设计而成的。本书通过不同表现形式可达域分析，揭示了长城防御体系各组成要素空间分布所遵循距离可达的原则，即空间分布要符合有效作用距离或有效作用范围的要求，这正是长城防御体系各构成要素空间分布研究中最基本、最核心的问题。本书以甘肃镇为例，分别对长城防御体系构成要素之中的军堡、烽燧、敌台的空间分布进行分析，试图为长城研究提供一种新的行之有效的分析方法。

附 录

附录一 明代甘肃镇战争次数统计表

时期	公元（年）	王朝纪年	次数	总计	时期	公元（年）	王朝纪年	次数	总计
洪武	1369	洪武二年	10	28	成化	1466	成化二年	8	57
	1370	洪武三年	2			1468	成化四年	2	
	1370	洪武三年	1			1472	成化八年	14	
	1372	洪武五年	3			1473	成化九年	3	
	1373	洪武六年	3			1474	成化十年	11	
	1376	洪武九年	1			1480	成化十六年	2	
	1377	洪武十年	1			1482	成化十八年	3	
	1378	洪武十一年	1			1486	成化二十二年	11	
	1380	洪武十三年	2			1487	成化二十三年	3	
	1384	洪武十七年	1		弘治	1488	弘治元年	3	56
	1391	洪武二十四年	1			1490	弘治三年	2	
	1392	洪武二十五年	1			1491	弘治四年	3	
	1397	洪武三十年	1			1492	弘治五年	2	
永乐	1410	永乐八年	1	1		1494	弘治七年	9	
洪熙	1425	洪熙元年	1	1		1495	弘治八年	4	
宣德	1434	宣德九年	2	4		1496	弘治九年	2	
	1435	宣德十年	2			1497	弘治十年	5	
正统	1436	正统元年	10	21		1498	弘治十一年	9	
	1437	正统二年	1			1499	弘治十二年	6	
	1440	正统五年	1			1500	弘治十三年	1	
	1444	正统九年	2			1501	弘治十四年	7	
	1445	正统十年	1			1502	弘治十五年	1	
	1448	正统十三年	1			1503	弘治十六年	1	
	1449	正统十四年	5			1504	弘治十七年	1	
景泰	1450	景泰元年	1	1	正德	1506	正德元年	1	49
天顺	1457	天顺元年	3	38		1507	正德二年	5	
	1458	天顺二年	18			1510	正德五年	5	
	1460	天顺四年	1			1511	正德六年	8	
	1461	天顺五年	10			1512	正德七年	13	
	1462	天顺六年	6			1514	正德九年	4	

续表

时期	公元（年）	王朝纪年	次数	总计	时期	公元（年）	王朝纪年	次数	总计
正德	1515	正德十年	4	49	万历	1588	万历十六年	2	53
	1516	正德十二年	2			1590	万历十八年	2	
	1517	正德十三年	4			1591	万历十九年	10	
	1521	正德十六年	3			1592	万历二十年	6	
嘉靖	1522	嘉靖元年	1	56		1596	万历二十四年	3	
	1523	嘉靖二年	2			1597	万历二十五年	1	
	1524	嘉靖三年	2			1598	万历二十六年	1	
	1525	嘉靖四年	4			1600	万历二十八年	1	
	1526	嘉靖五年	2			1603	万历三十一年	3	
	1528	嘉靖七年	6			1605	万历三十三年	1	
	1531	嘉靖十年	1			1606	万历三十四年	2	
	1532	嘉靖十一年	1			1607	万历三十五年	2	
	1536	嘉靖十五年	4			1608	万历三十六年	1	
	1537	嘉靖十六年	2			1610	万历三十八年	1	
	1538	嘉靖十七年	1			1611	万历三十九年	4	
	1540	嘉靖十九年	2			1612	万历四十年	3	
	1542	嘉靖二十一年	1			1613	万历四十一年	1	
	1545	嘉靖二十四年	5			1614	万历四十二年	2	
	1546	嘉靖二十五年	3			1615	万历四十三年	2	
	1547	嘉靖二十六年	4			1616	万历四十四年	4	
	1549	嘉靖二十八年	4		泰昌	1620	泰昌元年	1	1
	1555	嘉靖三十四年	3		天启	1623	天启三年	1	12
	1556	嘉靖三十五年	1			1624	天启四年	1	
	1557	嘉靖三十六年	1			1625	天启五年	1	
	1558	嘉靖三十七年	3			1626	天启六年	2	
	1560	嘉靖三十九年	3			1627	天启七年	6	
隆庆	1568	隆庆二年	4	1	战争次数合计				382

（资料来源：根据《明实录》整理。）

附录二 甘肃镇聚落GPS数据统计表

编号	名称	北纬（度）	东经（度）	所属路	建置时间	城周（米）	兵马数量	职官	聚落级别
1	沙儿井堡	36.147497	103.628366	庄浪路		940	官军400名，马2匹	把总	堡城

续表

编号	名称	北纬（度）	东经（度）	所属路	建置时间	城周（米）	兵马数量	职官	聚落级别
2	苦水湾堡	36.250988	103.428327	庄浪路	洪武十三年（1380）	1175.4	官军200名，马2匹	把总	堡城
3	野狐城堡	36.371099	103.398412	庄浪路	洪武年间		官军200名，马2匹	把总	堡城
4	红城子堡	36.461156	103.391106	庄浪路	洪武二年（1369）		官军400名	守备	堡城
5	青寺儿堡	36.532726	103.380027	庄浪路	洪武年间		官军200员名，马1匹	把总	堡城
6	南大通山口堡	36.616609	103.347304	庄浪路	洪武年间		官军200名，马2匹	把总	堡城
7	黑城子堡	36.653815	103.315462	庄浪路	洪武年间				堡城
8	大柳树堡	36.673852	103.298596	庄浪路	洪武年间				堡城
9	庄浪卫城	36.738702	103.261221	庄浪路	洪武十年（1377）	4701.6	官军3069名，马1257匹	参将	卫城
10	马厂沟堡	36.800821	103.210643	庄浪路	洪武年间				堡城
11	武胜堡	36.882303	103.166033	庄浪路	洪武年间		官军400名，马88匹	守备	堡城
12	岔口堡	37.024229	103.082025	庄浪路	洪武年间		官军328名，马15匹	守备	堡城
13	镇羌堡	37.14284	102.888293	庄浪路	万历二十六年（1598）		官军765名，马128匹		堡城
14	松山堡	36.957648	103.288645	庄浪路	万历二十七年（1599）	1175			堡城
15	黑古城堡	37.242994	102.589328	庄浪路	万历年间				卫城
16	阿坝岭堡	37.469585	103.679123	大靖路	万历二十七年（1599）	1763.1			堡城
17	裴家营堡	37.473346	103.521733	大靖路	万历年间	2350.8		守备	堡城
18	土门堡	37.614347	103.070705	大靖路	万历二十七年（1599）	718.1	官军350名，马49匹	守备	堡城
19	大靖营城	37.475389	103.410774	大靖路	万历二十七年（1599）	1331.7	官军1700名，马230匹	参将	堡城
20	石峡关	37.575205	103.467204	大靖路	正统三年（1438）				关城
21	安远站堡	37.257589	102.852388	凉州路	洪武年间	587.7	官军221名，马3匹	把总	卫城
22	黑松林堡	37.353786	102.910144	凉州路	洪武十一年（1378）	1083.6	官军169名，马2匹	把总	堡城
23	古浪新关城	37.392257	102.92932	凉州路					关城

续表

编号	名称	北纬（度）	东经（度）	所属路	建置时间	城周（米）	兵马数量	职官	聚落级别
24	古浪所城	37.465634	102.892767	凉州路	洪武十年（1377）	1442.7	官军276名，马122匹	守备	所城
25	高庙堡	37.662104	102.918197	凉州路	正德年间	848.6			堡城
26	圆墩堡	37.662281	102.956743	凉州路	万历年间	170			堡城
27	永丰堡	37.669271	103.034474	凉州路	万历年间	783.4			堡城
28	泗水堡	37.587846	102.942034	凉州路	正德年间	848.6			堡城
29	张义堡	37.521658	102.659834	凉州路		587.7		守备	堡城
30	双塔堡	37.577628	102.876062	凉州路	正德年间	1044.5	官军87名	把总	堡城
31	凉州卫城	37.923824	102.63502	凉州路	洪武九年（1376）	6464.7	官军4731名，马1162匹	副总兵	卫城
32	大河堡（驿）	37.84889	102.737981	凉州路	嘉靖年间	685.4	官军139名	把总	堡城
33	靖边堡	37.71113	102.939226	凉州路	嘉靖年间	440.6	官军51名	把总	堡城
34	高沟堡	37.944971	102.890518	凉州路	洪武初年	783.4	官军65名	守备	堡城
35	红沙堡	38.699259	103.190179	凉州路	万历九年（1581）	587.7			堡城
36	镇番卫城	38.623221	103.092106	凉州路	洪武年间	3526.2	官军1161名，马598匹	参将	卫城
37	黑山堡	38.365076	102.916469	凉州路	天顺三年（1459）	522.2	官军147名	守备	堡城
38	蔡旗堡	38.224484	102.75401	凉州路	嘉靖二十四年（1545）	1645.1			堡城
39	三岔堡	38.148845	102.69187	凉州路	嘉靖年间	2350.8	官军206名，马151匹	守备	堡城
40	永宁堡	38.214228	102.61087	凉州路	洪武年间	1044.5	官军101名，马101匹	把总	堡城
41	宁远堡	38.441604	102.184228	凉州路	洪武年间	1302.7	官军135名	把总	堡城
42	牧羊川河西堡	38.371178	102.068678	凉州路	万历年间				堡城
43	牧羊川河东堡	38.358691	102.098156	凉州路	万历年间				堡城
44	真景堡	38.215243	102.061964	凉州路	洪武年间	587.5	官军84名	把总	堡城
45	永昌卫城	38.246854	101.969866	凉州路	洪武十五年（1382）	4113.9	官军1076名，马532匹	游击	卫城
46	毛卜剌堡	38.340663	101.80789	凉州路	永乐年间		官军40名	把总	堡城
47	水磨川堡	38.268885	101.732864	凉州路	万历年间	587.5	官军67名	把总	堡城
48	新城堡（2）	38.199	101.58929	凉州路	洪武年间	587.5			堡城
49	水泉儿堡	38.37147	101.641825	凉州路	洪武十五年（1382）	913.9	官军384名，马19匹	守备	堡城

续表

编号	名称	北纬（度）	东经（度）	所属路	建置时间	城周（米）	兵马数量	职官	聚落级别
50	定羌墩堡	38.439976	101.514305	凉州路	万历年间	154.9	夫6名，马16匹	把总	堡城
51	大马营城	38.340897	101.18968	镇城直辖	洪武八年（1375）	5877		千总	堡城
52	石峡口堡	38.508792	101.419205	镇城直辖	洪武二十三年（1390）	1763.1	官军624名，马120匹	游击	堡城
53	丰城堡	38.544265	101.378336	镇城直辖	洪武年间				堡城
54	阜昌堡	38.620802	101.257424	镇城直辖	万历年间				堡城
55	新河堡	38.661286	101.255865	镇城直辖	万历年间	280			堡城
56	山丹卫城	38.78172	101.086879	镇城直辖	洪武二十三年（1390）	4113.9	官军1397名，马604匹	参将	卫城
57	大桥寨堡	38.832713	100.83879	镇城直辖	弘治十四年（1501）				堡城
58	东乐堡	38.824175	100.8257	镇城直辖		1603.9			堡城
59	太平堡	38.936385	100.612663	镇城直辖	万历年间				堡城
60	瓦窑堡	39.06363	100.443333	镇城直辖	万历年间				堡城
61	山南关	39.009114	100.544054	镇城直辖	嘉靖二十七年（1548）	261.1	官军30名	把总	关城
62	甘州卫城	38.930904	100.456481	镇城直辖	洪武五年（1372）	7052.4	官军9962名，马5278匹	总兵	镇城
63	靖安堡	39.091462	100.348149	镇城直辖	嘉靖二十八年（1549）				堡城
64	板桥堡	39.300732	100.256554	镇城直辖	明嘉靖八年（1529）	287.3	官军274名，马8匹	守备	堡城
65	柳树堡	39.319181	100.202571	镇城直辖	万历年间				堡城
66	平川堡	39.335061	100.096017	镇城直辖	嘉靖年间		官军315名，马194匹	守备	堡城
67	红崖堡	39.139171	99.303827	镇城直辖	洪武年间	1273	官军25名	把总	堡城
68	四坝堡	39.364762	99.987171	镇城直辖	嘉靖二十八年（1549）				堡城
69	六坝堡	39.39441	99.843005	镇城直辖	嘉靖年间				堡城
70	七坝村	39.431943	99.764326	镇城直辖	嘉靖年间				堡城
71	八坝堡	39.48038	99.72454	镇城直辖	嘉靖年间	228.5	官军50名	把总	堡城
72	九坝堡	39.509194	99.670503	镇城直辖	嘉靖年间		官军50名	把总	堡城
73	高台所城	39.376395	99.816259	镇城直辖	明景泰七年（1456）	2938.5	官军1367名，马519匹	参将	所城

续表

编号	名称	北纬（度）	东经（度）	所属路	建置时间	城周（米）	兵马数量	职官	聚落级别
74	红寺山关	38.90177	101.128294	镇城直辖	嘉靖二十八年（1549）			守备	堡城
75	黑泉堡	39.531491	99.625079	镇城直辖	万历年间	326.4			堡城
76	胭脂堡	39.601131	99.652767	肃州路	洪武年间	783.4	官军230名，马127匹	守备	堡城
77	沙碗堡	39.675711	99.597516	肃州路	永乐年间	979.2	官军55名，马17匹	守备	堡城
78	镇夷所城	39.792026	99.472747	肃州路	洪武三十年（1397）	2350.8	官军967名，马651匹	游击	所城
79	深沟堡	39.679584	99.573824	肃州路	嘉靖年间		官军116名，马68匹	把总	堡城
80	临河堡	39.625819	99.609866	肃州路					堡城
81	盐池堡	39.73344	99.272613	肃州路	嘉靖年间	587.5	官军111名，马66匹	把总	堡城
82	双井堡	39.758285	99.066214	肃州路	万历二十九年（1601）	1044.5	官军300名，马184匹	守备	堡城
83	金塔寺堡	39.960852	98.915293	肃州路	嘉靖年间重修	620.2	官军163名，马68匹	守备	堡城
84	临水堡	39.772914	98.779473	肃州路	弘治年间	1175	驿兵92名，马68匹	把总	堡城
85	河清堡	39.553777	98.974104	肃州路	洪武年间	816	官军55名，马骡25匹	把总	堡城
86	清水堡	39.360804	99.042781	肃州路	洪武五年（1372）		官军335名，马骡181匹	守备	堡城
87	黄草坝堡	39.267077	99.07336	肃州路					堡城
88	金佛寺堡	39.419193	98.773834	肃州路	天顺年间	783.36	官军163名，马骡68匹	守备	堡城
89	下古城堡	39.813355	98.792004	肃州路	嘉靖二十八年（1549）	913.9	官军145名，马53匹	守备	堡城
90	肃州卫城	39.743729	98.509815	肃州路	洪武二十八年（1395）	5877	官军2977名，马2644匹	参将	卫城
91	两山口堡	39.832901	98.639414	肃州路	万历二十六年（1598）	195.9	官军162名，马骡82匹	把总	堡城
92	新城堡（1）	39.884027	98.448596	肃州路	嘉靖二十八年（1549）	701.8	官军219名，马骡134匹	守备	堡城
93	嘉峪关城	39.801552	98.216055	肃州路	洪武五年（1372）	718.1	官军263名，马骡128匹	守备	堡城

续表

编号	名称	北纬（度）	东经（度）	所属路	建置时间	城周（米）	兵马数量	职官	聚落级别
94	石关儿堡	39.85011	98.175748	肃州路	嘉靖二十七年（1548）				堡城
95	十营庄堡	39.951216	98.368763	肃州路	万历年间	300			堡城
96	野麻湾堡	39.913965	98.392659	肃州路	万历四十四年（1616）	457	官军130名，马骡100匹	把总	堡城
97	卯来泉堡	39.562773	98.199679	肃州路	万历三十九年（1616）	456.9	官军174名，马骡59匹		堡城
98	文殊山口	39.652383	98.346231	肃州路					关城

（资料来源：根据《边政考》、《陕西四镇长城》等资料整理。）

附录三　甘肃镇历任总兵一览表

宋晟	字景阳，定远人。洪武十二年坐法降凉州卫指挥使。十七年五月讨西番叛酋，至亦集乃路。召还，复为都指挥，进右军都督佥事，仍镇凉州。二十四年充总兵官，与都指刘真讨哈梅里。永乐二年，拜平羌将军，再镇甘肃。永乐三年招降把都帖木儿、伦都儿灰等部落。封西宁侯，禄千一百石，世指挥使
李景隆	洪武二十七年正月，命李景隆为平羌将军，任总兵官。佩平羌将军印出任总兵官镇守甘肃，自李景隆始。洪武二十八年六月，敕曹国公李景隆整饬陕西属卫士马，惟陕西行都司甘州五卫及肃州山丹永昌西宁凉州诸卫从肃王理之。洪武三十一年正月，李景隆还京
何福	永乐五年，充任总兵官。六年，请以布市马，选其良者别为群，置官给印专领之。于是马大蕃息。明年，本雅失里纠阿鲁台将入寇，为瓦剌所败，走胪朐河，欲收诸部溃卒窥河西。诏福严兵为备。迤北王子、国公、司徒以下十余人帅所驻部亦集乃，乞内附。福以闻，帝令庶子杨荣往，佐福经理，其众悉降。帝嘉福功，命荣即军中封福为宁远侯，禄千石，且诏福军中事先行后闻
宋琥	驸马都尉宋晟之子，袭父爵西宁侯。永乐五年秋七月，命驸马都尉宋琥佩平羌将军印充总兵官镇甘肃，节制陕西都司及行都司。永乐八年秋遣使赍制谕命驸马都尉西宁侯宋琥征房前将军印，充总兵官镇甘肃。十年与李彬捕叛酋老的罕，俘斩甚众。宣德五年三月，复宋琥驸马都尉。永乐八年十二月，命都督费瓛、都指挥胡原、陈怀率陕西都司马步军五千、河南都司三千、山西都司二千在甘肃操备者，听总兵官驸马都尉西宁侯宋琥节制
李彬	永乐十年，以丰城侯镇守甘肃。与西宁侯宋琥经略降酋。永乐十二年春正月，召甘肃总兵官丰城侯李彬从征。永乐十三年春正月，出镇陕西。永乐十五年二月，命丰城侯李彬佩征夷将军印充总兵官往镇交阯。永乐二十年春正月，丰城侯李彬卒
费瓛	凤阳府定远县人。永乐八年，以都督佥事镇守甘肃。元年七月入朝，封崇信伯，禄千一百石。从征高煦，次流河驿。帝念前锋薛禄军少，命瓛帅兵益之。还，予世券，复镇甘肃。二年，沙州卫贼屡劫撒马儿罕及亦力把里贡使，瓛讨破之。明年卒于镇
刘广	张掖人，以父前国公归附功，官都指挥使。正统十年二月，升陕西行都司都指挥佥事，刘广为右军署都督佥事，充副总兵镇守凉州。宣德二年充总兵官。八年九月，阿鲁台部酋卜寇凉州，总兵官刘广击斩之。后卒于镇

续表

史昭	庐州府合肥县人。永乐三年,哈密忠顺王司徒火者斯等,梗西域贡道,昭率兵往讨,擒逆者以归。八年北征,充鹰扬将军。十二年,由铁门关出剿达寇有功。二十三年,升督金事,镇守西宁。宣德中,以曲先番寇邀劫贡使,充总兵官,直捣巢穴,生擒首恶,俘获无算。凯旋,迁镇宁夏而卒
陈懋	字舜卿,凤阳寿州人。宣德十年充总兵官。正统元年正月己卯,升赏陕西庄浪等八卫官军,以征剿胡寇功也。永乐六年,镇守宁夏。七年,加封宁阳侯。八年从驾征,迤北,仍守宁夏。二十一年。充总兵官,镇守甘肃。明年以罪革爵闲居。五年,复侯爵。十三年,命充总兵官征福建反贼邓茂七。天顺初革之
蒋贵	直隶江都人。正统元年任甘肃总兵官。正统元年召还,为右都督。三年四月,王骥以捷闻,论功封定西伯,食禄一千二百石,给世券。明年代任礼镇甘肃。又明年冬,以征麓川蛮思任发,召还京。十四年,以病卒,赠泾国公,谥武勇
任礼	先任中府左都督。正统元年,佩平羌将军印,充左副总兵镇甘肃。二年,复寇庄浪。三年,与王骥、蒋贵出塞,败朵儿只伯于石城。明年还朝。又明年,代贵镇甘肃。十一年,沙州卫都督喃哥兄弟争,部众离贰。礼欲乘其饥窘,迁之内地。十四年,也先分道入寇,抵肃州。礼遣裨将御之,再战再败,失士马万计。征还,以伯就第
王敬	正统十年十一月,升甘肃左参将都指挥金事,王敬署右军都督金事充副总兵镇守凉州。正统十四年八月,从宁远伯任礼奏,升甘肃副总兵,王敬为右军都督金事。正统十四年十一月,命凉州副总兵都督金事,王敬佩平羌将军印充总兵官镇守甘肃,代宁远伯任礼还京,以礼年老乞代故也。景泰四年三月,甘肃总兵官都督同知王敬卒
雷通	景泰四年二月,命署都督金事雷通实授都督金事,佩平羌将军印充总兵官镇守甘肃。天顺三年夏四月戊寅,都督同知雷通卒。通,直隶无为州人。初充小旗。宣德、正统间累功升至都指挥使。景泰三年升左军都督府金事,总兵官佩平羌将军印镇守甘肃。天顺元年升都督同知充副总兵,征迤西
柳溥	天顺元年十二月,命太傅安远侯柳溥佩平虏大将军印充总兵官。天顺二年五月十六日,达贼犯凉州。突至城下,柳溥同少监龚荣等督令官军迎敌,贼各奔散,明日复帅官军都督李荣等追剿。天顺二年九月,上以虏寇远遁,敕召总兵官安远侯柳溥、副总兵都督衾兴雷通俱还京
毛忠	字允诚,初名哈喇,西陲人。宣德五年征曲先叛寇,有功。八年征亦卜剌山,擒伪少师知院。九年出脱欢山,十年征黑山寇,皆擒其酋。各进一官,历指挥同知。正统三年,从都督蒋贵征朵儿只伯,先登陷阵,大获,擢都指挥金事。十年以守边劳,进同知,始赐姓。明年,从总兵官任礼收捕沙洲卫都督喃哥部落,徙之塞内,进都指挥使。十三年率师至罕东,生絷喃哥弟伪祁王锁南奔并其部众,擢都督金事,始赐名忠。三年以镇番破贼功,进左都督
萧敬	正统五年三月,谪提督燕河营等关都指挥萧敬戍甘肃。敬在营卖放军士,且私役军种艺孳牧采榛造器。又挟私拷逼人招承死罪。天顺元年七月,署都指挥同知萧敬充右副总兵,仍守凉州分地。景泰元年九月,达贼犯陕西凉州、永昌堡,萧敬拥兵不出,任其掳掠而去。参赞左副都御史宋杰奏萧敬等玩寇失机,乞治其罪。诏姑宥之。成化间,迁官河南
卫颖	直隶华亭人,宣城伯。天顺中镇守,持重周慎,练达戎务。五年,虏孛来拥众入境,颖率兵与战于凉州十三里铺,三昼夜不解甲,大败之。后卫颖仍代柳溥镇甘肃,七年,番酋扒沙等拥众阻截粮道,颖复领兵至沙唐川,斩获无算。八年三月,卫颖、巡抚金都御史讨巴沙、巴哇等叛乱番族
蒋琬	直隶江都人。泾国公贵之孙,爵定西侯。博学能文。天顺八年秋七月,定西侯蒋琬佩平羌将军印充总兵官镇守甘肃。筑甘州沙河诸屯堡。甘肃左副总兵左都督毛忠乞致仕。上不允,以总兵官定西侯蒋琬等言:"忠虽年逾七十,尚强壮可任。兼久任边事,洞识夷情也。"成化八年正月,敕定西侯蒋琬往南京协同守备。蒋琬在镇十年,兵务修明,边境宁谧

续表

郭登	字元等，凤阳人。洪熙初以勋戚子第召见授勋卫。正统中，随征麓川有功升锦衣卫指挥佥事。后以荐升署都指挥佥事。景泰初，进右都督。天顺初，命掌南京中军都督府事。未几，回京为言者所劾，论斩，降都督佥事，甘肃立功。上（宪宗）即位，诏复伯爵充总兵官镇守甘肃。成化八年四月卒
李荣	成化四年十二月庚戌，命右参将李荣充左副总兵镇守甘肃。成化七年十二月，镇守甘肃右都督李荣老不任事，命其子俊代原职义勇卫指挥使。成化十年十二月，前军右都督李荣卒。宣德三年升指挥使，使西域，因改驻凉州卫荣代之。以军功历升指挥同知，正统末有荐超升署都督佥事。景泰二年命充甘州参将，久之充副总兵镇守甘肃。天顺二年进右都督，以老疾致仕
焦寿	成化二年八月，敕东宁伯焦寿充总兵官镇守蓟州永平地方。成化八年春正月，命东宁伯焦寿佩印充总兵官镇守甘肃。成化八年十一月，东宁伯焦寿卒。寿之先山后人。八年充总兵官镇守甘肃。至是卒。赐祭葬如例。天顺初，始亦恭顺侯吴瑾掌府事。成化初，又用广义伯吴琮为宁夏总兵，遂成例
鲍政	都督佥事，北京人。成化八年十一月，敕都督同知鲍政佩平羌将军印充总兵官镇守甘肃。成化十二年十一月，都督同知鲍政卒。政，山后人。正统中从征麓川升指挥使。平闽寇邓茂七升都指挥佥事，天顺初有功累升都督佥事。成化二年，平千斤刘，升都督同知。六年，充总兵官镇守甘肃。至是卒，赐葬祭如例
王玺	都督，山西大同卫人。成化十二年夏四月，升镇守宁夏副总兵都指挥同知王玺为署都督佥事，佩平羌将军印充总兵官镇守甘肃。洪武间，立石画界，约樵牧毋越疆。十八年，北寇杀哨卒，玺率参将李俊及赤斤兵击之于狼心山、黑河西。成化二十年二月，调甘肃总兵官署都督同知王玺佩征西将军印，镇守大同
范瑾	正统中袭世职为大同卫指挥使。以功累升山西行都司都指挥使。天顺八年，充左参将分守大同。成化初充游击将军，征延绥有功升都督佥事。未几，进同知以侍郎叶盛荐镇守宁夏，寻移镇大同。成化十六年，以功升右都督，再转左，召回管中府事。十九年充左参将往大同御寇。成化二十年二月，命中军左都督范瑾佩征西前将军印充总兵官镇守甘肃。成化二十二年六月右都督范瑾自甘肃被召还，命管中府事。弘治六年九月卒
焦俊	成化二十一年十一月，命东宁伯焦俊佩平羌将军印，充总兵官镇守甘肃，总督陕西等处边储。户部左侍郎李衍言总兵范瑾年老，威名损于往日。而前镇守甘肃都督王玺谋勇知书，宜用以代。有旨召瑾还京，以俊代之，玺代俊坐奋武营。弘治初改镇宁夏，继而召还京
周玉	字廷璧，直隶滁州人。玉袭授万全都司都指挥同知。成化初充游击将军，以军功迁都指挥使，进后府署都督佥事，寻实授充宣府副总兵。十三年，充总兵官镇守宣府。复累功三转至署右都督。十九年，移镇宁夏。成化二十二年从总兵官
刘宁	京卫人。弘治初充甘肃总兵官。弘治八年正月壬子，虏数寇凉州境，总兵官都督刘宁率兵御之，遇虏，战于抹山儿墩。明日，分守庄浪左参将颜玉率兵来援，犄角夹攻。十二月辛酉，巡抚甘肃佥都御史许进、总兵官刘宁入哈密，吐鲁番遁，遂班师
彭清	弘治八年，甘肃有警，以文升荐，擢左副总兵，分守肃州。未几，巡抚许进乞移清凉州。十年，总兵官刘宁罢，擢清都督佥事代之。其冬，吐鲁番归哈密忠顺王陕巴，且乞通贡，西域复定。屡辞疾，请解兵柄，不允。十五年卒
陶祯	弘治五年正月，命陕西都司都指挥使陶祯充右副总兵，分守凉州。弘治七年九月，兵部奏自弘治五年十月以后虏入甘肃庄浪及古浪地方，杀伤甚惨，分守副总兵陶祯及守备指挥陈铠功可赎罪，宥之。自弘治十年九月以后数被虏贼入境杀掠，祯虽稍有杀获不足相当。命兵部察祯功过以闻。弘治十一年十一月，命绥德卫指挥佥事陶祯充左参将分守大同东路

续表

姓名	事迹
刘胜	都督佥事,辽阳人。弘治十四年十一月,虏前入甘州重岗等诸堡,官军死伤者九十余人。守臣劾奏,都指挥等官张经等九人罪,请并副总兵刘胜、左监丞梁玉俱逮治之。弘治十五年七月,升凉州副总兵署都指挥同知刘胜为署都督佥事,挂平羌将军印充总兵官镇守甘肃。弘治十七年十一月,虏万骑连入庄浪,分散抄掠。镇、巡官奏请调兵预之。弘治十八年冬十月,坐罪号令不严致都指挥刘经待援不至而死之,夺俸两月。正德二年十二月,罢镇守甘肃总兵官刘胜本镇闲住胜以都御史才宽劾其年老废事
卫勇	都督佥事,北京人。正德二年十二月任甘肃总兵官。正德三年八月,升甘肃总兵官都指挥佥事卫勇为右军都督府署都督佥事。正德五年九月,以虏入镇夷停都御史张翼总兵官卫勇左参将苏泰俸各三月,令戴罪杀贼。正德六年三月,罢镇守甘肃总兵官署都指挥佥事卫勇,御史阎睿劾其不职故也
王勋	都督佥事,榆林人。正德六年,升延绥协守副总兵都指挥佥事王勋为署都督佥事,挂印充总兵官镇守甘肃。正德七年正月,甘肃总兵官王勋率游击将军吴英等追击达贼于赤斤番城。正德八年正月调镇守甘肃总兵官王勋于延绥
金辅	正德八年春正月,调镇守甘肃总兵官王勋于延绥,升都指挥使金辅为署都督佥事充总兵官代之。正德九年六月,镇守甘肃总兵官署都督佥事金辅还京,以四川副总兵署都督佥事徐谦代之
徐谦	都督佥事,凉州人。正德七年十二月,调协守甘肃副总兵徐谦分守凉州,以与总兵王勋不协故也。正德九年四月,下兵部议,以谦调甘肃,振守备西宁。雄令还陕西都司候缺别用。诏谦、铺各仍旧,任振、雄如议。嘉靖元年四月,罢甘肃总官官李隆,以右都督徐谦充总兵官镇守甘肃地方
史镛	都督佥事,甘州人。正德七年十二月,命宁夏游击将军史镛充左副总兵协守甘州地方。正德八年二月,镛既升任,留之,勋革回原卫闲住。正德十一年五月,升甘州左副总兵都指挥同知史镛为署都督佥事,充总兵,镇守甘肃。正德十四年秋七月,以肃州失事逮至京,下法司狱。史镛降二级,后被宽宥
柳涌	都督,甘州人。弘治十年五月,陕西都司署都指挥佥事柳涌坐按伏南山黑城堡再被贼入境掠去孳畜。巡按御史问拟边远充军,上以涌情轻律重降一级带俸差操。正德七年八月,命陕西署都指挥佥事柳涌充甘肃游击将军。正德十一年九月,升分守凉州右副总兵都指挥佥事柳涌为署都督佥事充总兵官。后一度出镇延绥,嘉靖初年罢
李隆	都督同知,北京人。正德十六年五月,充任总兵官。嘉靖元年,嫉使军卒杀巡抚许铭,巡抚陈九畴与大理卿郑岳按诛之
武振	都督佥事,山丹人。正德五年秋七月,以副都御史王宪奏其有丈量地土之劳准升甘肃镇副千户武振一级。正德十年九月,升指挥佥事武振为署都指挥佥事充甘肃游击将军。正德十五年十一月,山丹卫署都指挥佥事武振充副总兵协守甘肃。正德十六年七月,以甘肃副总兵武振升署都督佥事充总兵官镇守延绥。嘉靖二年五月,都督佥事武振充总兵官镇守甘肃地方
姜奭	都督同知,榆林卫人。嘉靖二年十二月,命分守肃州右参将署都指挥同知姜奭充右副总兵分守凉州地方。嘉靖三年,升都指挥同知姜奭署都督佥事挂印充总兵官镇守甘肃地方。嘉靖十六年三月,坐失机之罪降二级
刘文	庆阳卫人。屡立奇功,威名夙振。嘉靖八年五月,以分守凉州右副总兵刘文为总兵官镇守陕西。嘉靖十一年三月,命固原总兵官刘文率所部兵三千人赴延绥策应。嘉靖十六年三月,命原任陕西都督同知刘文充总兵官镇守延绥。嘉靖十七年正月,改延绥总兵官刘文镇守甘肃。卒于官,谥武襄
杨信	嘉靖二十年充任甘肃总兵官。嘉靖二十二年,詹荣以右佥都御史巡抚甘肃。鲁迷贡使留甘州者九十余人,总兵官杨信驱以御寇,死者十之一。荣言:"彼以好来,而用之锋摘,失远人心,且示中国弱。"诏夺信官,措死者送之归。番人感悦

续表

仇鸾	宁夏人。咸宁侯仇越之孙，袭侯爵。嘉靖二十三年任。以"怙宠通边"为总督三边曾铣所劾，巡抚杨博也揭发"其贪罔三十事"，嘉靖二十六年，皇帝下诏将其逮治至京，但为奸相严嵩所庇，更加宠任。"后事觉，卒磔尸，爵除，传首九边。"
王继祖	密云人，都督金事。嘉靖二十六年，改镇守山西总兵官王继祖镇守甘肃。二十八年，正月套房自西海还掠永昌镇羌等处，甘肃总兵王继祖督诸将御却之。功升都督同知。嘉靖三十三年二月，甘肃总兵王继祖巡抚王诰遣降人王真率卒百余人出塞捣房首那木孩巢。三十三年秋九月，套房悉众分犯永昌、西宁等处。守御敌胜之。又岔口生番写尔等族屡犯镇羌等边
孙朝	嘉靖三十六年九月，改山西总兵官署都督金事孙朝镇守甘肃。嘉靖三十七年十二月，革甘肃总兵孙朝职听勘。升延绥副总兵署都指挥金事徐仁署都督金事，充总兵官代之。坐八月中房犯甘州朝失事不以闻，而科索部卒，为御史甄敬所劾也
徐仁	嘉靖三十七年十二月，升延绥副总兵署都指挥金事徐仁署都督金事充总兵官。嘉靖三十九年二月，总兵徐仁等帅副总兵吴徵、参将周钦、游击李震等各分道击之，遇房于山丹岔口、西宁等处诸番以兵来助，连战斩首房一百余级。疏下兵部议功。嘉靖四十一年五月，以原任甘肃总兵徐仁充延绥定边副总兵
吕经	嘉靖三十八年七月，分守延绥左参将吕经充右副总兵官分守凉州。隆庆二年十二月，命原镇守甘肃总兵官署都督金事吕经镇守陕西。隆庆六年十月，革宁夏总兵官谢朝恩任闲住。朝恩自陈兵部参其狡媚也，其延绥总兵官雷龙、陕西总兵官吕经、分守延绥定边副总兵官张杰，部覆俱留用。辽阳副总兵为事官赵完仍候防秋毕日议处
傅津	嘉靖四十二年正月，命分守肃州参将署都指挥金事傅津充副总兵官分守燕河营。嘉靖四十四年二月，升分巡燕河营副总兵署都指挥金事傅津署都督金事，充副总兵官镇守甘肃。隆庆六年八月，傅津以神枢营右副将充副总兵官镇守保定等处地方。万历六年三月，升镇守保定等处总兵官署都督同知傅津充总兵官印镇守延绥地方。万历八年十二月，以巡按御史刘国光劾奏革职。万历九年三月，以傅津擅自离任下巡按御史提问
张弼	嘉靖四十五年十月，命分巡西宁参将署都指挥金事张弼充右副总兵分守凉州。隆庆二年四月，革甘肃总兵刘承业任及原任凉州副总兵张弼、参将朱清、朱勋等。俱下御史问，以总督王崇古奏其赃罪不职也
刘承业	隆庆元年五月，升甘州左副总兵刘承业为都督金事充总兵官镇守甘肃等处。隆庆二年四月，革甘肃总兵刘承业任及原任凉州副总兵张弼、参将朱清朱勋等。俱下御史问，以总督王崇古奏其赃罪不职也。隆庆六年正月，谪原任总兵官刘承业戍边
杨真	隆庆二年四月，宁夏副总兵署都指挥金事杨真辽阳副总兵署都指挥金事。四年五月，录甘肃邀击抢番套房功。巡按陕西御史刘尧卿勘奏：是年房犯肃州破红山等堡寨失事状。言参将汤希韩逡巡畏房，徙令中军官陈守廉等拾取奇零。而千总王龙、把总全贯为房所败，总兵官杨真匿其败，掩他人功为己功，请各论究如法。上命革真、任与希韩等俱下御史问
郑印	隆庆二年正月，宁夏左参将署都指挥金事郑印充右副总兵分守凉州。隆庆四年五月，录甘肃邀击抢番套房功。赏总督侍郎王崇古、巡抚都御史王轮、总兵杨真、副总兵郑印等银币有差。隆庆四年十一月，升凉州副总兵署都指挥金事郑印为署都督金事充总兵官镇守甘肃等处
佟登	嘉靖四十一年五月，石门寨参将佟登充燕河营副总兵。四十二年正月，升燕河营副总兵署都指挥使佟登为署都督金事充总兵官镇守山西。九月，改镇守山西总兵官署都督金事佟登于辽东。隆庆元年三月命原任辽东总兵佟登充副总兵管宣府西路参将事。四年三月，升神枢营副将都指挥同知佟登为署都督金事。五年十二月，命神枢营左副将署都督金事佟登充镇守甘肃等处。万历四年三月，以原任甘肃总兵佟登金书中军都督府

续表

李震	隆庆六年十二月,升分守肃州右参将李震充副总兵协守甘州。万历二年四月,升协守甘州左副总兵署都指挥佥事李震为署都督佥事充甘肃总兵官。万历三年四月,镇守甘肃总兵官李震奏报万历二年下半年原额马步官军舍余实在逃故之数。万历五年三月,革甘肃总兵李震,为巡按御史所劾也
陈锐	隆庆元年十月,升威武堡指挥佥事陈锐为置都指挥佥事充延绥清平堡游击将军。隆庆四年六月,原任延绥游击将军陈锐为固原游击将军。隆庆六年四月,以固原游击将军陈锐分守宁夏东路。万历二年四月,命分守宁夏东路右参将陈锐充协守甘州左副总兵。万历六年二月,升协守甘州左副总兵陈锐署都督佥事充挂印总兵官镇守甘肃地方
麻锦	隆庆二年四月,以平房城参将麻锦充副总兵,代副总兵赵伯勋,大同人卫。万历五年四月,改甘肃总兵麻锦于山西,从总督请也。万历十一年五月,革总兵官麻锦任下巡按御史勘奏以御史陈性学劾其贪淫酷暴也
白允中	隆庆元年六月,命庄浪左参将署都指挥佥事白允中左副总兵协守甘州。隆庆五年正月,原任甘肃副总兵白允中充为事官管宣府东路参将事。万历三年正月,升副总兵分守宣府东路右参将白允中为署都督佥事充神机左营副将。万历三年七月,以神机营左副将白允中充总兵官镇守山西等处地方。万历五年四月,改山西总兵白允中于甘肃
雷龙	嘉靖三十八年九月,命宣府左参将雷龙充副总兵官分守建昌。嘉靖四十五年九月,副总兵署都指挥佥事雷龙为署都督佥事充总兵官镇守宁夏。隆庆四年正月,命镇守宁夏总兵署都督同知雷龙挂印充总兵官镇守延绥等处地方。万历元年四月,以镇守延绥总兵官都督同知雷龙挂印镇守宣府地方。万历七年五月,以后军都督府佥事右都雷龙充总兵官,镇守甘肃等处地方。万历十年二月,革甘肃总兵雷龙回卫,阅科田大年参其贪也
孙国臣	隆庆元年五月,升神机营练勇参将孙国臣充神机营副将。隆庆六年九月,以延绥东路右参将孙国臣充左副总兵官分守本路地方。万历元年九月,升分守延绥东路左副总兵孙国臣镇守陕西。万历十年二月,以孙国臣充总兵官镇守甘肃。万历三十年四月卒,予总兵都督佥事孙国臣祭葬如例
刘承嗣	万历元年五月,升山西岢岚州守备刘承嗣陕西行都司军政佥书。万历五年十一月,分守琼崖、固原游击刘承嗣充参将分守庄浪。万历十二年九月,以刘承嗣为协守甘肃地方左副总兵。万历十二年十一月,升甘州副总兵刘承嗣署都督佥事挂印充总兵官镇守宁夏。万历十三年六月,敕宁夏总兵官署都督佥事刘承嗣,以原官挂印充总兵官镇守甘肃。万历十六年十月,升甘肃总兵官刘承嗣后军都督府佥书管事。万历十八年正月,命原任后军都督府佥事署都督佥事刘承嗣充总兵官镇守陕西等处地方。万历二十年五月,协守洮岷副总兵陆贤不堪冲边,改调以原任陕西总兵官刘承嗣充副总兵代之。万历二十一年七月,以协守洮岷副总兵署都指挥佥事刘承嗣为镇守四川等处总兵官。万历二十五年六月,命陕西总兵刘承嗣为南京前军都督府佥书。万历二十八年四月以老病乞休。万历三十八年四月卒
李煐	隆庆四年六月,升靖虏堡守备署指挥佥事李煐署都指挥佥事。隆庆六年九月,以延绥领军游击李煐补本镇东路右参将。万历五年八月,以延绥东路参将李煐充副总兵分守凉州。万历十一年闰二月,升分守洮岷副总兵李煐为镇守宁夏总兵官。万历十四年七月,以原任宁夏总兵官李煐仍带府衔改分守洮阶副总兵。万历十六年十月,敕分守洮岷副将李煐以原官挂印充总兵官镇守甘肃。万历二十年五月,署宁夏总兵事副总兵李煐以咸望素轻机会屡失革任回卫
张臣	万历十八年,破卜失兔于水泉。万历二十二年八月,巡抚甘肃田乐题诸房合谋抢犯情势已露,吉囊有复仇之愤。永邵卜、火落赤耻市赏之革。扯酋有助逆之形,乃著力兔、宰僧欲勾吉囊而南永火欲率诸酋而北或欲共攻或欲分掠使甘凉庄肃西一带首尾不应。故制胜之策不可不豫,而巡按方元彦亦以秋防届期边事多衅为请部。覆令固原总兵杨浚移驻兰州以为声援甘肃总兵张臣仍驻甘州居中调度

续表

杨浚	万历二十年八月，命参将杨浚以副总兵仍管肃州参将事。二十一年，升杨浚署都督佥事总兵官镇守陕西。二十二年八月令固原总兵杨浚移驻兰州以为声援甘肃总兵张臣仍驻甘州居中调度策应东西。十月，敕陕西总兵杨浚以原官挂印镇守甘肃。二十三年七月，以甘肃总兵官杨浚金书中军都督府
王赋业	万历二十三年七月，命协守临洮副总兵王赋业充总兵官挂印镇守甘肃。万历二十三年十月行甘州斩馘赏，总兵王赋业实授都督佥事。万历二十五年六月，命甘肃总兵王赋业为右军都督府金书。万历二十六年九月，遣王赋业以原官充总兵镇守临洮地方
达云	万历二十四年二月叙西宁功，达云升署都督同知管事，候大将员缺推用。万历二十五年五月，命分守西宁署都督同知达云以原官挂印充总兵官，镇守延绥。万历三十六年五月卒。予原任甘肃总兵官太子太傅左都督达云祭葬如例，仍加祭二坛
赵梦麟	陕西榆林人，万历二十五年七月，升协守辽东西路副总兵，署都指挥佥事赵梦麟为署都督佥事，挂印充总兵官，镇守甘肃。万历二十七年十二月，命延绥巡抚王见宾解任回籍，总督李汶在任听勘，褫总兵赵梦麟职。后起用，援辽东战事，万历四十七年四月死于阵
李应诏	万历十四年二月，升兴都留守司掌印署正镇守李应诏为京城巡捕左参将。万历十九年正月，通州参将李应诏协守潮漳等处南澳副总兵。万历二十六年正月，调广西总兵童元镇于浙江调浙江总兵李应诏于广西各处镇守。万历二十九年七月，命镇守浙江总兵署都督佥事李应诏镇守甘肃
王邦佐	万历二十四年三月，升延绥游击王邦佐为固原参将。万历三十一年四月，以三边总督标下中军王邦佐为宁夏副总兵。万历三十五年十一月，以宁夏副总兵王邦佐挂印充总兵官镇守甘肃地方。万历三十六年二月，互调总兵柴国柱挂印镇守甘肃等处地方，王邦佐镇守陕西等处地方。万历三十七年十二月，以陕西总兵王邦佐为南京右军都督府金书
官秉忠	万历三十四年十一月，以原任宁夏副总兵官秉忠为甘州左副总兵。万历三十七年四月，以甘肃副总兵官秉忠为蓟镇东协副总兵。万历四十年五月，命署都督同知官秉忠挂印充总兵官镇守延绥。万历四十七年三月，援辽总兵官秉忠以病免。天启五年八月，左军都督府添注管府事左都督官秉忠告病回籍
柴国柱	万历三十五年闰六月，凉州副总兵柴国柱充总兵镇守陕西。万历三十六年二月，互调总兵柴国柱挂印镇守甘肃等处地方，王邦佐镇守陕西等处地方。屡破银定、歹成部。万历四十年五月，总督黄嘉善甄别练兵官员举甘肃总兵柴国柱加实授都督同知
王允中	万历三十七年五月，以甘肃参将王允中为甘肃副总兵。万历四十二年十二月，巡抚陕西御史吉人疏劾甘肃旧帅柴国柱揽兵王允中骄横司不法状。万历四十三年正月，革甘肃总兵王允中，令回籍。天启元年十月，叙甘肃功，总兵李怀信加右都督，荫一子本卫正千户世袭。荫一子实授百户。王允中仍酌量起用
李怀信	万历四十年六月，升总兵李怀信署都督佥事充总兵官，镇守临洮。万历四十三年，擢甘肃总兵官，延人为立生祠。万历四十六年四月初二日，青上湖达虏分三股入犯镇番，总兵李怀信督官兵击却之。万历四十八年因病以辽东总兵官免职。天启初年，调大同卫总兵官。三年罢回卫。遂卒
祁秉忠	万历三十八年闰三月，洪水游击祁秉忠为镇海游击。万历四十六年八月，升永昌参将祁秉忠为凉州副总兵。万历四十七年三月，升秉忠署都督佥事挂平羌将军印镇守甘肃。天启二年正月，援辽东战事，祁秉忠扶病而战中箭而死
薛永寿	万历四十六年五月，升河州参将薛永寿为甘州副总兵。升署都督金书薛永寿为神机营右副将。天启元年正月，以原任副总兵薛永寿管甘州西路事。闰二月，升副总兵薛永寿署都督佥事充总兵官。永寿镇守甘肃。三年三月，甘肃总兵薛永寿自请率兵赴山海关。十月，前甘肃总兵薛永寿侵饷，以巡抚李若星论逮

续表

董继舒	天启三年五月，升宁夏东路副总兵董继舒为挂印总兵，镇守甘肃等处地方。天启四年五月丁卯，甘肃松山银定台吉纠海西古六台吉犯甘肃榆林兵备宋槃游击周世显以报巡抚李若星预备之，总兵董继舒击斩二百七十七级，大创去
徐永寿	天启元年十月，升参将徐永寿副总兵，协守大同。天启元年十一月，改大同副总兵徐永寿蓟镇副总兵。天启二年六月，调甘镇副总兵徐永寿为洮岷副总兵。天启三年五月，调洮岷副总兵徐永寿为延绥中路副总兵。天启六年闰六月，命副总兵徐永寿署都督佥事充总兵官挂印镇守甘肃
杨嘉谟	天启末充任甘肃总兵官。崇祯四年，农民军红军友、李都司、杜三、杨老柴者，神一魁余党也，屯镇原，将犯平凉。巡抚练国事檄甘肃总杨嘉谟、副将王性善扼之，农民军走庆阳
柴时华	崇祯时任甘肃总兵官。崇祯十四年，吕大器擢右佥都御史，巡抚甘肃。劾总兵官柴时华不法，解其职，立遣副将王世宠代之。时华乞兵西部及吐鲁番为变，吕大器令世宠讨败时华及西部，时华自焚死
马爌	崇祯十二年六月擢总兵官，镇守天津。久之，移镇甘肃。十五年督三协副将王世宠、王加春、鲁胤昌等讨破叛番，斩首七百余级，抚安三十八族而还
王世宠	崇祯十四年，总兵官柴时华不法解职，副将王世宠代之

（资料来源：根据《明史》、《明实录》、《甘州府志》、《重刊甘镇志》、《明实录》整理。）

附录四　明代甘肃镇历任巡抚一览表

徐晞	宣德十年（1435）六月，命兵部右侍郎徐晞参赞军务，镇守甘肃。十一月，召徐晞回京
柴车	宣德十年（1435）十一月，命兵部左侍郎柴车往甘肃整饬边备
王骥	字尚德，直隶束鹿人。正统二年五月命行在兵部尚书王骥理甘肃边务。巡抚甘肃，最著威名
罗汝敬	江西吉水人。正统初，整理河西屯田，定赋利，广储蓄，至今（清顺治间）宗之
曹翼	正统五年（1440）二月，命行在右佥都御史曹翼参赞甘肃军务
程富	正统六年（1441）六月，大理少卿程富为右佥都御史，代曹翼参赞甘肃军务
曹翼	正统七年（1442）八月，敕右佥都御史曹翼代程富参赞军务
马昂	直隶沧州人。狷介特立，育材恤下。正统十一年（1446）九月癸巳，由刑部右侍郎为右副都御史，参赞甘肃军务
罗亨信	字用实，广东东莞人。英宗即位之三月，擢右佥都御史，练兵平凉、西宁
宋杰	景泰元年（1450）二月庚寅，左副都御史宋杰往甘肃，代马昂参赞军务
芮钊	天顺二年（1457）五月壬寅，由陕西左布政为右副都御史，巡抚甘肃
吴琛	天顺六年（1462）十二月己卯，由大理寺丞为右佥都御史，巡抚甘肃
徐廷璋	成化元年（1465）四月，右佥都御史徐廷璋巡抚甘肃
娄良	成化七年（1471）十月庚寅，陕西左布政使娄良以右副都御史巡抚甘肃
朱英	成化十年（1474）二月甲申，朱英右副都御史巡抚甘肃
宋有文	成化十一年（1475）十二月己卯，陕西右布政使宋有文右副都御史巡抚甘肃
王朝远	成化十三年（1477）五月壬辰，陕西按察使王朝远巡抚甘肃

续表

姓名	任职情况
王浚	成化十五年（1479）七月壬戌，以右佥都御史巡抚甘肃
侯瓒	成化十六年（1480）正月戊子，光禄寺卿侯瓒左佥都御史巡抚甘肃
鲁能	成化二十年（1484）十月，陕西左布政使鲁能巡抚甘肃
唐瑜	成化二十年（1485）四月庚申，云南左布政使唐瑜右副都御史巡抚甘肃
罗明	成化二十三年（1487）正月戊辰，罗明以右佥都御史巡抚甘肃
王继	弘治二年（1489）十一月庚午，王继自宣府巡抚甘肃
冯续	弘治四年（1491）十月庚戌，升陕西右布政使冯续为右副都御史，巡抚甘肃
许进	弘治七年（1494）冯续以甘州被寇罢，十二月，许进由陕西按察使任甘肃巡抚
吴珉	弘治九年（1496）八月，许进改抚山西，辛卯，山东左布政使吴珉右副都御史巡抚甘肃
周季麟	弘治九年（1497）十二月庚辰，河南左布政使周季麟右副都御史巡抚甘肃
刘璋	弘治十三年（1500）六月丁亥，山西右布政使刘璋右副都御史巡抚甘肃
毕亨	弘治十五年（1502）五月辛卯，陕西左布政史毕亨右副都御史巡抚肃
曹元	弘治十八年（1505）十一月癸卯，山东左布政使曹元由副都御史巡抚甘肃
才宽	正德二年（1507）正月庚申，河南左布政使才宽右都御史巡抚甘肃。三年改陕西巡抚
胡瑞	正德三年（1508）六月丁卯，山西左布政使胡瑞巡抚甘肃
张翼	正德四年（1509）九月乙巳，湖广右参政张翼为右佥都御史，巡抚甘肃
赵鑑	正德九年（1514）四月戊午，陕西右布政使赵鑑右副都御史巡抚甘肃
李昆	正德十年（1515）七月己丑，陕西左布政使李昆右副都御史巡抚甘肃。正德十三年三月年被逮
邓璋	正德十三年（1518）三月庚申，起右都御史邓璋巡抚甘肃
文贵	正德十五年（1520）八月壬午，抚治郧阳右副都御史文贵巡抚甘肃
许铭	正德十六年（1521）五月甲子，山东左布政使许铭巡抚甘肃。嘉靖元年，甘州军乱，被杀
陈九畴	嘉靖元年（1522）许铭被害，升陕西按察使陈九畴为右佥都御史往代
寇天叙	嘉靖四年（1525）正月壬午，巡抚郧阳寇天叙巡抚甘肃。明年升右副都御史，巡抚陕西
李珏	嘉靖五年（1526）十一月辛巳，升山西按察使李珏右佥都御史，巡抚甘肃。明年被夺官
唐泽	嘉靖六年（1527）四月丁卯，陕西右布政唐泽右副都御史巡抚甘肃
赵载	嘉靖八年（1529）四月，陕西参政赵载右佥都御史巡抚甘肃
张汉	嘉靖十四年（1535）十一月，顺天府丞张汉左佥都御史，巡抚甘肃
牛天麟	嘉靖十五年（1536）三月辛未，起牛天麟右佥都御史，巡抚甘肃
丁汝夔	嘉靖十八年（1539）闰七月甲辰，山西左布政使丁汝夔右副都御史，巡抚甘肃
陈卿	嘉靖十九年（1540）五月已巳，应天府尹陈卿右副都御史，巡抚甘肃
底蕴	嘉靖二十一年（1542）闰五月壬戌，升陕西左布政使底蕴为都察院右副都御史，巡抚甘肃
詹荣	嘉靖二十二年（1543）二月，底蕴卒。四月乙酉，南太币卜寺少卿詹荣右佥都御史，巡抚甘肃

续表

赵锦	嘉靖二十三年（1544）二月辛未，巡抚大同赵锦与甘肃詹荣易镇
傅凤翔	嘉靖二十四年（1545）三月壬辰，山东左参政傅凤翔右佥都御史，巡抚甘肃
杨博	嘉靖二十五年（1546）三月丙子，山东左参政杨博右佥都御史，巡抚甘肃
王仪	嘉靖二十九年（1550）七月甲寅，山西右参政王仪巡抚甘肃。同年九月即被王浩代
王浩	嘉靖二十九年（1550）九月辛卯，陕西右参政王浩佥都御史巡抚甘肃
魏谦吉	嘉靖三十四年（1555）七月癸巳，大理寺右少卿魏谦吉右佥都御史，巡抚甘肃
陈棐	嘉靖三十六年（1557）六月壬申，陕西按察使陈棐右佥都御史巡抚甘肃
胡汝霖	嘉靖三十八年（1559）三月壬子，大理寺右少卿胡汝霖巡抚甘肃
戴才	嘉靖四十年（1561）闰五月癸巳，前南太卜寺少卿戴才右佥都御史巡抚甘肃
石茂华	嘉靖四十五年（1566）五月庚子，石茂华右佥都御史巡抚甘肃
王轮	隆庆元年（1567）以右佥都御史任。四年被劾巡抚甘肃不职，致仕
杨锦	隆庆四年（1570）十月丁巳，由山西按察为右佥都御史巡抚甘肃
廖逢节	隆庆五年（1571）六月庚子，山西右参政廖逢节右佥都御史巡抚甘肃
侯东莱	万历二年（1574）八月癸卯，应天府尹侯东莱右副都御史巡抚甘肃。三年，上言宾兔请市，上从之。万历九年（1581）九年二月丁未，甘肃巡抚侯东莱致仕
鲍承荫	万历八年（1580）长治进士，代东莱
张梦鲤	万历九年（1581）九年二月己未，顺天张梦鲤右副都御史巡抚甘肃。四月辛酉，改大理寺卿
栗用禄	万历九年（1581）五月癸未，自原南户部侍郎为兵部左侍郎，巡抚甘肃。十二月庚子致仕
王漩	万历九年（1581）十二月癸巳，山西右参政王漩右佥都御史巡抚甘肃
董尧封	万历十一年（1583）七月丁亥，应天府垂董尧封右佥都御史巡抚甘肃
曹子登	万历十二年（1584）十一月己亥，山西右布政使曹子登右佥都御史巡抚甘肃。万历十六年改巡保定
李廷仪	万历十六年（1588）十月乙酉，陕西按察李廷仪右佥都御史巡抚甘肃
余之祯	万历十八年（1590）七月，陕西右布政使余之祯右佥都御史巡抚甘肃
贾待问	万历十八年（1590）十一月癸卯，起原副都御史贾待问巡抚甘肃
叶梦熊	万历十九年（1591）九月辛巳，陕西巡抚叶梦熊巡抚甘肃
田乐	万历二十年（1592）四月戊申，田乐以右佥都御史甘肃
刘敏宽	万历二十六年（1598）六月丁丑，刘敏宽巡抚甘肃，当月即被罢
徐三畏	万历二十六年（1598）七月壬子，以右佥都御史巡抚甘肃
周盘	万历三十四年（1606）正月庚午，顺天府压周盘升右佥都御史巡抚甘肃
荆州俊	万历四十一年（1613）六月甲午，房潜入西海，巡抚甘肃荆州俊以闻
祁光宗	万历四十三年（1615）七月辛亥，宁道左布政使祁光宗右副都御史，巡抚甘肃。明年改名伯裕
杜承式	万历四十七年（1623）代祁光宗巡抚甘肃，后病免

续表

徐养量	万历四十八年（1620）八月癸丑，徐养量巡抚甘肃
王家祯	天启五年（1625）三月，革李若星职。四月癸巳，王家祯右佥都御史巡抚甘肃
张三杰	天启六年（1626）十月乙丑，山西按察使张三杰右佥都御史巡抚甘肃
梅之焕	崇祯元年（1628）五月丁卯，梅之焕右佥都御史巡抚甘肃
刘应遇	崇祯三年（1630）六月丁卯，刘应遇巡抚甘肃
白贻清	崇祯四年（1631）二月戊辰，白贻清为右佥都御史巡抚甘肃
张应辰	崇祯七年（1634）二月乙亥，张应辰右佥都御史巡抚甘肃
汤道衡	崇祯八年（1635）十月庚辰，汤道衡右佥都御史巡抚甘肃
刘镐	崇祯十一年（1638）正月辛卯，刘镐巡抚甘肃
吕大器	崇祯十四年（1641）自关南参议擢右佥都御史，巡抚甘肃
林日瑞	崇祯十五年（1642）六月乙卯，迁右佥都御史，巡抚甘肃。明年十二月甲申，李自成陷甘州，林日瑞死之

（资料来源：根据吴廷燮《明巡抚年表》整理。）

附录五　明代甘肃镇嘉靖年间官军数统计表

嘉靖十八年（1539）官军数

各卫所、军堡 \ 官员数（员名）	原额官军（年代不详）	实有官军（嘉靖十八年左右）
甘州左等五卫	29788	10524
洪水堡	1277	1266
平川堡	300	299
山丹卫	6997	1893
永昌卫	6327	1635
凉州卫	9529	4996
镇番卫	4139	2750
古浪所	1320	290
镇羌堡	700	700
岔口堡	400	400
红城子堡	901	738
沙井水二堡	5325	4676
镇夷所	1523	1229
高台所	1680	1406
肃州卫	10005	4578
总计	80211	37380

嘉靖二十六年（1547）兵马数

甘州卫	甘州左等五卫	官军原额马步28413员名，新旧招募士兵1450名。出逃故外，又除分拨洪水等四堡1645，名，凉州、庄浪、永昌游兵834名，见在留镇9962员名	马原额7285匹，新买招募游兵马382匹，除倒损外，又除分拨洪水等四堡895匹，凉州、庄浪、永昌游兵616匹，见在留镇5278匹	备御官军1924员名，马168匹
		洪水堡	官军原额甘、山二卫马步见在805员名，马495匹	
		黑城堡	官军原额马步见在313员名，马220匹	
		平川堡	官军原额马步见在315员名，马194匹	
		板桥堡	官军原额马步见在274员名，马7匹	
		甘峻堡	按伏官军200员名	
		古城堡	按伏官军200员名	
	山丹卫	官军原额马步5659员名，新旧招募士兵395名。除逃故外，又分拨花寨、洪水二堡322名，凉州、庄浪、永昌游兵470名，见在留城1397员名	马原额1138匹，新旧招募128匹，除倒损外，又除分拨洪水等四堡585匹，见在留城604匹	
		石硖口堡	备御官军624员名，马170匹	
		花寨堡	官军原额马步见在260员名，马170匹	
	高台守御千户所	官军原额马步1317员名，新旧招募士兵177名。除逃故外，又除分拨永昌游兵52名，见在留城1367员名	马原额651匹，新买茶马571匹，除倒损外，又分拨永昌游兵52匹，见在留城519匹	
		八坝堡	防守官军马步50员名	
		九坝堡	防守官军马步50员名	
		红崖堡	防守官军马步25名	
		镇羌堡	官军马步25员名	
庄浪卫		汉土官军原额6225员名，新旧招募士兵200名。除逃故外，又除分拨各城堡619员名，见在留城2422员名	马原额2040匹，易买200匹，除倒损外，又除分拨各城堡299匹，见在留城1257匹	备御官军647员名
	红城子堡	官军原额马步900员名，备御官军400员名，除逃故外，又除分拨各堡562员名，见在留城572员名。马原额880匹，备御马4匹，除倒损外，又除分拨各堡54匹，见在留城442匹		
	镇羌堡	官军原额马步183员名，备御官军700员名，除逃故外，见在留城765员名。马原额、备御并新增茶易马252匹，除倒损外，又除分拨岔口堡防御、传报马12匹，见在留城128匹		
	岔口堡	备御官军原额马步400员名，除逃故外，见在留城328员名。马原额、备御并新增茶易马84匹，除倒损外，见在留城15匹		
	沙井儿堡	备御官军400员名，马2匹		
	苦水湾堡	备御官军200员名，马2匹		
	野狐城堡	备御官军200员名，马2匹		
	青寺儿堡	备御官军200员名，马1匹		
	南大通山口堡	备御官军200员名，马2匹		
	武胜堡	备御官军101员名，马2匹		

续表

凉州卫	凉州卫	官军原额马步6189员名，新增招募士兵700名。除逃外，又除分拨各城堡706员名、凉州、庄浪、永昌游兵850员名，见在留城2993员名		马原额1380匹，新买700匹，除倒损外，又除分拨各城堡游兵1029匹，见在留城1003匹	备御官军1738员名，马159匹
		双塔堡	甲军87名		
		靖边堡	甲军51名		
		大河堡	甲军139名		
		武胜堡	甲军73名		
		怀安堡	甲军49名		
		柔远堡	甲军57名		
	古浪守御千户所	官军原额马步1235员名，除逃故外，又除分拨各城堡126员名，见在留城126员名		马原额208匹，除倒损外，又除分拨各城堡3匹，见在留城122匹	备御官军150员名，马50匹
		黑松林堡	备御官军102员名，马2匹，甲军67名		
		安远战堡	备御官军203员名，马3匹，甲军18名		
	镇番卫	官军原额马步3303员名，新旧招募士兵336名。除逃故外，又除分拨各城堡923员名，永昌游兵20名，见在留城1161员名		马原额1146匹，除倒损外，又除分拨各城堡261匹，见在留城598匹	
		三岔堡	按伏官军153员名，马151匹，甲军52名		
		黑山堡	按伏官军119员名，马110匹，甲军46名		
	永昌卫	官军原额马步5686员名，新旧招募士兵200名。除逃故外，又除分拨永宁、凉州、庄浪、永昌防守游兵322员名，见在留城1076员名		马原额916匹，新买茶易马301匹，除倒损外，又除分拨各城堡防守游兵332匹，见在留城532匹	
		水磨川堡	甲军67名		
		永宁堡	备御官军101员名，马101匹		
		水泉儿堡	堡甲军84名。备御官军300员名，马19匹		
		真景堡	甲军84名		
		高古城堡	备御官军200员名，马2匹		
肃州卫	肃州卫	官军原额马步7959员名，新旧抽选充发士兵1230名。除逃故外，又除分拨嘉峪关各堡防守巡番1093名，见在留城2977员名		马原额3194匹，新买茶易存留马686匹，除倒损外，又除分拨各堡关隘、按伏、巡番、传塘243匹，见在留城2644匹	
		嘉峪关	防守官军388员名		
		金佛寺堡	按伏官军200员名		
		临水堡	甲军100名		
	镇夷守御千户所	官军原额马步1129员名，新旧招募充发士兵167名。除逃故外，又除分拨各城堡、传塘、守墩、永昌游兵346名，见在留城776员名		马原额664匹，新买茶马110匹，除倒损外，又除分拨各城堡、按伏、传塘129匹，永昌游兵60匹，见在留城367匹	
		马营堡	按伏官军50员名		
		深沟堡	甲军43名		
		临池堡	甲军57员名		

续表

西宁卫		官军原额马步6785员名，新旧招募士兵500名。除逃故外，并拨碾伯右所官军外，又除分拨红城子堡防守500名，凉州、庄浪、永昌游兵1300员名，见在留城3084员名	马原额3578匹，新买兑给茶马242匹，除倒损外，又除分拨各城堡游兵1817匹，见在留城1242匹
	碾伯右所	官军575员名，马249匹	
	冰沟堡	按伏官军50员名，马1匹	
	古都堡按	伏官军500员名，马2匹	

（资料来源：根据《皇明九边考》、《边政考》整理。）

参考文献

史籍方志

[1] (清) 张廷玉, 等. 明史 [M]. 北京: 中华书局, 1974.

[2] (明) 兵部. 九边图说 [M]. 玄览堂丛书初辑. 台北: 正中书局, 1981.

[3] (明) 大明实录 [M]. 影印江苏图书馆传抄本, 1940.

[4] (明) 何铿. 修攘通考 [M]. 全6卷. 1578 (此书以苏轼《地理指掌图》, 与许论《九边图》、桂萼《明舆地图》三书合而刊之).

[5] (明) 程道生. 九边图考 [M]. 不分卷, 武进庄氏玉青馆, 1919.

[6] (明) 陈子龙, 等. 皇明经世文编 [M]. 1638版. 北京: 全国图书馆文献缩微复制中心, 1989.

[7] (明) 方逢时. 大隐楼集 [M]. 清乾隆四十二年方承保刊本. 北京图书馆珍藏.

[8] (明) 孙世芳. 宣府镇志·卷22 [M]. 中国方志丛书影印明嘉靖四十年刊本. 台北: 成文出版社, 1970.

[9] (明) 魏焕. 皇明九边考 [DB/OL]. 长城文化网.

[10] (明) 峨眉山人 (尹耕). 译语 [M] // (明) 沈节甫. 纪录汇编.

[11] (明) 方孔炤. 全边略记 [DB/OL]. 崇祯刻本. 长城文化网.

[12] (明) 霍冀. 九边图说 [M]. 扬州: 江苏广陵古籍刻印社, 1986.

[13] (明) 金幼孜. 北征录 [M]. 中国国家图书馆微缩制品.

[14] (明) 李贤. 大明一统志 [M]. 北京: 全国图书馆文献缩微复制中心, 2001.

[15] (明) 刘效祖. 四镇三关志 [DB/OL]. 长城文化网.

[16] (清) 谈迁. 国榷 [M]. 上海: 上海古籍出版社, 2008.

[17] (明) 万表. 皇明经济文录. 41卷 [M]. 1554年版. 北京: 全国图书馆文献缩微复制中心, 1994.

[18] (明) 王世贞. 弇山堂别集 [M]. 北京: 中华书局, 1985.

[19] (明) 王圻撰. 续文献通考. 254卷 [M]. 中国国家图书馆微缩制品.

[20] (清) 杨应琚. 西宁府新志 [M]. 西宁: 青海人民出版社, 1988.

[21] (明) 陈仁锡. 皇明世法录 [M]. 北京: 中华书局, 1986.

[22] (明) 杨嗣昌. 杨嗣吕集 [M]. 长沙: 岳麓书社, 2005.

[23] (明) 徐宏祖. 徐霞客游记 [M]. 中国国家图书馆微缩制品.

[24] (明) 许论. 九边图论 [M]. 1621年版. 北京: 全国图书馆文献缩微复制中心, 1993.

[25] (明) 茅元仪. 武备志 [M]. 海口: 海南出版社, 2001.

[26] (明) 张居正, 等. 大明会典 [M]. 中国国家图书馆微缩制品.

[27] (明) 陈建. 皇明纪要 [M]. 台北: 台湾商务印书馆, 1973.

[28] (明) 张天复. 皇舆考. 12卷 [M]. 1557年版. 中国国家图书馆微缩制品.

[29] (明) 郑晓. 边纪略 [M]. 中国国家图书馆微缩制品.

[30] (明) 郑晓. 皇明北房考 [DB/OL]. 长城文化网.

[31] (明) 郑晓. 今言·卷一 [M]. 北京: 中华书局, 1984.

[32] (明) 朱元璋. 皇明祖训 [M]. 再造善本. 北京: 北京图书馆出版社, 2002.

[33] (清) 顾炎武. 天下郡国利病书 [M]. 北京: 全国图书馆文献缩微复制中心, 1992.

[34] (清) 顾祖禹. 读史方舆纪要. 卷40 [M]. 北京: 中华书局, 1955.

[35] (清) 夏燮. 明通鉴 [M]. 北京: 中华书局, 2009.

[36] (清) 龙文彬. 明会要 [M]. 北京: 中华书局, 1956.

[37] (清) 钦定续文献通考·兵考九 [M]. 乾隆官修版. 杭州: 浙江古籍出版社, 2000.

[38] (明) 陈子龙. 明经世文编 [M]. 北京: 中华书局, 1962.

[39] (清) 钟赓起. 甘州府志 [M]. 兰州: 甘肃文化出版社, 2008.

[40] (清) 查继佐. 罪惟录 [M]. 杭州: 浙江古籍出版社, 1986.

[41] (清) 纪昀, 等. 历代职官表 [M]. 上海: 上海古籍出版社, 1989.

[42] (明) 朱元璋. 明大诰 (御制大诰) [M]. 1387.

[43] (明) 张雨. 边政考 [M]. 台北: 台湾华文书局, 1968.

[44] (清) 沈清崖. 陕西通志 [M]. 西安: 三秦出版社, 2012.

[45] (清) 钟庚起. 甘州府志 [M]. 兰州: 甘肃文化出版社, 1995.

[46] (明) 李应魁. 肃镇华马理、吕楠编纂夷志 [M]. 兰州: 甘肃人民出版社, 2006.

[47] (清) 杨春茂. 甘镇志 [M]. 台北: 台湾学生书局, 1968.

[48] (清) 梁份. 秦边纪略 [M]. 西宁: 青海人民出版社, 1987.

现当代书籍

[49] 艾冲. 明代陕西四镇长城 [M]. 西安: 陕西师范大学出版社, 1990.

[50] 薛长年. 西塞雄风——陇右长城文化 [M]. 兰州: 甘肃教育出版社, 2008.

[51] 王国良. 中国长城沿革考 [M]. 上海: 商务印书馆, 1931.

[52] 高凤山, 张军武. 嘉峪关及明长城 [M]. 北京: 文物出版社, 1989.

[53] 马建华, 张力华. 遥望星宿·甘肃考古文化丛书·长城 [M]. 兰州: 敦煌文艺出版社, 2004.

[54] 甘肃省文物局, 甘肃省文物考古研究所. 临洮战国秦长城、山丹汉、明长城调查报告 [M]. 兰州: 甘肃人民出版社, 2007.

[55] 白寿彝, 苏秉琦. 中国通史第二卷远古时代 [M]. 上海: 上海人民出版社, 1990.

[56] (美) 保罗·鲍克斯. 地理信息系统与文化资源管理: 历史遗产管理人员手册 [M]. 胡明星, 董卫译. 南京: 东南大学出版社, 2001.

[57] 顾颉刚, 史念海. 中国疆域沿革史 [M]. 北京: 商务印书馆, 1999.

[58] 邓海波. 中国历代赋税思想及其制度 [M]. 台北: 正中书局, 1984.

[59] 董鉴泓. 中国城市建设史 [M]. 北京: 中国建筑工业出版社, 2004.

[60] 董耀会. 瓦合集——长城研究文论 [M]. 北京: 科学出版社, 2004.

[61] 董耀会. 话说长城 [M]. 南京: 江苏科学技术出版社, 2008.

[62] 陈宝国, 宫兆敏. 亘古沧桑话幽燕 [M]. 北京: 地质出版社, 2008.

[63] 杜瑜. 中国文明史话——屯田史话 [M]. 北京: 中国大百科全书出版社, 2000.

[64] 葛剑雄, 安介生. 天下雄关——古代关隘释读 [M]. 长春: 长春出版社, 2008.

[65] 郭红, 靳润成. 中国行政区划史·明代卷 [M]. 上海: 复旦大学出版社, 2007.

[66] 国家经委经济管理研究所. 中国古代思想与管理现代化[M]. 昆明：云南人民出版社，1985.
[67] 彭曦. 十年来考察与研究长城的主要发现与思考[M]. //中国长城学会. 长城国际学术研讨会论文集. 长春：吉林人民出版社，1995.
[68] 郭肇立. 聚落与社会[M]. 台北：田园城市文化事业公司，1998.
[69] 葛剑雄，曹树基. 中国移民史·第五卷明时期[M]. 福州：福建人民出版社，1997.
[70] 黄建军. 中国古都选址与规划布局的本土思想研究[M]. 厦门：厦门大学出版社，2005.
[71] 黄杏元，马劲松，汤勤. 地理信息系统概论[M]. 北京：高等教育出版社，2001.
[72] 胡阿祥，彭安玉，郭黎安. 兵家必争之地——中国历史军事地理要览[M]. 海口：海南出版社，2007.
[73] 胡长春. 谭纶评传[M]. 南昌：江西人民出版社，2007.
[74] 边强. 甘肃关隘史[M]. 北京：科学出版社，2011.
[75] 薛长年. 嘉峪关史话[M]. 兰州：甘肃文化出版社，2007.
[76] 杨青. 肃州史话[M]. 兰州：甘肃文化出版社，2007.
[77] 邕江. 酒泉史话[M]. 兰州：甘肃文化出版社，2007.
[78] 靳润成. 明朝总督巡抚辖区研究[M]. 天津：天津古籍出版社，1996.
[79] 景爱. 中国长城史[M]. 上海：上海人民出版社，2006.
[80] 赖家度，李光璧. 明朝对瓦剌的战争[M]. 上海：华东人民出版社，1954.
[81] 嘉峪关市志编纂委员会. 嘉峪关市志[M]. 兰州：甘肃人民出版社，1990.
[82] 甘肃省地方史志编纂委员会，甘肃省军区军事志领导小组. 甘肃省志[M]. 兰州：甘肃人民出版社，2001.
[83] 李国祥，杨昶. 明实录类纂——经济史料卷[M]. 武汉：武汉出版社，1993.
[84] 李穆南，于文. 治边方略[M]. 北京：中国环境科学出版社，2006.
[85] 李孝聪. 中国区域历史地理[M]. 北京：北京大学出版社，2004.
[86] 梁方仲. 中国历代户口、田地、田赋统计[M]. 上海：上海人民出版社，1980.
[87] 刘敦桢. 中国古代建筑史[M]. 北京：中国建筑工业出版社，1998.
[88] 刘谦. 明辽东镇长城及防御考[M]. 北京：文物出版社，1989.
[89] 刘展. 中国古代军制史[M]. 北京：军事科学出版社，1992.
[90] 刘镇伟，汪前进. 中国古地图精选[M]. 冯琼欢，译. 北京：中国世界语出版社，1995.
[91] 林珲，赖进贵，周成虎. 空间综合人文学与社会科学研究[M]. 北京：科学出版社，2010.
[92] 路遇，藤泽之. 中国人口通史[M]. 济南：山东人民出版社，1999.
[93] 罗东阳. 明代军镇镇守体制初探[M]. 长春：东北师范大学出版社，1994.
[94] 罗贤佑. 历史与民族——中国边疆的政治、社会和文化[M]. 北京：社会科学文献出版社，2005.
[95] 罗哲文. 长城[M]. 北京：旅游出版社，1988.
[96] 罗哲文，中国长城学会. 长城百科全书[M]. 长春：吉林人民出版社，1994.
[97] 吕一燃. 中国北部边疆史研究[M]. 哈尔滨：黑龙江教育出版社，1998.
[98] 马楚坚. 明清边政与治乱[M]. 天津：天津人民出版社，1994.
[99] 马正林. 中国城市历史地理[M]. 济南：山东教育出版社，1998.
[100] 梅宁华，孔繁峙. 中国文物地图集[M]. 北京：科学出版社，2008.
[101] 南炳文，汤纲. 明史[M]. 上海：上海人民出版社，1981.

[102] 南炳文. 辉煌、曲折与启示—20世纪中国明史研究回顾[M]. 天津: 天津人民出版社, 2001.

[103] 倪健民, 宋宜昌, 北京泛亚太经济研究所. 国家地理—从地理版图到文化版图[M]. 北京: 中国国际广播出版社, 1997.

[104] 彭勇. 明代班军制度研究——以京操班军为中心[M]. 北京: 中央民族大学出版社, 2006.

[105] 彭勇. 明代北边防御体制研究[M]. 北京: 中央民族大学出版社, 2009.

[106] 陈守忠. 河陇史地考述[M]. 兰州: 甘肃人民出版社, 2007.

[107] 侯丕勋, 刘再聪. 西北边疆历史地理概论[M]. 兰州: 甘肃人民出版社, 2007.

[108] 史念海. 中国历史地理论丛书[M]. 西安: 陕西人民出版社, 1985.

[109] 史念海. 中国历史人口地理和历史经济地理[M]. 台湾: 学生书局, 1990.

[110] 孙超. 必争之地. 古今军事地理文化要览[M]. 哈尔滨: 哈尔滨出版社, 2010.

[111] 谭其骧. 中国历史地图集·第七册·元明时期[M]. 北京: 中国地图出版社, 1982.

[112] 汤纲, 朱元寅. 二十五史新编——明史[M]. 上海: 上海古籍出版社, 1997.

[113] 汤国安, 杨昕. 地理信息系统空间分析实验教程[M]. 北京: 科学出版社, 2006.

[114] 张成才, GIS空间分析理论与方法[M]. 武汉: 武汉大学出版社, 2004.

[115] 王春瑜. 明史论丛[M]. 北京: 中国社会科学出版社, 1997.

[116] 王雷鸣. 历代食货志注释第四册[M]. 北京: 农业出版社, 1994.

[117] 王铭铭. "裂缝间的桥"解读摩尔根的《古代社会》[M]. 济南: 山东人民出版社, 2004.

[118] 王育民. 中国历史地理概论[M]. 北京: 人民教育出版社, 1988.

[119] 王毓铨. 明代的军屯[M]. 北京: 中华书局, 1965.

[120] 王子今. 中国文明史话——驿道驿站[M]. 北京: 中国大百科全书出版社, 2000.

[121] 文物编辑委员会. 中国长城遗迹调查报告集[M]. 北京: 文物出版社, 1981.

[122] 吴庆洲. 中国军事建筑艺术[M]. 武汉: 湖北教育出版社, 2006.

[123] 肖立军. 明代中后期九边兵制研究[M]. 长春: 吉林人民出版社, 2001.

[124] 许正文. 中国历史行政区划分与管理沿革[M]. 西安: 陕西师范大学出版社, 1990.

[125] 许倬云. 另一类考古学——许倬云自选集[M]. 上海: 上海教育出版社, 2002.

[126] 严文明. 中国环壕聚落的演变[M]. 《国学研究》第2卷. 北京: 北京大学出版社, 1994.

[127] 杨正泰. 明代驿站考[M]. 上海: 上海古籍出版社, 1994.

[128] 于默颖, 薄音湖. 明代蒙古汉籍史料汇编[M]. 第2辑. 呼和浩特: 内蒙古大学出版社, 2007.

[129] 张维华. 中国长城建置考[M]. 北京: 中华书局, 1979.

[130] 张印栋. 中国文明史话——疆域沿革[M]. 北京: 中国大百科全书出版社, 2000.

[131] 张泽咸, 郭松义. 中国屯垦史[M]. 北京: 文津出版社印行, 1997.

[132] 张士尊. 明代辽东边疆研究[M]. 长春: 吉林人民出版社, 2002.

[133] 张显清, 林金树. 明代政治史[M]. 桂林: 广西师范大学出版社, 2003.

[134] 周振鹤. 体国经野之道——新角度下的中国行政区划史[M]. 北京: 中华书局, 1990.

[135] 中国兵书集成编委会. 防守集成[M]. 北京: 解放军出版社; 沈阳: 辽沈社, 1992.

[136] 中国建筑工业出版社. 城池防御建筑[M]. 北京: 中国建筑工业出版社, 2010.

[137] 中国大百科全书·军事编委会. 中国大百科全书·军事(六)军事工程分册[M]. 北京: 中国大百科全书出版社, 2007.

[138] 中国军事史编写组. 中国军事史·历代战争年表（下）[M]. 北京：解放军出版社，1986.

[139] 中国军事史编写组. 中国军事史·第六卷兵垒、第三卷兵制[M]. 北京：解放军出版社，1991.

[140] 中国历史大辞典历史地理卷编委. 中国历史大辞典—历史地理卷[M]. 上海：上海辞书出版社，1996.

[141] 邹逸麟. 中国历史地理概述[M]. 福州：福建人民出版社，1993.

[142]（美）卡伦·C·汉娜，R·布赖恩·卡尔佩珀. GIS在场地设计中的应用[M]. 吴晓恩，雄伟译. 北京：机械工业出版社，2004.

[143]（美）路易斯·H·摩尔根. 古代社会[M]. 杨东莼，张栗原，冯汉骥，译. 北京：商务印书馆，1971.

[144]（美）路易斯·H·摩尔根. 印第安人的房屋建筑与家室生活[M]. 秦学圣，汪季琦，顾宪成，译. 北京：文物出版社，1992.

[145]（日）原广司. 世界聚落的教示100[M]. 于天祎，等译. 北京：中国建筑工业出版社，2003.

[146] 韩光辉，李新峰. 北京地区明长城沿线聚落的形成与发展[M]//长城学会. 长城国际学术研讨会论文集. 长春：吉林人民出版社，1995.

学位论文

[147] 谭福瑜. 明代九边考[D/OL]. 武汉大学历史系，长城文化网.

[148] 冯晓多. 宁夏地区明代城镇地理研究[D]. 西安：陕西师范大学，2007.

[149] 陈钊. 明代榆林卫研究[D]. 西安：西北大学，2009.

[150] 成一农. 明清时期甘肃东部城市形态研究[D]. 北京：北京大学，2000.

[151] 成一农. 唐末至明中叶中国地方建置城市形态研究[D]. 北京：北京大学，2003.

[152] 陈涛. 城市形态演变中的人文与自然因素研究[D]. 北京：清华大学，2005.

[153] 龙小峰. 陕西行都司市场研究[D]. 西安：陕西师范大学，2011.

[154] 刘碧峤. 明长城肃州路嘉峪关防区军事防御体系研究[D]. 天津：天津大学，2012.

[155] 王琳峰. 明长城蓟镇军事防御性聚落研究[D]. 天津：天津大学，2011.

[156] 谢丹. 金长城军事防御体系及其空间规划布局研究[D]. 天津：天津大学，2011.

[157] 刘珊珊. 明长城居庸关防区军事聚落防御性研究[D]. 天津：天津大学，2011.

[158] 李哲. 建筑领域低空信息采集技术基础性研究[D]. 天津：天津大学，2008.

[159] 谭立峰. 河北传统堡寨聚落演进机制研究[D]. 天津：天津大学，2007.

[160] 李严. 明长城"九边"重镇军事防御性聚落研究[D]. 天津：天津大学，2007.

[161] 张玉坤. 聚落·住宅—居住空间论[D]. 天津：天津大学，1997.

[162] 薛原. 资源、经济角度下明代长城沿线军事聚落变迁研究——以晋陕地区为例[D]. 天津：天津大学，2007.

[163] 张曦沐. 明长城居庸关研究[D]. 天津：天津大学，2005.

[164] 苗苗. 明蓟镇长城沿线堡寨聚落研究[D]. 天津：天津大学，2005.

[165] 李哲. 山西省雁北地区明长城军事防御性聚落探析[D]. 天津：天津大学，2005.

[166] 倪晶. 明宣府镇军事堡寨聚落研究[D]. 天津：天津大学，2005.

[167] 李严. 榆林地区明长城军事堡寨聚落研究[D]. 天津：天津大学，2004.

[168] 李哲. 山西省雁北地区明代军事防御性聚落探析 [D]. 天津：天津大学，2005.

[169] 杜祐宁. 从屯堡到边墙—明代北边防务研究 [D]. 台北：台湾成功大学历史研究所，2009.

[170] 董明晋. 北京地区明长城戍边聚落形态及其建筑研究 [D]. 北京：北京建筑工程学院，2008.

[171] 刘昭玮. 长城与水的关系 [D]. 北京：北京建筑工程学院，2009.

[172] 胡平平. 自然地理环境与长城北京段关系研究 [D]. 北京：北京建筑工程学院，2008.

[173] 方钟锋. 明代陕北防卫体系与边饷供应之研究 [D]. 台南：台湾成功大学历史研究所，2004.

[174] 郭红. 明代都司卫所建置研究 [D]. 上海：复旦大学，2001.

[175] 赵现海. 明代九边军镇体制研究 [D]. 长春：东北师范大学，2006.

[176] 郭睿. 北京地区长城军事防御体系系统特征与保护研究 [D]. 北京：北京建筑工程学院，2006.

[177] 胡凡. 河套与明代北部边防研究 [D]. 长春：东北师范大学，1998.

[178] 宋建莹. 明代陕西行都司历史地理研究 [D]. 西安：陕西师范大学，2010.

[179] 李超. 明代甘肃镇防务研究 [D]. 兰州：兰州大学，2007.

[180] 胡玉林. 河陇长城线性文化遗产特征研究 [D]. 北京：北京建筑工程学院，2008.

[181] 程利英. 明代西北边疆政策与关西七卫研究 [D]. 兰州：西北师范大学，2004.

[182] 李长弓. 明代驿传役研究 [D]. 厦门：厦门大学，1991.

[183] 李大伟. 明代榆林镇沿边屯田与环境变化关系研究 [D]. 西安：陕西师范大学，2006.

[184] 孙卫春. 明代西北战争与国防布局的互动关系研究 [D]. 西安：陕西师范大学，2008.

[185] 吴琴峰. 明洪武永乐时期对河西地区的经营 [D]. 兰州：兰州大学，2011.

[186] 周淑芸. 论明朝对西北边境的经略 [D]. 银川：宁夏大学，2005.

[187] 李新峰. 明前期兵制研究 [D]. 北京：北京大学，1999.

[188] 李亚. 明代西番诸卫研究 [D]. 西安：北师范大学，2007.

[189] 于默颖. 明蒙关系研究——以明蒙双边政策及明朝对蒙古的防御为中心 [D]. 呼和浩特：内蒙古大学，2004.

[190] 李贞娥. 长城山西镇段沿线明代城堡建筑研究 [D]. 北京：清华大学，2005.

[191] 李智军. 边塞农牧文化的历史互动与地域分野—河陇历史文化地理研究 [D]. 上海：复旦大学，2005.

[192] 刘建国. GIS支持的聚落考古研究 [D]. 北京：中国地质大学，2007.

[193] 路虹. 明代宁夏镇研究 [D]. 兰州：西北民族大学，2005.

[194] 马继业. 宋代城池防御探究 [D]. 济南：山东师范大学，2005.

[195] 毛雨辰. 明代西北边镇边备及其得失研究 [D]. 兰州：西北师范大学，2005.

[196] 秦潇. 关隘型古村镇整体保护与开发利用研究 [D]. 武汉：华中科技大学，2007.

[197] 屈华. 从榆林卫到榆林府 [D]. 西安：陕西师范大学，2006.

[198] 田光进. 基于遥感与GIS的90年代中国城乡居民点用地时空特征研究 [D]. 北京：中国科学院，2002.

[199] 王秋园. 明代长城东段南北景观差异初探 [D]. 天津：天津师范大学，2009.

[200] 王少华. 中国丝绸之路上古关隘旅游开发的现状和思考 [D]. 石家庄：河北师范大学，2007.

[201] 王越. 明代大运河沿线和与九边地区驿站对比研究 [D]. 北京：中国建筑设计研究院，2007.

[202] 夏慧君. 基于GIS的历史文化遗址空间分布特征研究 [D]. 西安：西安建筑科技大学，2010.

期刊

[203] 刘建军. 明西宁卫长城及军事聚落研究 [J]. 建筑学报：学术论文专刊，2012（S1）.

[204] 肖彬，谢志仁，闾国年，朱晓华. GIS支持的考古信息管理系统——以长江三角洲地区为例 [J]. 南京师范大学学报：自然科学版，1999（3）.

[205] 中国社会科学院考古研究所，美国密苏里州立大学科技考古实验室中美恒河流域考古队. 恒河流域区域考古研究初步报告 [J]. 考古，1998（10）.

[206] 韦占彬. 明代"九边"设置时间辨析 [J]. 石家庄师范专科学校学报，2002，4（3）.

[207] 艾冲. 论明十三镇长城的起止点和结合部 [J]. 陕西师范大学学报：哲学社会科学版，1993（2）.

[208] 李严，张玉坤，李哲. 军堡中的里坊制——一项建筑社会学的比较研究 [J]. 哈尔滨工业大学学报：社会科学版，2012（4）.

[209] 李严，张玉坤，李哲. 长城并非线性——卫所制度下明长城军事聚落的层次体系研究 [J]. 新建筑，2011（3）.

[210] 王琳峰，张玉坤. 明长城蓟镇戍边屯堡时空分布研究 [J]. 建筑学报，2011（S1）.

[211] 李哲，张玉坤，李严. 明长城军堡选址的影响因素及布局初探——以宁陕晋冀为例 [J]. 人文地理，2011（2）.

[212] 郭伟民. 论聚落考古中的空间分析方法 [J]. 华夏考古，2008（4）.

[213] 刘珊珊，张玉坤. 明辽东镇长城军事防御体系与聚落分布 [J]. 哈尔滨工业大学学报：社会科学版，2011，13（1）.

[214] 李严，李哲. 明长城军堡选址田野调查与分析 [DB/OL]. 中国科技论文在线，2011.

[215] 林乾. 论明代的总督巡抚制度 [J]. 社会科学辑刊，1988（2）.

[216] 王琳峰，张玉坤. 明宣府镇城的建置及其演变 [J]. 史学月刊，2010（11）.

[217] 刘珊珊，张玉坤. 雄关如铁——明长城居庸关关隘防御体系探析 [J]. 建筑学报，2010（S2）.

[218] 张楠，张玉坤. 城市形态研究中的古代地图资料 [J]. 建筑师，2010（3）.

[219] 张玉坤，李哲，李严. "封"——中国长城起源另说 [J]. 天津大学学报：社会科学版，2009，11（4）.

[220] 解丹，庞玉鹍. 内蒙古地区东周末期的赵北长城防御系统解析 [J]. 天津大学学报：增刊，2009（12）.

[221] 李威，李哲，李严. 明榆林镇军事聚落的空间分布对现代城镇布局的影响 [J]. 新建筑，2008（5）.

[222] 李严，张玉坤. 明长城军堡与明清村堡的比较研究 [J]. 新建筑，2006（1）.

[223] 曹永年.《明后期长城沿线的民族贸易市场》考误 [J]. 历史研究，1996（3）.

[224] 关文发. 试论明代督抚 [J]. 武汉大学学报：人文科学版，1989（6）.

[225] 周勇进. 明末兵备道的职责与选任——以明末档案为基本史料的考察 [J]. 历史档案，2010（2）.

[226] 周勇进. 明末兵备道职掌述论——以明末兵部请敕行稿为基本史料的考察 [J]. 历史教学，2009（12）.

[227] 罗冬阳. 明代的督抚制度 [J]. 东北师大学报：哲学版，1988（4）.

[228] 宋纯路. 明代巡抚及明政府对它的控制 [J]. 长春师范学院学报，2001，20（3）.

[229] 刘秀生. 论明代的督抚 [J]. 中国社会科学院研究生院学报，1991（2）.

[230] 韦占彬. 明代"九边"设置时间辨析 [J]. 石家庄师范专科学校学报，2002，4（3）.

[231] 尹钧科. 宁夏镇成为明代九边重镇之一的军事地理因素试析 [J]. 大同高等专科学校学报：社会

科学版,1994(2).

[232] 冯建勇. 明代巡抚制度及其作用演进[J]. 湖南科技学院学报,2005,26(1).

[233] 陈宏良. 明代卫学发展述论[J]. 社会科学辑刊,2004(6).

[234] 甘肃省地方史志编纂委员会,甘肃省军区军事志领导小组. 试论长城对甘肃的影响[J]. 西北史地,1998(1).

[235] 马自树. 明代兵制初探(上)[J]. 东疆学刊,1985(2).

[236] 刘景纯. 明代前中期九边区域防御形态的演变[J]. 中国边疆史地研究,2010(4).

[237] 田澍. 明代甘肃镇边境保障体系论述[J]. 中国边疆史地研究,1998(3).

[238] 田澍,毛雨辰. 20世纪80年代以来明代西北边镇研究述评[J]. 西域研究,2005(2).

[239] 郭红,于翠艳. 明代都司卫所制度与军管型政区[J]. 军事历史研究,2004(4).

[240] 陈喆,董明晋,戴俭. 北京地区长城沿线戍边城堡形态特征与保护策略探析[J]. 建筑学报,2008(3).

[241] 陈喆,张建. 长城戍边聚落保护与新农村规划建设——以昌平长峪城村庄规划为例中国名城[J]. 2009(4).

[242] 邓庆平. 华北乡村的堡寨与明清边镇的社会变迁——以河北蔚县为中心的考察[J]. 清史研究,2009(3).

[243] 韦占彬. 明洪武时期北部边防的战略规划[J]. 赣南师范大学学报,2007,28(4).

[244] 仲兆隆,郭方忠. 甘肃概况(三)——自然概貌[J]. 档案,1986(3).

[245] 余同元. 明代九边述论[J]. 安徽师范大学学报:人文社会科学版,1989(2).

[246] 赵毅,胡凡. 论明代洪武时期的北部边防建设[J]. 东北师大学报:哲学社会科学版,1998(4).

[247] 顾城. 明帝国的疆土管理体制[J]. 历史研究,1989(3).

[248] 范勇. 略论我国历代人口分布及其变迁[J]. 四川大学学报:哲学社会科学版,1987(2).

[249] 傅顽璐. 明代军屯制度沿革[J]. 军事经济研究,1996(4).

[250] 高凤山. 长城关隘城堡选介[J]. 华中建筑,1992,10(4).

[251] 高凤山. 长城关隘城堡选介续[J]. 华中建筑,1993(1).

[252] 顾铁山. 浅析迁西境内明代蓟镇包砖长城的修造情况[J]. 文物春秋,1998(2).

[253] 刘继华. 明朝开发西北的政策述评[J]. 宁夏师范学院学报,2003,24(5).

[254] 关真付. 明代长城屯田与冀东开发[J]. 文物春秋,1998(2).

[255] 郭红. 明代卫所移民与地域文化的变迁[J]. 中国历史地理论丛,2003,18(2).

[256] 范中义. 明代九边形成的时间[J]. 山西大同大学学报:社会科学版,1995(4).

[257] 赵现海. 明初甘肃建镇与总兵官权力、管辖地域之考察——以敕文为中心[J]. 明史研究论丛,2010(1).

[258] 马顺平. 明代陕西行都司及其卫所建置考实[J]. 中国历史地理丛论,2008,23(2).

[259] 韩光辉,李新峰. 明长城东段沿线聚落的形成和发展[J]. 文史知识,1995(3).

[260] 卢耀光. 青海的边墙[J]. 青海民族大学学报:社会科学版,1998(2).

[261] 闫璘. 明代西宁卫最早的长城——门源县境内明代长城[J]. 中国长城博物馆,2009.

[262] 闫璘. 明代西宁卫的峡榨考略[J]. 青海民族研究,2011,22(3).

[263] 骆桂花,高永久. 明朝西宁卫的军事戍防与政治管控[J]. 中国边疆史地研究,2006,16(1).

［264］肖立军．九边重镇与明之国运——兼析明末大起义首发于陕的原因［J］．天津师范大学学报：社会科学版，1994（2）．

［265］范中义．明代九边形成的时间［J］．山西大同大学学报：社会科学版，1995（4）．

［266］胡凡．明代洪武永乐时期北边军镇建置考．第十一届明史国际学术讨论会，2005．

［267］胡明星，金超，董卫．基于GIS技术在南京历史文化名城保护规划中划定历史街区的应用［J］．建筑与文化，2010（7）．

［268］胡明星，董卫．GIS技术在历史街区保护规划中的应用研究［J］．建筑学报，2004（12）．

［269］李兵．现代测绘技术在长城资源调查中的应用［J］．北京测绘，2008（1）．

［270］李传永，李恬．我国历代的行政区划［J］．西华师范大学学报：哲学社会科学版，1996（5）．

［271］李冬宇，张伟．长城重镇——军事与建筑的双料明珠［J］．中国文化遗产，2009（5）．

［272］黎风，顾巍，曹灿霞．宁夏长城航空遥感调查研究［J］．国土资源遥感，1994（3）．

［273］李龙潜．明代军屯制度的组织形式［J］．历史教学，1962（12）．

［274］李荣庆．明代武职袭替制度述论［J］．郑州大学学报：哲学社会科学版，1990（1）．

［275］李三谋．明代边防与边垦［J］．中国边疆史地研究，1995（4）．

［276］李文龙．中国古代长城的四个历史发展阶段［J］．文物春秋，2001（2）．

［277］李孝聪．解读古地图上的长城［J］．档案，2003（8）．

［278］杜常顺，郭凤霞．明代"西番诸卫"与河湟洮岷边地社会［J］．青海民族大学学报：社会科学版，2010，36（4）．

［279］韩烨．明代对西宁卫地区政治经营述略［J］．传承，2009（14）．

［280］陈守忠．甘肃境内的明长城［J］．社科纵横，1990（4）．

［281］唐晓军．甘肃境内的长城与烽燧分布［J］．丝绸之路，1996（5）．

［282］王宝元．武威高沟堡古城考察记［J］．西北史地，1995（1）．

［283］陈世明．明代甘肃境内二十四关考略［J］．西北民族大学学报：哲学社会科学版，1990（1）．

［284］梁民．驿传交通系统［DB/OL］．中国长城网．

［285］刘景纯．清前中期黄土高原地区沿边军事城镇及其功能的变迁［J］．中国历史地理论丛，2003，18（2）．

［286］刘景纯．宣德至万历年间蒙古诸部侵扰九边的时间分布与地域变迁［J］．中国边疆史地研究，2009（2）．

［287］罗隽．攻击与防卫——关于建筑的防卫要求与防卫作用分析［J］．新建筑，1993（4）．

［288］罗哲文，董耀会．关于长城学的几个基本理论问题［J］．文物春秋，1990（1）．

［289］毛锋．空间信息技术在线形文化遗产保护中的应用研究——以京杭大运河为例［J］．中国名城，2009（5）．

［290］南炳文．明初军制初探［J］．南开史学，1983（1-2）．

［291］南炳文．二十世纪的中国明史研究［J］．历史研究，1999（2）．

［292］祁美琴，李立璞．明后期清前期长城沿线民族贸易市场的生长及其变化［J］．西域研究，2008（3）．

［293］钱耀鹏．中国史前防御设施的社会意义考察［J］．华夏考古，2003（3）．

［294］单霁翔．大型线性文化遗产保护初论：突破与压力［J］．南方文物，2006（3）．

［295］单霁翔．从"文化景观"到"文化景观遗产"（上）［J］．东南文化，2010（3）．

[296] 史念海. 论西北地区诸长城的分布及其历史军事地理（上篇）[J]. 中国历史地理论丛, 1994（2）.

[297] 史念海. 论西北地区诸长城的分布及其历史军事地理（下篇）[J]. 中国历史地理论丛, 1994（3）.

[298] 谭其骧. 释明代都司卫所制度[J]. 禹贡半月刊, 1935, 3（10）.

[299] 王建华. 聚落考古综述[J]. 华夏考古, 2003（2）.

[300] 王杰瑜. 明代山西北部聚落变迁[J]. 中国历史地理论丛, 2006, 21（1）.

[301] 王均, 陈向东, 宇文仲. 历史地理数据的GIS应用处理——以清时期的陕西为例[J]. 地球信息科学学报, 2003, 5（1）.

[302] 王丽. 全球定位系统中国定位——浅析GPS技术在我国的发展与应用[J]. 计算机世界报, 2006.

[303] 王琳峰, 张玉坤. 明长城蓟镇戍边屯堡时空分布研究[J]. 建筑学报, 2011（S1）.

[304] 王树连, 史庆和, 李喜来. 中国明代军事地图的杰作——九边图[J]. 环球军事, 2006（18）.

[305] 王绚. 传统堡寨聚落防御性空间探析[J]. 建筑师, 2003（4）.

[306] 王绚, 侯鑫. 传统防御性聚落分类研究[J]. 建筑师, 2006（2）.

[307] 魏保信. 明代长城考略[J]. 文物春秋, 1997（2）.

[308] 肖彬, 谢志仁, 闾国年, 朱晓华. GIS支持的考古信息管理系统——以长江三角洲地区为例[J]. 南京师范大学学报：自然科学版, 1999（3）.

[309] 肖立军. 九边重镇与明之国运——兼析明末大起义首发于陕的原因[J]. 天津师范大学学报：社会科学版, 1994（2）.

[310] 肖立军. 明嘉靖九边营兵制考略[J]. 南开学报：哲学社会科学版, 1994（2）.

[311] 肖立军. 明代边兵与外卫兵制初探[J]. 天津师范大学学报：社会科学版, 1998（2）.

[312] 余同元. 明代长城文化带的形成与演变[J]. 烟台大学学报：哲学社会科学版, 1990（3）.

[313] 余同元. 明后期长城沿线的民族贸易市场[J]. 历史研究, 1995（5）.

[314] 于占海, 刘志波. 军事战略要塞严密完整的军事防御体系[J]. 中国文化遗产, 2009（5）.

[315] 赵现海. 第一幅长城地图《九边图说》残卷——兼论《九边图论》的图版改绘与版本源流[J]. 史学史研究, 2010（3）.

[316] 赵映林. 明代的军事制度[J]. 文史杂志, 1987（1）.

[317] 兆勇, 顾铁山. 与长城有关的遗迹调查[J]. 文物春秋, 1998（2）.

[318] 张光直, 胡鸿保, 周燕. 考古学中的聚落形态[J]. 华夏考古, 2002（1）.

[319] 张光直. 论"中国文明的起源"[J]. 文物, 2004（1）.

[320] 张萍. 明代陕北蒙汉边界区军事城镇的商业化[J]. 民族研究, 2003（6）.

[321] 张萍. 从"军城"到"治城"：北边民族交错带城镇发展的一个轨迹——以明清时期陕北榆林为例[J]. 民族研究, 2006（6）.

[322] 张萍. 谁主沉浮：农牧交错带城址与环境的解读——基于明代延绥长城诸边堡的考察[J]. 中国社会科学, 2009（5）.

[323] 张平一. 河北境内长城的历史价值和作用[J]. 文物春秋, 2003（1）.

[324] 周松. 明洪武朝陕北边防及其特点[J]. 中国边疆史地研究, 2005, 15（1）.

[325] 紫西. 戚继光与蓟镇长城防务[J]. 文物春秋, 1998（2）.

外文文献

[326] Arthur N Waldron. The Great Wall of China: From History to Myth. Cambridge studies in Chinese, history, literature, and institutions [M]. Cambridge: Cambridge University Press, 1990.

[327] CSISS. SpatialSocialScienceforResearch, Teaching, Ap-plication, and Policy [EB/OL]. [2005] http://www.csiss.org/aboutus/reports.htm.

[328] David L Clarke. Spatial Information in Spatial Archaeology [M]. New York: Academic Press, 1997.

[329] ESRI. ArcGIS Desktop Help [DB/CD]. Redlands, California, ESRI Corp. 2004.

[330] Goodchild M F, Bradley O P, Louis T S, etal. Environment Modeling With GIS [C]. Oxford: Oxford University Press, 2004.

[331] Goodchild M F, Janelle D C, etal. Spatially Integrated Social Science [C]. Oxford: OxfordUniversityPress, 2004.

[332] ESRI（美国）环境系统研究所. GIS空间分析使用手册. [DB/OL]. http://www.gissky.net/Soft/345.html.

[333] Haining R. Spatial Data Analysis in the Social and Environmental Science [M]. London: Cambridge University Press, 1994.

[334] He J. GIS-based Cultural Route Heritage Authenticity Analysis and Conservation Support in Cost-surface and Visibility Study Approaches [D]. Hong Kong: The Chinese University of Hong Kong, 2008.

[335] Hilary du Cros, Thomas Bauer, Carlos Lo, Song Rui. Cultural Heritage Assets in China as Sustainable Tourism Products: Case Studies of the Hutongs and the Huanghua Section of the Great Wall [J]. Journal of Sustainable Tourism, 2005.

[336] John man. The Great Wall [M]. Boston: Da Capo Press, 2008.

[337] Knowles A K (ed.). Past Time, Past Place: GIS for History [C]. Redland: ESRI Press, 2002.

[338] Lovell, Julia. The Great Wall: China Against the World, 1000 BC–AD 2000 [M]. New York: Grove Press, 2006.

[339] XiaoJuan Li, HuiLi Gong, Ou Zhang, WeiGuang Zhang, YongHua Sun. Research on the damage of the Great Wall of Ming Dynasty in Beijing by remote sensing, Science in China Series E [J]. Technological Sciences, 2008.

[340] Mark Oldenderfer, Herbert D G Maschner. Anthropology, Space, and Geographic Information Systems [C]. Oxford: Oxford University Press, 1996.

主要参考网站

[341] "百度百科网" http://baike.baidu.com/.

[342] "长城文化网" http://www.meet-greatwall.org/.

[343] "长城小站" http://www.thegreatwall.com.cn/.

[344] "GIS空间站" http://www.gissky.net/.

［345］"Google Earth"地图http：//www.google.com/earth/index.html.
［346］"国家文物局网" http：//www.sach.gov.cn/.
［347］"中国长城网" http：//www.chinagreatwall.org.
［348］"中国国家数字图书馆网" http：//www.nlc.gov.cn/.
［349］"中国科学院计算机网络信息中心国际科学数据镜像网站" http：//datamirror.csdb.cn.